信用债
投资分析与实战

Credit Debt
Investment Analysis
and Practice

刘婕◎著

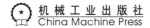

图书在版编目（CIP）数据

信用债投资分析与实战 / 刘婕著 . -- 北京：机械工业出版社，2022.1（2023.1 重印）
ISBN 978-7-111-69913-2

I. ①信… Ⅱ. ①刘… Ⅲ. ①汽车 - 工业产品 - 技术开发 - 项目管理 Ⅳ. ① F407.471

中国版本图书馆 CIP 数据核字（2021）第 273792 号

　　本书是作者十年信用债投资和研究经验的缩影。作者首先用一章的篇幅大概介绍了信用债市场，包括债券市场的大体情况、参与主体的分工；然后分城投、地产、钢铁、煤炭四大行业，分享了信用债投资和研究的方法，包括行业概况、个体分析框架、财报特点、量化打分模型等；最后是一些关于信用债研究的漫谈和随笔。

信用债投资分析与实战

出版发行：机械工业出版社（北京市西城区百万庄大街 22 号　邮政编码：100037）	
责任编辑：沈　悦	责任校对：殷　虹
印　　刷：北京铭成印刷有限公司	版　　次：2023 年 1 月第 1 版第 6 次印刷
开　　本：170mm×230mm　1/16	印　　张：18.25
书　　号：ISBN 978-7-111-69913-2	定　　价：89.00 元

客服电话：（010）88361066　68326294

版权所有·侵权必究
封底无防伪标均为盗版

前 言

十年前，当我刚进入这个行业时，很想拥有一本介绍信用债投资实践的书，可惜没有找到。我在当时最火的社交网站"人人网"上发了一则消息："求介绍各行业信用债投资实践和会计科目特色的书！"结果可想而知，不仅没有任何人可以给出推荐书单，反而都是"同求""找到了告诉我"之类的留言。

当我在这个行业摸爬滚打了十年后，市场上陆续有了一些关于债券投资的书，但依然没有一本从投资者的角度去看信用债投资的书。反而经常有人问我："××类债券怎么看？到底需要关注什么东西？"这显然不是一两句话能说得明白的问题，于是我开始想写本书，一本从投资者的角度和视野去看信用债投资的书。

希望本书可以帮到那些和我当年一样，满肚子从书本上学习的金融理论但不了解信用债投资实践的行业新人。同时，信用债作为存量20多万亿元的投资标的，也有很多朋友想了解这个"神秘"的市场。随着交易所债券市场的发展，我相信会有越来越多的个人投资者参与到信用债投资中，让信用债投资成为个人资产配置的重要项目。对于想了解和参与信用债市场投资的朋友，本书也可以成为你的参考书。

这么多年，为了更好地了解信用债投资标的，我进行了大量的实地调研。我经常调侃自己是这个市场上调研最多、跑得最勤快的投资经理之一。而现在，我要把这些年调研企业过程中发生的故事、所思所想都汇总在本书里。本书也是我十年信用债投资和研究经验的一个缩影。

在本书中，我首先会用一章篇幅大概介绍信用债市场，包括债券市场的大体情况、市场的参与主体的分工。然后分城投、地产、钢铁、煤炭四大板块，分享评判信用债投资和研究方法，包括概况、个体分析框架、财报特点、量化打分模型等。最后是一些关于信用债研究的漫谈和随笔。

在债券市场中，以城投板块、地产板块、煤炭和钢铁为主的过剩板块几乎已经占到（非金融）信用债存量的70%以上。所以本书涵盖的内容能概括大部分日常投资中看到的信用债种类。虽然信用债投资2021年以来遇到不少困难和挑战，但我相信，在困难和挑战之后信用债会迎来更大的发展机会，信用债从业人员的价值将越来越受到认可。

最后，作为从小到大读着枯燥经济理论的金融从业者，我想让本书成为没有任何经济学基础的读者都能读懂的图书，所以尽量避开专业的词汇，用接近聊天的语言跟大家谈谈这十年我在这个行业的经验和所见所闻，就像跟朋友坐着闲聊，聊聊那些在信用债市场发生的事，以及那些我们在投资中踩过的坑。

| 目 录 |

前言

第一章　信用债投资基础 / 1

　　第一节　什么是信用债 / 1

　　第二节　债券市场的构成 / 2

　　第三节　信用债市场的参与方 / 10

第二章　城投债投资：信用债的"半壁江山" / 17

　　第一节　城投公司的过去和未来 / 17

　　第二节　单个城投债的投资方法 / 35

　　第三节　探秘城投公司报表的独特之处 / 62

　　第四节　用量化工具一眼看懂城投债 / 75

第三章　地产债投资：观"群雄逐鹿" / 82

　　第一节　房企发家史和信用特征 / 82

　　第二节　单个地产债的投资方法 / 112

　　第三节　探秘房企报表的独特之处 / 151

　　第四节　用量化工具一眼看懂地产债 / 174

第四章　煤炭债投资：坐拥大好"煤山" / 188

　　第一节　煤企的江湖 / 188
　　第二节　单个煤企的债券投资方法 / 205
　　第三节　探秘煤企报表的独特之处 / 217
　　第四节　用量化工具一眼看懂煤炭类债券 / 225

第五章　钢铁债投资：廉颇老矣，尚能饭否 / 235

　　第一节　钢企的江湖 / 235
　　第二节　单个钢企的债券投资方法 / 246
　　第三节　探秘钢企报表的独特之处 / 260
　　第四节　用量化工具一眼看懂钢铁类债券 / 267

第六章　漫谈和随笔 / 275

　　第一节　信用研究：定性还是定量更重要 / 275
　　第二节　如何通过调研提高信用评估分析能力 / 276
　　第三节　为什么发债企业都爱做贸易 / 279

后记 / 283

| 第一章 |

信用债投资基础

第一节　什么是信用债

读完下面这个故事，我想你对信用债就会有个大体的认识。

如果你创办了企业，企业运营需要借钱，企业既可以向银行借钱，也可以通过发行债券向社会大众借钱。很多企业向大众发行债券借钱，社会大众对不同企业发行的债券进行交易，就形成了信用债市场。这里发行债券的企业被称为债券发行人，购买企业发行债券的社会大众被称为债券投资人[一]。

投资人实际上是企业的债主，投资人购买企业发行的债券其实就是借钱给企业。在购买债券之前，投资人需要仔细考虑这些企业是否能够还钱。这是个复杂的工作，因为我们甚至不能判断借钱给亲戚朋友，他们是否有能力偿还，更何况跟投资人毫无关系的企业。于是这就决定了信用债市场的特点。

[一] 本书提及投资人非特殊说明均指债券投资人。

- 企业必须足够强大来获取社会大众的信任。发行债券的企业必须是有一定信誉度的大型企业。信用债市场对于大型企业的定义是比较严苛的，如果用资产规模来形容这种严苛的话，信用债市场上资产规模不超过 100 亿元的债券发行人比较罕见。

- 投资人大多数为机构投资者。由于考虑企业是否能还钱是件复杂的事，所以绝大多数的投资人都是机构投资者，机构投资者才有专门的团队去研究"企业是否能还钱"这件事，类似于银行评估是否给某个企业贷款。个人投资者也可以参与债券投资，但个人投资者的投资规模小得几乎可以忽略。

- 评估"企业是否能还钱"是信用债投资中最重要的事。为了评估企业是否能够还钱，对于发行债券的企业，既有外部评级也有内部评级。所谓外部评级是指专业的外部评级公司对企业进行评级，这个评级的结果一般分为 AAA、AA+、AA、AA– 四个等级，其中 AAA 代表企业不还钱的概率最低，其他等级按照顺序不还钱的概率依次增加，AA– 是四个等级中不还钱的可能性最高的等级。所谓内部评级是指投资人自己对发行人进行信用评估，评估结果越好代表企业偿还债券本息的可能性越高，信用风险越小。

本书其实就是在讲如何投资信用债，如何考虑哪些企业能还钱，以及如何评估发行人信用风险。

第二节 债券市场的构成

按照是否存在信用风险，债券市场可以大体分为利率债市场和信用债市场。根据 Wind 截至 2021 年 3 月 13 日的数据，整个债券市场的存量规模有 116.25 万亿元，其中利率债存量 65.19 万亿元，信用债存量规模

39.36万亿元。债券市场近十年来规模快速增长，2011年整体债券市场存量不过30万亿元，而2020年已经接近120万亿元（见图1-1）。

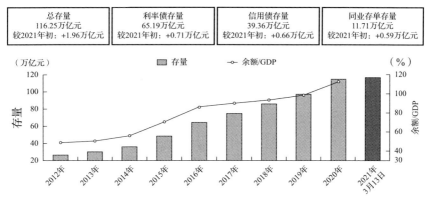

图1-1 中国债券市场10年历史存量

资料来源：Wind。

一、利率债简介

利率债被认为没有任何信用风险，到期都能还本付息。利率债一般包括以下四类。

（一）国债

财政部发行的债券叫作国债，截至2021年3月13日，国债的存量规模为20.67万亿元。个人可以在银行柜台上买到国债，但不是每期国债都会在银行柜台上销售，大部分国债只对机构投资者销售。

（二）央票

央行发行的债券叫央票。我国在2011年加入WTO之后，贸易顺差不断增加，贸易顺差意味着我国企业卖给外国企业东西所赚的钱多于外国人卖给我们赚的。我国企业卖东西赚的是美元等外国货币，需要换回人民币。在我国企业用外币换成人民币的过程中，央行投放了很多货币

（人民币）。过度投放货币会引起通货膨胀，于是央行发行央票以回笼投放的货币。

央行在国内发行央票的时间是 2004～2013 年。2013 年之后，随着新增外汇占款的减少，央行基本停止在国内发行央票。

（三）政策性金融债

政策性金融债是三家政策性银行发行的债券，截至 2021 年 3 月 13 日，政策性金融债的存量规模为 18.5 万亿元。三家政策性银行是指国家开发银行、中国进出口银行、中国农业发展银行。其中国家开发银行发行的债券无论是在发行量还是在市场交易活跃度上，均高于中国进出口银行和中国农业发展银行。

（四）地方政府债

地方政府发行的债券叫地方政府债，截至 2021 年 3 月 13 日，地方政府债的存量规模为 26 万亿元。地方政府债是利率债里比较特别的一类。国债、央票、政策性金融债均没有信用评级，也就是说这三类是绝对的利率债。但地方政府债是有信用评级的，只是信用评级都是评级里的最高级别（即 AAA），再加上地方政府的政府属性，债券投资人基本都把地方政府债等同于利率债。

地方政府债也是四类利率债中最年轻的成员。2015 年国家为化解各地方政府债务日益庞大且无秩序的问题，发文批准各地方政府发行地方政府债。这里所谓的地方政府仅仅是省级（包括直辖市和计划单列市）地方政府，省级以下的地市是没有以政府名义发行地方政府债的权力的。

二、信用债简介

信用债按照品种分类，可以大致分为金融债、企业债、公司债、中期票据、短期融资券、定向工具等。截至 2021 年 3 月 13 日，各信用债品种存量如表 1-1 所示。

表 1-1 信用债存量

品种	数量（只）	存量（亿元）	存量比重（%）
金融债	1 961	89 318.75	7.68
保险公司债	68	3 123.00	0.27
证券公司短期融资券	46	1 180.00	0.10
其他金融机构债	202	6 925.00	0.60
商业银行次级债券	537	40 786.13	3.51
商业银行债	324	18 237.50	1.57
证券公司债	784	19 067.12	1.64
企业债	2 577	22 605.59	1.94
集合企业债	5	35.60	0.00
一般企业债	2 572	22 569.99	1.94
公司债	9 355	91 296.78	7.85
私募债	5 551	44 791.29	3.85
一般公司债	3 804	46 505.49	4.00
中期票据	6 413	75 824.20	6.52
一般中期票据	6 413	75 824.20	6.52
短期融资券	2 346	22 058.03	1.90
超短期融资券	1 829	17 208.35	1.48
一般短期融资券	517	4 849.68	0.42
定向工具	3 108	22 210.02	1.91
国际机构债	16	319.60	0.03
政府支持机构债	167	17 375.00	1.49
资产支持证券（ABS）	9 177	45 486.81	3.91
银保监会主管的 ABS	1 140	15 875.11	1.37
交易商协会的资产支持票据（ABN）	1 601	7 027.17	0.60
证监会主管的 ABS	6 436	22 584.52	1.94
可转债	394	5 426.77	0.47
可交换债	95	1 648.94	0.14
信用债合计	35 609	393 570.49	33.85

资料来源：Wind。

金融债是指由商业银行、证券公司、保险等金融机构发行的债券。由于金融机构的偿付能力有银保监会、证监会等监管机构统一监管，因此，债券市场认为金融债的信用风险较低。2021 年 2 月包商银行被裁定破产，其金融债（商业银行次级债券）全额减计，成为第一只不能兑付的商业银行金融债。

其他品种的债券，如企业债、公司债、中期票据和短融等都是由普通商业企业发行的债券，是本书重点探讨的对象。这些品种繁多的债券背后都是相同的发行人。就信用债投资而言，重要的是探讨发行人的信用风险，债券品种只是发行人选择的融资渠道。根据发行人类型的不同，信用债市场会将发行人分为城投债发行人、地产债发行人、过剩行业债发行人，这三类发行人几乎已经占到非金融企业信用债发行额的 70% 以上。本书按照这个顺序，将在以下的章节中讲述城投债、地产债、过剩行业债的投资和信用评估方法。

三、信用债的监管部门

不同债券品种的区别主要在于由不同的监管部门管理，发行、交易、托管的市场都不同，从图 1-2 债券市场总览可以看到每种债券的区别。国内的债券市场是一个有多个监管、交易、托管机构的分裂市场，很多刚入行的同业也需要一点时间去了解这些债券品种的差异。

简单解释一下图 1-2，企业如果想要在债券市场上融资，可以选择发行不同品种的债券，可以是企业债、公司债、短融和中期票据等。不同的债券品种需要走不同的发行程序：比如你要发公司债就要找交易所审批；要发短融和中期票据，就要找交易商协会审批。这里面企业债比较特别，企业债大都是国企、央企才能发行，最终要发改委审批，所以企业债相对于其他债券，募集资金用途政府性、项目性比较强，再加上发改委对自己审批的债券管控能力也比较好，所以市场上同一主体发行的债券，市场会认为企业债的偿付风险更低。

关于企业债的偿付风险更低，举个市场实际发生的例子。四川省煤炭产业集团从 2016 年开始债券违约，后面很多期债券都没有偿还，但其

2018年到期的企业债却连本带息偿还了。这种区别对待显示出了企业债的偿付优势。债券市场普遍认为四川省煤炭产业集团选择性偿还企业债，是由于企业债的监管部门发改委对其审批的债券有着更强的管控能力。

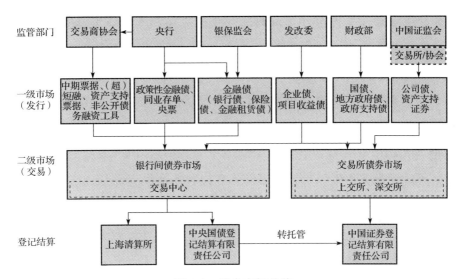

图 1-2　债券市场总览

资料来源：王庆华、彭新月，《关于我国债券市场分割的现状、问题及建议》。

综上所述，仅就偿付风险大小而言，发改委作为监管部门的债券品种比交易所和交易商协会的债券品种更让信用债投资者放心。

四、信用债的交易场所

说完监管部门，说下信用债的二级交易市场，如图 1-2 所示，债券的交易市场是分割的。债券的交易市场有两个：交易所市场和银行间市场。

（一）交易所市场

交易所市场就是大家所熟知的交易股票的市场。交易所市场的交易参与者也大都是机构投资者，个人投资者如果想参与信用债投资目前只能在交易所市场。个人想要在交易所市场参与债券投资，需要获得合格投资者的资格，监管对于合格投资者的规定如下：

合格投资者是指具备相应风险识别能力和风险承担能力，投资于单只资产管理产品不低于一定金额且符合下列条件的自然人和法人或者其他组织：

（一）具有 2 年以上投资经历，且满足以下条件之一：家庭金融净资产不低于 300 万元，家庭金融资产不低于 500 万元，或者近 3 年本人年均收入不低于 40 万元。

（二）最近 1 年末净资产不低于 1000 万元的法人单位。

（三）金融管理部门视为合格投资者的其他情形。

个人投资者如果计划参与信用债投资，需要获得在交易所投资债券的合格投资者资格，实际需要的证明材料和开户流程可以去证券公司营业部咨询工作人员。

（二）银行间市场

银行间市场的参与方都是机构投资者，所以非从业者会对这个市场比较陌生，从银行间市场这个名字就知道，它刚开始是各个银行机构之间相互拆借资金等交易形成的市场，后面发展成券商、保险公司、基金公司等也能参与的市场，交易品种也从最初的资金拆借逐渐增加成有短融、中期票据等信用债品种。

（三）跨市场交易

有些债券品种在银行间市场交易，有些在交易所市场交易，有些既能在银行间市场又能在交易所市场交易。如果一类债券既能在银行间市场又能在交易所市场交易，则叫这类债券跨市场债券。一般来说，企业债是可以跨市场交易的，如图 1-3 所示，"19 苏交债 01" 就是市场上的一只企业债，在交易市场一栏我们可以看到有两个代码：1980260.IB（银行间债券），152260.SH（上海）。一个是在银行间市场的代码，一个是在交易所市场的代码，代表这只企业债是一只可以跨市场交易的债券。

最新指标	
剩余年限	4.150 3Y
票面利率（当期）	3.760 0%
最新评级	AAA/AAA

基本条款	
债券代码	1980260.IB
当前余额（亿元）	20.00
质押券代码	--
上市日期	2019-08-30
交易市场	1980260.IB(银行间债券),152260.SH(上海)
最新债项评级	AAA(维持,2020-06-29)
票面利率（当期）	3.760 0
利率类型	固定利率
付息频率	每年付息1次
利率说明	3.76%
计息基准	ACT/ACT
剩余期限（年）	4.150 3
起息日期	2019-08-29
发行规模（亿元）	20
债券全称	2019年第一期江苏交通控股有限公司公司债券
发行人	江苏交通控股有限公司
发行人注册地址	江苏省南京市玄武区中山东路291号
托管机构	中央国债登记结算有限责任公司

图 1-3　跨市场债券

其他品种的债券中，公司债是由交易所审批和监管的，交易也只能在交易所进行；短融、中期票据是由交易商协会审批的，交易商协会的业务主管部门是央行，所以交易商协会监管的短融、中期票据等品种自然在银行间市场交易。

五、信用债的托管机构

债券的托管也分为几个托管机构。银行间市场交易的托管在中央国债登记结算有限责任公司（以下简称中债登）和上海清算所（以下简称上清所）；交易所市场交易的托管在中国证券登记结算有限公司（以下简称中证登）。银行间市场有两个托管机构，一般利率债、企业债等"出身名门"的品种托管在中债登，随着市场不断发展新增的品种如短融、中期票据都托管在上清所。

托管按债券品种划分是有历史渊源的：最早由中债登负责银行间债券品种的登记和托管，后来随着银行间市场不断发展，品种越来越多，中债登托管任务过重，不堪重负，于是成立了上清所，帮助中债登分担日益增加的托管重任。现在新增的品种都托管在上清所。

第三节　信用债市场的参与方

信用债从诞生到兑付，经手了很多市场参与方和机构。信用债发行过程如图1-4所示。一只信用债要诞生，首先发行人需要有融资需求，然后发行人找到投行承做；投行将会计师事务所、信用评级机构、律师事务所等中介机构的评估文件连同投行制作的材料上报监管部门；监管部门审批通过后，销售开始寻找投资人；投资人需要经过严格的风控流程后才可以进行投资。下面将讲述各个信用债市场的参与方在其中扮演的角色。

一、发行人

一只债券的发行额至少几亿元，因此债券市场对发行人门槛要求不低。发行人一般为享誉市场的龙头企业或者地方政府旗下的大国企，或者至少应该是上市公司。由于市场信息的不对称，如果不是上述三类企业，很难在债券市场上获得认可，即使拿到评级、获得监管市场审批，也很难发行成功。

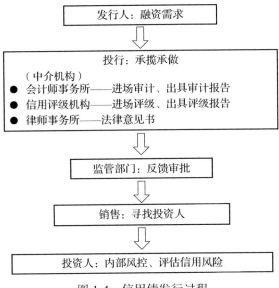

图 1-4　信用债发行过程

二、投行及中介机构

企业有了融资需求，下一步是找投行承做，简单点说是企业需要有牌照的机构提供发行所需的材料，这些材料是按照监管部门的要求提供且需要监管部门审核的。国内有牌照做投行业务的机构是银行和券商，这些机构对向监管机构和投资人提供信息的真实性负责。

为了保证提供信息的真实性，监管部门还要求中介机构，如信用评级机构、会计师事务所、律师事务所等出具专业的评估文件。但实际的市场情况是，无论是投行还是中介机构，都是由发行人付费。由于"谁付费谁是甲方"，投行和中介机构难免在业务中"过分服务"客户，这就导致了其提供信息很多真实性"有限"或者说"模糊"。所谓"有限"就是在法律法规、行业规则前提下提供合法合规信息，而在这些范围之外的负面信息或者投资者的信息是不提供的。"模糊"是指在法律法规要求提供的信息中，如果有负面信息，会以轻描淡写或者模糊的方式表示出来，导致很多非专业投资者或者经验不丰富的投资者很难从中介材料中辨认出发行人潜在的信用风险。在债券违约频繁的时代，监管部门也曾点名批评某些中介机构没有尽职尽责，导致发行人欺诈发行。

信用评级机构的债券评级等级较多，如图1-5所示，按照投资级和投机级分为9个等级。债券市场上能看到的评级主要是AAA、AA+、AA、AA-，一般债券发生违约或者有明显的负面消息，信用评级机构才会将评级下调。也有一些信用评级机构的债券已经违约了，但依然没有下调评级。中民投发行的债券（非公开债务融资工具）在2019年就已经实际违约，但某信用评级机构至今还维持着其AAA的评级。按照图1-5，AAA评级的含义代表债券偿付安全性极强，违约风险极低。因此，一个已经违约的债券还维持AAA的评级，让投资人很难完全信任信用评级机构的评级结果。

本评级机构中长期债券信用等级划分及释义如下：

等级		含义
投资级	AAA级	债券的偿付安全性极强，基本不受不利经济环境的影响，违约风险极低
	AA级	债券的偿付安全性很强，受不利经济环境的影响不大，违约风险很低
	A级	债券的偿付安全性较强，较易受不利经济环境的影响，违约风险较低
	BBB级	债券的偿付安全性一般，受不利经济环境影响较大，违约风险一般
投机级	BB级	债券的偿付安全性较弱，受不利经济环境影响很大，有较高违约风险
	B级	债券的偿付安全性较大地依赖于良好的经济环境，违约风险很高
	CCC级	债券的偿付安全性极度依赖于良好的经济环境，违约风险极高
	CC级	在破产或重组时可获得保护较小，基本不能保证偿还债券本息
	C级	不能偿还债券本息

注：除AAA级、CCC级以下等级外，每一个信用等级可用"+""-"符号进行微调，表示略高或略低于本等级。

图1-5 信用评级机构信用债等级及释义

资料来源：新世纪评级。

中民投是比较极端的例子，但信用评级机构大都在发行人不能偿还债券的当日才下调发行人的评级，很少能起到预警的作用。信用评级机构本来应该是监控发行人信用情况的中介机构，但实际情况却是很多时候没有给市场和投资人起到提示的作用。有些市场已经公认有瑕疵或者已经出现其他渠道违约的发行人，信用评级机构亦没有选择下调评级提示投资人风险。这里面就是所说的发行人付费模式下，投资者只能得到有限真实的信息。

为应对债券发行中介机构存在的问题，监管机构大力推动债券市场的法治化改革。2020年12月，央行召开会议要求信用评级机构提升评级质量，做好债券市场的看门人。2021年修改的《公司债发行与交易管理办法》进一步重申中介机构责任，强调事中和事后的监管。2021年施行的《中华人民共和国刑法修正案》中将欺诈发行刑期上限由5年提高至15年。

三、监管部门

近年来，债券违约凸显出中介机构存在的一些问题，因此监管部门对于债券发行的审核显得尤其重要。如图1-2所示，债券市场的监管部门包括央行、银保监会、证监会、交易商协会、交易所等。债券市场的监管部门是与时俱进的看门人，不仅需要根据市场变化实时改变监管标准以堵住监管漏洞，还需要关注每个发行人的市场舆情，并做出监管提示。监管部门不仅会为债券市场指明正确的方向、提振市场信心，还会指出市场对于发行人的疑惑并要求发行人做出回应。因此，投资人很关注监管部门提示的风险。

以上市公司康得新为例，交易所早在2017年就认为康得新的货币资金存在问题，并公开发布了图1-6的问询函。2019年在康得新债券违约之后，监管调查出其存在货币资金造假行为，证明交易所问询函的怀疑是正确的。信用评级机构给康得新的债券在2019年初才调低了评级，同月康得新的债券正式宣布违约，这一时间比交易所发布问询函的时间晚了将近一年半。

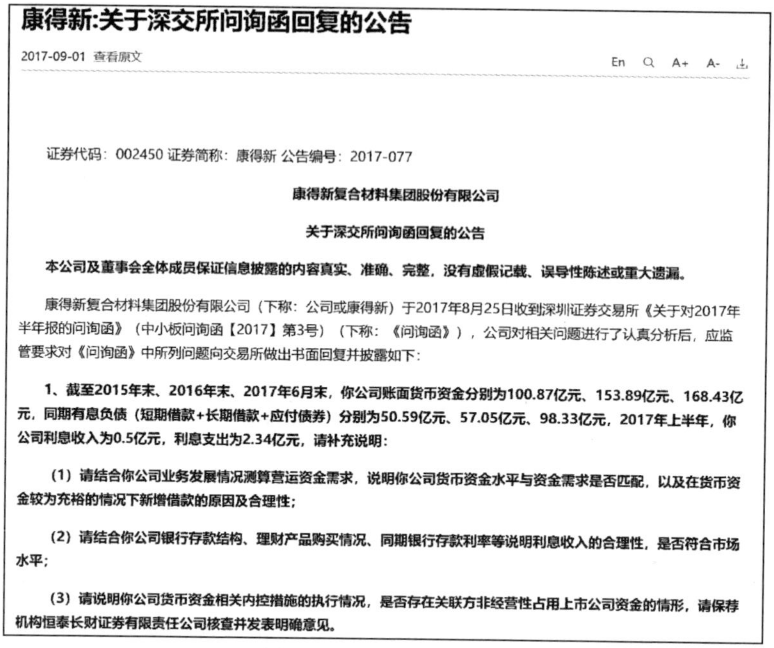
康得新:关于深交所问询函回复的公告

2017-09-01 查看原文

En A+ A-

证券代码：002450 证券简称：康得新 公告编号：2017-077

康得新复合材料集团股份有限公司

关于深交所问询函回复的公告

本公司及董事会全体成员保证信息披露的内容真实、准确、完整，没有虚假记载、误导性陈述或重大遗漏。

康得新复合材料集团股份有限公司（下称：公司或康得新）于2017年8月25日收到深圳证券交易所《关于对2017年半年报的问询函》（中小板问询函【2017】第3号）（下称：《问询函》），公司对相关问题进行了认真分析后，应监管要求对《问询函》中所列问题向交易所做出书面回复并披露如下：

1、截至2015年末、2016年末、2017年6月末，你公司账面货币资金分别为100.87亿元、153.89亿元、168.43亿元，同期有息负债（短期借款+长期借款+应付债券）分别为50.59亿元、57.05亿元、98.33亿元，2017年上半年，你公司利息收入为0.5亿元，利息支出为2.34亿元，请补充说明：

（1）请结合你公司业务发展情况测算营运资金需求，说明你公司货币资金水平与资金需求是否匹配，以及在货币资金较为充裕的情况下新增借款的原因及合理性；

（2）请结合你公司银行存款结构、理财产品购买情况、同期银行存款利率等说明利息收入的合理性，是否符合市场水平；

（3）请说明你公司货币资金相关内控措施的执行情况，是否存在关联方非经营性占用上市公司资金的情形，请保荐机构恒泰长财证券有限责任公司核查并发表明确意见。

图 1-6 交易所问询函

四、投资人

投资人大多是都是机构投资者，债券的机构投资者包括银行、券商、基金公司、保险公司等。

银行是债券的最大购买者，市场上 60% ～ 70% 的债券由银行购买。正是因为银行债券购买量很大，所以一般市场将购买债券的投资人分为银行和非银机构（包括券商、基金、保险等其他机构）。

银行一般有两个部门投资债券，银行自营部门和理财部门。银行自营部门主要是负责表内的债券投资和调节整个银行的日常头寸的部门。理财部门就是负责运营老百姓日常购买的银行理财资金的部门。说得更明白一点，银行自营部门就是银行拿自己的钱投资，理财部门就是银行用合法募集来的其他人的钱投资。银行有严格的风控和购买债券的审批流程，无论是用自己的钱还是其他人的钱做投资，审批和风控的严格度是一样的。在没有成立银行理财子公司之前，大部分银行自营和理财的授信流程和授信标准基本是一样的。在资管新规发布后，大多数银行都成立了银行理财子公司。银行理财子公司从银行独立出来之后，成为独立的法人主体。在资管新规打破刚兑和净值化管理的监管要求下，银行理财子公司的运营和管理逐渐向基金公司靠拢。

对于一些有大量分支行的大型银行，总行也会授予分行购买债券的权力，所以我们看到有些银行的分行也能购买债券。

券商也有两个部门能购买债券，即自营部门和资管部门。自营部门投资债券的资金一般来自券商自己。也有券商建立投资顾问部门，凭借自身的专业实力开展债券投资顾问业务，此类业务的资金来自券商开展投资顾问业务的银行、保险等机构。资管部门的资金是通过成立产品向社会募集的，一些大型券商的资管部门也单独成立了资管子公司，有些资管子公司还拿到了公募基金的牌照，与公募基金站在同一竞争起跑线上，同时也接受基金业协会更为严格的监管。

基金公司是市场公认的市场化程度最高的债券投资机构。我国公募基金在净值化管理等方面都走在市场的最前面，经过多年的锤炼，已经形成一套比较完整的投资管理体系。在资管新规逐步趋严的背景下，其他机构投资者都在逐步向基金公司的投研和管理学习、靠拢。基金公司的资金源于发行基金产品募集的资金，大家喜欢把买基金的人叫作"基民"。"基民"投向基金的钱是基金公司资金的重要来源。

保险公司购买债券的资金主要源于发行保险产品募集的资金。保险公司通过投资来实现保险资金的保值和增值，未来才能给被保险人以足够的保障。保险公司给投连险和万能险等险种赋予了更多的投资属性，这些险种的资金是保险公司购买债券的重要来源。

非银机构和银行在投资债券过程中，除了购买量，最大的不一样购买债券的审核流程不一样。银行一般都需要逐笔审批报备，这就客观上导致债券投资的审核流程比较长。非银机构一般采取入库制，即会有比较多的专职研究部门实时跟踪发行人并对其进行入库和出库，只要债券在债券购买库内就可以实时购买。相对而言，非银的审批机制比银行的更为灵活。

五、销售

销售是连接投资人和发行人的桥梁。投行做了很多工作也是为了债券能发行成功，发行人能获得融资款项。

随着信息化的发展，近期发行的债券都会通过 Wind 等信息技术化系统集中展示给投资人，所以对于采用入库制的非银机构而言，销售的提前沟通工作显得必要性不大。但对于银行而言，由于投资债券的审核流程比较长，需要的时间可能比较多，销售提前沟通工作的重要性更高。

无论是银行还是非银机构，销售的投行化都是市场的趋势。投资人希望销售不仅仅是信息的传递者，同时也能提供专业的信息供投资者分析研究。所以站在投资人角度，如果销售和投行是同一个团队甚至是同一个人，他们对于发行人信息的了解程度就明显更深，沟通成本也更低。

随着投资人购买意向确立，通过投标确定价格，债券完成发行，一只债券就诞生了。随后不同品种的债券在银行间市场或者交易所市场挂牌，有了属于自己的专属代码，投资人就可以根据代码查询债券信息并在二级市场进行交易。

正常情况下，在债券的约定到期日，发行人将款项偿还给投资人，债券就到期结束了。可惜，正如不是每笔你借给别人的钱都能收回来一样，并不是每只债券到期发行人都能偿还。因此，在购买债券前就对发行人"是否能够偿还"这个问题进行分析显得尤其重要，这就是接下来本书要阐述的内容。

| 第二章 |

城投债投资
信用债的"半壁江山"

第一节 城投公司的过去和未来

一、城投公司成立背景

20世纪90年代初,中央财政支出大于财政收入,财政部甚至要向地方政府"打白条"借钱,于是1994年我国实施分税制改革,将原来的由地方收取的部分税收划分给中央,从而解决了中央财政入不敷出的问题。

地方政府自分税制改革之后,税收减少,但在城镇化建设中需要的基础设施建设资金却日益增加。俗话说"要致富,先修路",从跨省高速公路等有现金流的工程到乡镇小路、小河小沟治理等没有现金收入的项目,都需要地方政府出钱。然而全国除了北京、上海、广东、浙江等少数富裕的地方政府之外,其他地方政府都是没有"余粮"的。大多数地方政府不仅没有"余粮",每年的地方保障支出等固定费用还指着中央政府转移支付,不会有多余的钱做基础设施建设。

地方政府要发展，就需要钱，没钱怎么办？只能借钱。在 2014 年 9 月发布《国务院关于加强地方政府性债务管理的意见》（以下简称 43 号文）之前，地方政府不能作为发债主体融资，因此，很多地方政府出资建立了城投公司，城投公司的职责就是为地方政府借钱进行基础设施建设。发展到现在，全国几乎每个市、县都有自己的城投公司，也就是说分税制改革之后到 43 号文之前，成立城投公司借钱发展，已经成为全国各个地方政府的集体选择。城投公司实际上是中央和地方"财权和事权不匹配"的产物。

二、第一轮政府债务化解：地方政府债的发行

分税制改革之后，城投公司的蓬勃发展带来了规模巨大的地方政府债务。截至 2014 年底，地方政府债务总规模为 24 万亿元，其中地方政府负有偿还责任的债务为 15.4 万亿元，地方政府负有担保责任的债务为 8.6 万亿元。中央政府意识到了这一问题的严重性。针对这一问题，国务院发布了著名的 43 号文。43 号文的发布开启了第一轮政府债务化解的大幕。

43 号文中的核心内容可以用六个字概况：开正门，堵偏门。所谓"开正门"是指地方政府可以不借助城投公司，直接举债，但举债金额要在国务院的批准限额内。所谓"赌偏门"是指地方政府不能像过去一样借助城投公司无限额地随意借债，举债金额有控制、有预算。

国务院发布 43 号文后，财政部在 2015 年 3 月、4 月发布了发行地方政府债的配套文件：《地方政府一般债券发行管理暂行办法》《地方政府专项债券发行管理暂行办法》。上面两个文件开启了地方政府发行地方政府债的时代。

为了确认实际的地方政府债务规模，财政部要求地方政府和城投公司上报债务情况。很多市、县级别的地方政府没有将所有债务上报，后来凡是上报的地方政府债务都得到了地方政府债置换额度。地方政府债

由省或者直辖市统一发行，发行后将资金分派到各个城投公司。城投公司被纳入地方政府债的负债基本都得到了置换，这在很大程度上减轻了城投公司的债务负担。

2015年底，很多城投公司通过这些低成本的地方政府债融资之后，要求提前向投资人偿还未到期的债券。由于很多投资人的债券是在二级市场购买的，这意味着如果购买的净价超过100元，提前偿还只能按照票面偿还100元，中间的差价就需要投资人承担损失。在这件事上，投资人与城投公司的出发点和考虑不一样，导致当时投资人在是否同意城投公司提前偿还债务上还有一些波折。

总的来说，第一轮地方政府债务的化解，其实是以中央政府为主导，通过赋予地方政府发债权来进行化解的。此次中央政府基本将城投公司上报的债务规模都用地方政府债化解掉了。这些债务如果靠城投公司融资续借，成本肯定远远高于地方政府债。地方政府债以较低的融资成本置换掉了城投公司较高的融资成本，利息部分支出的减少其实也将在很大程度上降低地方政府债务的规模。当然，能够列入置换范围的城投公司债务都是经过政府部门审计后，才能认定为地方政府债务的，这些债务一般用于当地修路、修桥等造福百姓的基础设施建设。公众在担心地方政府债务规模庞大的同时，也要感谢城投公司。因为老百姓现在看到的那么多美丽的城市、完善的基础设施，背后都是城投公司在规划和建设。

三、第二轮政府债务化解：地方政府隐性债务化解

2014年的地方政府债务置换只解决了2014年底之前形成的债务，但没有解决根本性的问题，根本性的问题就是地方政府财权和事权不匹配。

之后城投公司继续承担着为地方政府融资的职责，地方政府债务继续以城投公司为载体迅速增长。中央政府也一直关注这一现象，其间一

直发布规定规范地方政府举债，其中影响比较大的文件及核心规定如表 2-1 所示。

表 2-1 规范地方政府举债的文件

发布时间	文件名称	核心内容
2017 年 6 月	《关于坚决制止地方以政府购买服务名义违法违规融资的通知》(财预〔2017〕87 号)	禁止以政府购买服务方式违规融资
2018 年 3 月	《关于做好 2018 年地方政府债务管理工作的通知》(财预〔2018〕34 号)	强调严控地方政府债务
2018 年 3 月	《关于规范金融企业对地方政府和国有企业投融资行为有关问题的通知》(财金〔2018〕23 号)	规范国有金融企业对城投公司的融资行为

我印象最深的就是《关于规范金融企业对地方政府和国有企业投融资行为有关问题的通知》，在三令五申严控地方政府融资行为效果不佳后，中央政府只能规范提供融资的金融机构。这个文件实际上从资金的来源堵住了城投公司的融资冲动：由于地方政府的信誉度更高，金融机构从自身业务风险的角度上考虑，确实更倾向于借钱给为地方政府做事的城投公司。金融机构对城投公司融资的集体倾向性，给城投公司增加融资和债务规模提供了便利，这也是监管部门发文规范金融机构行为的原因。

在监管部门对城投公司发文监管下，城投公司的资金来源和融资渠道都受到限制，2017 年底到 2018 年，城投公司的融资续借受到了比较大的影响，很多城投公司的资金链绷得比较紧，很多城投公司高成本的非标融资就是这个时期新增的。除了政策的严控外，城投公司 2017 年底到 2018 年这个时间段内遇到宏观货币收缩，债券市场在央行收紧银根的大环境下处于收益率不断上升的时点，导致城投公司的融资愈加困难。有一些财政实力较弱、融资渠道不是很通畅的城投公司开始出现融资困难。城投公司一旦出现融资困难，最先受影响的就是以信托和融资租赁公司为贷款主体的非标融资，当时信用研究员的重要工作之一就是收集非标融资已经出现违约的城投公司,这是判断某地域城投公司整体安全性的重要指标。图2-1截取了当时的光大证券研究所报告,当时类似的研究和报告是债券市场的焦点。

2018年初以来陆续爆出多起平台非标瑕疵的事件,主要集中于信托贷款逾期、资管计划逾期等,城投在其中的角色为融资人或是担保人,市场时常处于城投"信仰"是否被打破的疑虑之中。然而截至目前(2018年11月23日)公开市场尚未有任何一单城投债券发生违约,一定程度上体现了非标瑕疵的影响与城投债券之间的阻隔。

违约主体	所涉非标项目	职责
云南资本	中融-嘉润31号集合资金信托计划	融资人
天津市政建设集团	中电投先融·锐津一号资产管理计划	担保人
天长城建投	中江金海马6号信托计划	担保人
科尔沁城投	联储证券-政融1号集合资产管理计划、金元百利众成政融1号1~4期专项资产管理计划	融资人
武穴城投	嘉泰301黄冈武穴火车站工业园工程资产管理计划	担保人
凯宏公司	首誉光控黔东南州凯宏资产专项资产管理计划1号、3号	融资人
黔东南州开投	首誉光控黔东南州凯宏资产专项资产管理计划1号、3号	担保人
安岳城投	国盛资管神鹰78号集合资产管理计划	融资人
松江国投	中江信托-金鹤167号上海万得凯资产投资集合资金信托计划	担保人
呼和经开	中江国际·金马430号呼和浩特市国家级经济技术开发区基础建设项目贷款集合资金信托计划	担保人
榕江新城	中江国际·金马382号榕江县基础设施建设投资集合资金信托计划	融资人
金财金鑫	中电投-平昌系列资产管理计划	融资人
开原城投	乾堃开原城投应收账款资产管理计划	融资人
三都城投	三都城投2016年直接债务融资产品、正略诚信-三都城投应收债券投资私募投资基金	担保人
韩城城投	方兴309号韩城城投集合资金信托计划	融资人

图2-1 光大证券研究所报告

资料来源:Wind,光大证券研究所整理。

在很多城投公司资金链都比较紧张的时候,2018年第二轮地方政府债务置换悄然展开。我清楚地记得,得知开始第二次地方政府债务置换的消息时我在调研城投公司的途中。某城投公司的财务总监载着我和信用评估分析师在去查看某处城投公司投资项目的路上,同时指示会计填报监管部门下发的地方政府债务摸底报表。职业的敏感性让我意识到当时城投债将在政策的推动下迎来转机。

第二轮地方政府债务化解一般被称为地方政府隐性债务化解，这一轮债务化解开始于2018年的两个文件，即2018年8月的《关于防范化解地方政府隐性债务风险的意见》(中发〔2018〕27号)，以及《地方政府隐性债务问责办法》(中办发〔2018〕46号)。根据这两个文件，审计署发文要求在2018年8月底，各个地方政府上报按照文件规定口径下的债务规模，上报的债务经过审计署审计后可以认定为地方政府隐性债务。在第一轮地方政府债务置换中，城投公司通过债务置换大大降低了自身的债务负担，尝到了债务置换的甜头。因此，这一次大多数城投公司只要债务符合发文条件，就能报的尽量报，不再像第一轮债务置换那样畏首畏尾。当然，这次债务置换配套了极为严格的新增地方政府债务问责办法，极大地增加了在2018年8月之后新增地方政府债务的难度。因此，对地方政府而言应报尽报规定口径下的债务确实是更好的选择。

本轮地方政府隐性债务化解，随着债务一起上报的还有各个地方政府债务的化解方案。隐性债务的化解时间最长10年，化解方式包括地方政府盘活资产、城投公司赚取现金流等。每个省、市地方政府的化解方案都不一样，财力强的地方政府可能1年就能化解，财力差的地方政府就贴着规定的上限10年制订化解方案。第二轮地方政府债务化解，没有像第一轮一样完全通过发行地方政府债化解，化解的责任主要是在地方政府身上，中央政府更多的是通过隐形债务系统对地方政府债务进行系统的管控。

随着2019年6月，国务院发布《关于防范化解融资平台公司到期存量地方政府隐性债务风险的意见》(国办函〔2019〕40号)，央行也给了银行置换地方政府隐性债务的政策和业务权限，银行以更长的期限和更低的利率置换了高成本的地方隐性债务。在政府隐性债务化解政策逐步落地后，城投公司的系统性风险得到了释放和解决。

四、未来城投公司的道路

在我看来,经过 20 年的发展,我国的基础设施建设已经相对完善。很多地区已经基本完成了棚户区改造及大规模公路建造(如全国基本已经现实县县通高速)等基础设施建设,对于基础设施建设的资金需求已经不像 10 年前那么旺盛。很多沿海城市在完成老城区的改造之外,甚至已经完成新区、经开区、高新区等基础设施的建设。城投公司的基础设施建设职能可谓功成名就,所累积下的债务也在两次地方政府债务置换中得到初步解决。下一步很多城投公司将面临的是在完成政府职能之后的市场化转型问题,这也是现在分析城投公司信用风险新增加的重点。

投资人更关心的是在政策变化之后的投资机会。从城投债信用利差来看,两轮地方政府债务置换之前城投债信用利差都有显著的走阔,预示着市场对于城投债信用风险的担忧,这种担忧随着债务置换政策的落地而迅速地缓解(见图 2-2)。

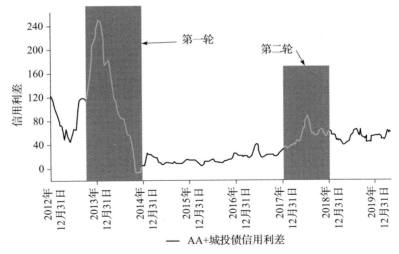

图 2-2 两轮债务置换城投债信用利差的变化

资料来源:Wind。

正如前文所言，完成历史使命的城投公司将来或多或少会面临转型的问题，对于城投公司而言，未来的路总结起来有三条。第一条，不转型，在政府预算范围之内做事，政府有多少钱，城投公司做多少事。第二条，半市场化转型，依赖政府在当地的资源和特许经营权做一些能提供现金流的业务，如市政道路停车场、当地河流砂石开采等。第三条，完全市场化转型，城投公司走出自己所在的市县，去参与建筑、贸易等完全市场化竞争的业务。

从投资人的角度上看，这三条路中的第一条是他们最喜欢的，因为这条路最稳当。没有转型就没有风险，依靠两轮债务置换的成果、地方政府财力稳妥地化解债务，走这条道路的城投公司预计后续信用利差能大幅收窄。

第二条道路是城投公司管理者比较喜欢的道路，这条路让城投公司的管理者有事可做，城投公司的前景也更好，还可以增加地方政府化解隐性债务的资金来源。站在投资人的角度上看，城投公司在本地还是有一定资源优势的，在当地的特许经营业务多少还是能赚到钱的。这条路虽然城投公司也需要一些资金投入，但总体风险可控，所以走这条路的城投公司的信用利差大概会维持在现有水平。

第三条路是投资人不希望看到的道路，因为这意味着城投公司将完全脱离原来的路，完全参与市场化竞争的业务。投资人普遍认为无论从经验、人员还是机制方面，城投公司都不具备参与完全市场化竞争的条件，市场化转型失败的可能性更高。由于转型需要进入新的行业，城投公司也需要增加大量的债务。城投公司债务率提高势必会减弱其偿债能力，不利于存量债券的偿付。因此，走这条路的城投公司信用利差预计会大幅走阔。

五、每个地域城投公司的特点

按照地域将全国的城投公司划分为七个组，分别为华东地区、华北地区、东北地区、华中地区、华南地区、西南地区和西北地区。注意，债务率是衡量各省市城投公司债务情况最重要的指标。2020年全国31个省、自治区、直辖市（以下简称省份）债务率情况如图2-3所示。

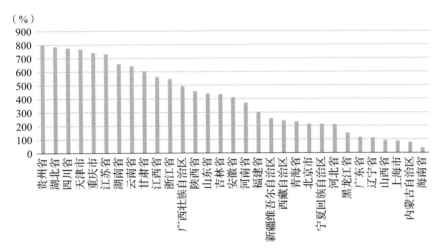

图2-3　2020年全国31个省份债务率情况

注：1. 债务率＝发债城投有息债务／一般公共预算收入。
　　2. 湖北2020年债务率较高是由于受到新冠疫情影响，一般公共预算收入出现暂时性的大幅缩水所致。2019年湖北债务率为508%，处于全国中游水平。

资料来源：广发证券研究所。

（一）华东地区

华东地区包括上海、江苏、浙江、山东、安徽，华东地区的主要经济引擎是苏浙沪为代表的长三角核心经济圈。经济发达往往意味着偿债能力更强，因此，上海、浙江和江苏的城投债融资成本在华东地区中最低。

江苏虽然经济较为发达，但发债城投公司较多，存量债务也较高。如图2-4所示，就各地区发债城投公司有息债务余额的角度来看，江苏是最高的。庞大的债务绝对规模也一度让债券市场担心江苏的偿付能力，其中江苏城投公司债务规模压力最大的镇江就一度被市场认为现金流吃紧，但如今在江苏强大的经济实力和债务化解能力下，江苏城投公司在债券市场的认可度不断提升。

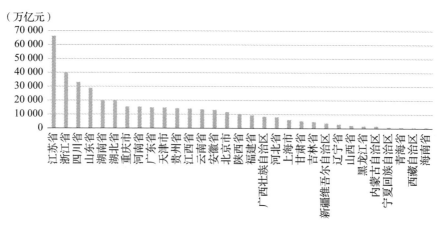

图 2-4 2020 年发债城投公司有息债务余额

资料来源：广发证券研究所。

江苏分为苏南、苏中、苏北三个区域，其中苏南经济最为发达，主要包括苏州、无锡、常州、镇江和南京；苏中经济次之，主要包括南通、扬州、泰州三个地级市；苏北由于远离上海，是江苏经济最欠发达的地区，主要包括徐州、连云港、宿迁、淮安、盐城五个地级市。由于苏南、苏中、苏北的经济发达程度有一定差距，苏南的城投公司融资成本最低，其次是苏中。

安徽近年来极力融入苏浙沪"包邮区"的经济发展，分享包邮区经济的快速发展。特别是靠近南京的滁州和马鞍山等市，基本已经属于南京经济圈。例如，滁州的老百姓如果生病了在滁州看不好，肯定会去南京而不是合肥寻找更先进的医院就诊。在合肥自身产业引入较好和苏浙沪核心经济圈的带动下，债券市场对于安徽城投公司的好感度不断提升。

山东绝对经济总量较大，地理位置上处于北京和上海之间，具有天然的地理优势。在第四次经济普查中，中国北方地区的 GDP 出现较大程度的缩水，其中山东的 GDP 缩水程度最高，缩水规模近万亿元，缩水幅度高达 15%。GDP 作为衡量经济强弱的最重要指标，缩水代表整体经济实力下降。除此之外，山东近年来经济增长亮点不多，原有的炼化、电解铝等传统民营经济增长点受冲击较大，现存的较为庞大的经济规模主要还是靠老的经济存量在维持。

（二）华北地区

华北地区主要包括北京、天津、河北、山西、内蒙古。华北地区是以北京为经济引擎的首都经济圈，首都经济圈的省市基本都围绕着北京的规划做经济建设的调整和布局。

天津是成名已久的港口城市，在北方城市中具有不可替代的地位。天津经济体量较大，且工业基础较好，天津港作为北方最大的海港也带动着天津经济的发展。地理位置上紧挨着北京的天津，通过更为便利的高速路网和铁路交通无限地向首都靠近，但北京对于周边城市经济的虹吸作用大于带动作用。雄安新区的建设对天津的房地产市场也存在一定利空，天津这几年的房价出现了一定程度的下跌。但相信在"京津冀"协同的大背景下，天津未来会有更多、更好的经济发展机遇。

河北发债的城投公司较少，城投公司存量债务也较少。一方面，河北城投公司的职责被华夏幸福等园区建设型的房企所取代；另一方面，河北作为钢铁大省，很多钢铁厂区道路是由钢企修建的，这无疑也减少了当地城投公司的基础设施建设压力。

山西发债的城投公司也较少，很多地级市都没有公开发债的城投公司。这里面的主要原因是山西是煤炭大省，作为当地经济支柱的煤企承担了很多基础设施建设的责任。

（三）东北地区

东北地区包括辽宁、吉林、黑龙江三个省。2016 年发生的东北特钢违约事件，使得债券市场对企业和当地政府处理国企债务违约事件的态度产生怀疑，而后整个东北三省在债券市场的认可度降低。如图2-5所示，东北三省信用债余额逐年降低，占整个信用债市场的比例也逐年走低。

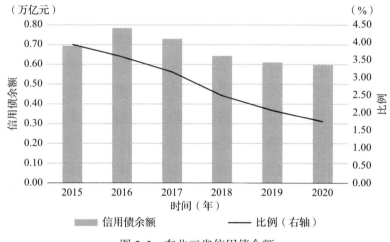

图 2-5 东北三省信用债余额

资料来源：Wind。

实际上，虽然2016年之后债券市场对东北三省的信用债采取了消极的收缩态度，但是东北三省却没有任何一例公开发行城投债违约的案例。如果不考虑"投资不过山海关"的问题，实际上东北三省这几年的债务压力是在降低的。但随着2020年华晨集团违约，东北三省债务处理能力和处理意愿的问题再次成为债券市场热议的话题，希望以辽宁为首的东北三省能不辜负东北振兴的重任，重新树立债券市场对于东北三省的信心。

（四）华中地区

华中地区包括湖北、湖南、河南、江西四个省。华中地区被沿海省市包围，为沿海经济带输出人力和物力。

湖北处于五省通衢之位，扼守中原腹地入口，地理位置优越。全省经济唯武汉独大，近年来建设襄阳和宜昌为经济两翼，经济资源向鄂西稍有倾斜。湖北城投公司在新冠疫情之前发债比较少，之后有所增加。整体而言，湖北城投公司较为保守，债务扩张幅度不大，债券市场对湖北的好感度在不断地提升。

湖南地理位置不如湖北优越，以山地居多。湖南以"长株潭城市群"为全省经济核心，长沙作为"长株潭城市群"的领头羊，近年一般预算收入快速增长，继续领跑湖南经济。湘潭城投公司债务负担较重，屡传非标融资违约，但湖南还债意愿坚决，一直在协调组织资源帮助湘潭解决问题。相信随着"长株潭"进一步融合，湖南城投公司的债务问题都能随着城市的发展得到解决。

河南城投公司原本比较保守，且债券市场融资规模不大，但受2020年永煤事件影响，债券市场对河南城投公司持一定的观望态度。河南只有妥善处理好违约问题，才有可能重新树立在债券市场的形象。2021年以来，我们看到河南城投公司领导积极和投资人进行沟通，这些都是河南解决永煤事件遗留问题的积极信号。

（五）华南地区

华南地区包括广东、广西、海南、福建。华南地区以广东为引擎，广东经济发达程度高且城投公司整体债务率低，是债券市场最喜欢的省。同样沿海的福建，经济虽然没有广东发达，但城投公司整体债务率也比较低，也是债券市场比较喜欢的省。

广西和海南虽然地处华南地区，但经济远不如广东和福建。广西有色的违约事件似乎对广西已经没有太大影响，但某地级市城投公司过多、债市融资规模过大依然值得关注。广西最应该关心的问题是如何借助邻居广东的经济热度，提升自身的经济发展水平，或许北部湾经济区的发展能成为带动广西经济发展的引擎。

（六）西南地区

西南地区包括四川、重庆、贵州、云南、西藏。西南地区在地理位置上属于比较偏僻的，这意味着西南地区发展经济的先天条件是劣于东南沿海及中部平原地域的，所以西南地区费力和这些区域的省市比拼工业似乎不够明智，发展旅游和特色城市才是出路。

位于四川盆地的四川和重庆，近年以网红景点、火锅文化、街头文化等频频站上热搜，为人口流入和房价的稳定提供了长期的支撑。希望四川和重庆能够继续通过运营和发展来缓解较为严重的城投公司债务问题。

贵州和云南近几年经济增速都超过8%，远高于平均水平。经济快速增长意味着政府做了很多事情，其中就包括城投公司进行的大量的基础设施建设，经济快速增长的同时却也累积了不少债务问题。对于云南来说，主要需要解决的是某省级国企前几年过度加杠杆遗留的债务问题。对于贵州来说，全省经济快速发展留下的债务需要用时间去化解。作为债券市场中信用利差最高的两个省，解决债务问题恐怕是贵州和云南今后几年都需要面临的难题。

（七）西北地区

西北地区包括陕西、甘肃、新疆、青海、宁夏。西北地区以陕西为领头羊，陕西省会西安是西北最亮眼的城市之一。相对于西南边陲的崇山峻岭，西北地区可谓气候恶劣，甚至很多地方不适合人类生存。

气候恶劣意味着西北地区面积虽大，但经济单位产量极低，难以发展，很多地方都靠山上流下的雪水才有水源。因此，西北地区基本靠着丰富的矿石、石油等资源的采掘带动经济发展。但靠着钾肥资源原本可以一直过好日子的青海国投，花费大量资金投资下游工业产业链，最后破产，昔日"钾肥之王"的违约给债券市场带来了不少冲击。还是那句老话，干自己擅长的事，其他的事留给其他地区做吧！

六、债券市场对城投公司所在地域的认可度

债券市场用信用利差来衡量信用债信用风险的大小，信用利差就是信用债的收益率减去相同期限国债的收益率。信用利差越大，说明信用风险越大。

信用利差代表了债券市场对每个地区城投债的风险态度，信用利差越大，说明投资人需要的风险补偿越高。例如，青海的信用利差是332 BP，这代表青海的城投债收益率平均比国债收益率高3.32%。本书根据公开市场债券收益率所反映的信用利差排序，将地域的债券市场认可度划分为最受认可、认可度较高、比较受认可、认可度存在分歧四个等级。2020年城投公司信用利差如图2-6所示。

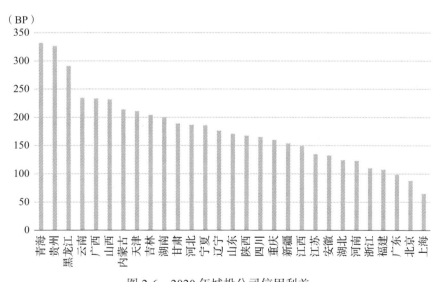

图2-6　2020年城投公司信用利差

资料来源：Wind。

（一）最受认可的

债券市场最受认可的城投债发债地域为上海、北京、广东、福建、浙江五个省市（见图 2-7）。这些地域是我国的政治、经济中心及经济最发达的东南沿海省市。最受认可的五个省市城投债信用利差在 110 BP 以下。这些地域能够成为最受债券市场认可的城投债地域，主要原因是：① 经济较为发达，能持续吸引人口流入，为当地房价提供有效的支撑；② 经济基础好，人口流入多，基础设施建设的利用效率较高，为城投公司的基础设施投资提供了正向反馈；③ 有较为丰富的金融资源，为城投公司的融资提供便利；④ 商业氛围较好，市场化程度较高，相对而言企业效率较高，偿债意愿较强。

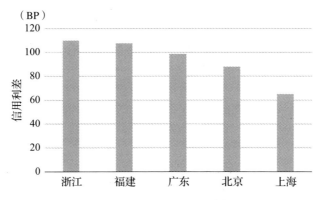

图 2-7　最受认可的地域城投债信用利差

资料来源：Wind。

（二）认可度较高的

债券市场认可度较高的城投债发债地域为湖北、安徽、江苏、江西四个省，除了江苏是债务总量较大的沿海省之外，安徽、江西、湖北均为中部省。如图 2-8 所示，认可度较高的省城投债信用利差 120～150 BP。这些省认可度较高的原因主要是：① 没有发生过重大的省级国企违约事件，整体在债券市场的形象较为正面；② 经济发展水平中等偏上，但债务率不高；③ 所在地域位置尚可，紧邻东部沿海发达省市，能够受到沿海城市的经济发展辐射。

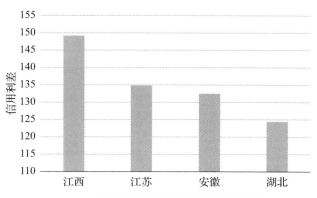

图 2-8　认可度较高的省城投债信用利差

资料来源：Wind。

（三）比较受认可的

处在这个等级的地域各有特点，信用利差 150～175 BP（见图 2-9）。山东比较受认可是因为经济总量比较大，山东的经济总量在全国排名第三位。作为沿海省，山东拥有良好的经济基础，因此，当地城投发债还比较受认可。陕西作为西北五省的领头羊、著名的历史地区，产业基础和人口聚集效应明显强于其他西北省份。能够吸引人口、资源和产业的地区才能有较好的发展，因此，陕西城投债也比较受到债券市场的认可。

四川、重庆近年来特色经济发展较好。四川盆地文化生活朝气蓬勃，虽然部分地域债务率略高，但整体信用利差并不算高。新疆经济模式以稳为首要任务，国家对其有较大的政策、财政倾斜。新疆对于债务的管理也较为严格，维护金融稳定也是其重要任务之一。新疆对于"农六师"技术性违约的处理让债券市场看到了其债务管理能力和效率，由此树立起了比较正面的形象。

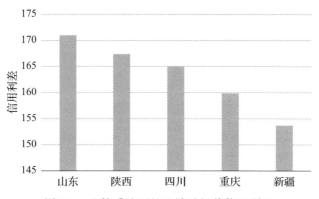

图 2-9　比较受认可的地域城投债信用利差

资料来源：Wind。

（四）认可度存在分歧的

剩下的地域都归在认可度存在分歧的等级里（见图 2-10）。这一等级的信用利差都比上面三个高，这意味着债券市场对这些地域城投债信用风险的认定存在一定的分歧。有分歧才能获得较高的收益率，每个机构应该根据自身的风险偏好去选择。

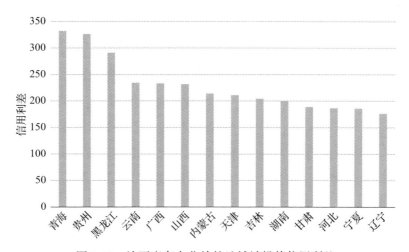

图 2-10　认可度存在分歧的地域城投债信用利差

资料来源：Wind。

第二节　单个城投债的投资方法

在大致了解城投公司整个行业的情况后，最终投资还是得落实到单个投资主体和城投债的选择上。任何行业都是一样，入门者和精通者之间的差距就在于是否有完整的框架，精通者往往能够见微知著，通过很多细节建立起关于事物的完整框架。城投债投资也是一样，通用的风险分析、财务分析仅仅是城投债投资的一部分，投资人用真金白银做出决策，需要考虑的因素会更多。当然，投资实践比理论变得更快，市场环境或是个别事件的冲击将会持续影响、改变投资人的方法论和投资偏好。

城投债的分析框架主要由三方面构成：大环境、地方政府、城投公司本身（见表 2-2）。

所谓大环境，包括城投公司所在地域的经济特色、人文环境和债务情况。信用风险发生除了偿债能力有限，还有一个重要的原因就是偿债意愿不强。如果说一个地域的经济特色决定其偿债能力，则一个地域的人文环境往往决定其偿债意愿，偿债意愿是投资人考量城投债信用风险的重要因素。

表 2-2　城投债分析框架

大环境	经济特色
	人文环境
	债务情况
地方政府	经济和财政实力
	债务负担
	业务分工
城投公司	运营情况
	资产质量
	债务结构

所谓地方政府，包括政府本身的经济和财政实力、债务负担，以及地方政府与当地城投公司的业务分工等。城投公司的特别之处在于其和政府之间紧密的关系，因此，政府对城投公司的定位和安排显得尤其重要。

所谓城投公司，包括城投公司运营情况、资产质量和债务结构等自身的因素，这些我称之为"自身的奋斗"。一般来说，一家公司是否能在债券市场获得较低的融资成本，大部分靠的是公司自己的资质。但对于城投公司来说，自身的资质只能起到不到一半的作用。从上一章对于信用利差的分析中，可以了解债券市场对于东南沿海省市城投公司发行的债券往往认可度较高。处于经济发达地域的城投公司，只要当地的房价高，土地价格逐年攀升，手上的土地就更值钱，偿债能力也更强。城投公司所处地域发展情况是城投公司并不能决定的外生变量，但对城投公司的影响又极大。因此，相比于其他类型的公司，城投公司"自身的奋斗"显得没有那么重要。

市场上不少从业者认为城投债没有分析的必要，只要按照地域购买即可。但实际上，同一地域的个体差异还是比较大的。作为城市建设者的城投公司，在不发生系统性风险的情况下不可能发生大规模违约，但某些债务压力较大的地域城投债发生点状违约的可能性依然较大。在市场一轮又一轮"放松—紧缩—放松"的周期下，部分资质较差的城投债还有信用利差走阔的风险。对于投资人而言，研究城投债，一方面是不希望自己持有的债券成为最先违约的那一批；另一方面是做好信用排序也可以赚取主体信用资质改善的钱。

一、大环境

城投公司的大环境包括所在地域的经济特色、人文环境和债务情况。经济特色决定了偿债能力，人文环境决定了偿债意愿，债务情况包括债务压力和债务管理等。

（一）经济特色

一个地域的经济特色主要由先天条件、地理因素等客观因素决定，也有通过政策倾斜或者地方政府主观意志培育出来的经济亮点。投资人评估一个地域的经济特色，不仅需要评估经济存量，更要看未来具有较大潜力的新经济增长点。

东南沿海港口众多、交通便利、商业氛围浓郁，毫不意外地成了我国经济最发达的地域。东南沿海有些地域存量经济规模虽然不大，工业也没有部分内陆城市繁多，但也普遍有新兴经济增长点。很多东北老工业城市往往存在经济依赖度过高、经济抗风险能力较差的问题。这些地域全市甚至全省依靠一个产业，如果该产业在经济周期波动中处于下行趋势，则整个城市或者整个省份的经济将面临很大的下行压力。而相对而言，东南沿海经济具有多样性，既有传统的制造业，网络购物、电子信息等新兴经济发展也较好，这样的经济形态抗风险能力较强，未来经济的潜在增长点也更多。

西北地区、华北地区由于矿藏比较丰富，是比较明显的资源型经济模式。比如新疆、宁夏部分地域干旱缺水，眼见之处都是戈壁滩。除了地下有石油外，环境恶劣根本不适合人类生存，开采石油成为这类地域的核心经济点。再如山西遍地都是煤炭，既然挖煤就能把日子过好，当地老百姓也没有动力做创业，发展高新科技等更难的事了。资源型经济的地域经济来源也比较单一，如果大宗商品价格下降，则当地财政收入将受到很大影响。

（二）人文环境

我国人文环境的南北差异也较大。例如，东北三省等老工业基地第二产业占 GDP 比重较高，每个城市由一个或者几个大型国企支撑。这些重工业城市中小企业不多，民间经济不发达。用通俗易懂的话说，当地人无论是就业还是收入，基本都围绕着少数几个大型工业企业，可能超过一半人口的经济来源是几个大型工业企业及其上下游。很多企业员工甚至子承父业，一家几代人都在同一家企业工作，企业管理人员缺乏忧患意识，主观能动性比较差，企业员工缺乏努力奋斗、开拓进取的动力。由此形成的人文环境相对官僚化，投资人在沟通问题和找人解决问题时，往往得不到实际、有效的解决方案。债券市场某著名的案例中，东北三省某企业在债券违约后，企业一把手在与从全国各地来的投资人的沟通会上打盹，管理人员对投资人的询问也一问三不知。此事在债券市场广为流传后，投资人意识到分析框架中应当考虑当地的人文环境这一因素。如果企业管理人员及相关主管单位工作人员对于债券市场比较不重视、偿债意愿比较低，投资人就需要在定价中给予这样的地区更高的风险溢价。

相反的例子是江浙地区，投资人普遍认为江浙地区无论是市场化程度和商业氛围都更好，政府官员和企业管理人都更尊重规则。说到底，信用债投资就是个"欠债还钱"的事情，契约精神更好、偿债意愿更强的地区会明显受到投资人青睐。实践中，江浙地区的信用利差相对也较低，暗含着较低的信用风险。

（三）债务情况

债务压力是城投公司所面临的大环境之一，债务压力大的地方政府还本付息的压力就大。地方政府还债的压力大，地方政府财政腾挪空间就小，地方政府财政紧张，则当地城投公司的偿债能力就会差。所以，在城投债研究中，各个省的债务压力成了重要的判断标准。债务压力具体到量化指标，又以债务率为最主要的指标。

上节的图2-3展示了全国31个省份的债务率情况，每个城投公司的信用评估既离不开所在城市的债务负担，更不可能脱离整个省的债务压力去单独分析。现在对于地方政府债务的管理和化解都以各个省级政府为单位，每个省债务管理模式也各有特点，因此，以省为单位去讨论城投公司所处的大的债务负担环境显得尤其重要。

中西部城市的债务率普遍较高，这里面的背景是中西部的基础设施建设普遍比沿海城市落后，有经济发展诉求的地方政府通过举债完善基础设施建设，完善的基础设施建设才能在对外招商、企业入驻、吸引人才等方面的竞争中获得优势，最终带动本地区的经济发展。集中的基础设施建设带来了不小的债务负担，因此中西部省市的债务率整体较高。

新疆、西藏、青海位置较为偏僻，自然环境、地形条件等客观因素决定了其经济发展的条件和动力相对中西部城市而言都较弱，基础设施、产业园区建设等支出相对少，因此债务负担较轻。与此同时，这三个地区经济体量也较小。

沿海城市中，广东、浙江、福建的城投债市场认可度最高。这三个省不仅存量经济体量大，经济增长速度也快，无论是存量还是增量经济的质量都明显好于中西部城市。从图2-3上可以看到，广东、浙江、福建这三个省整体债务负担较轻，还本付息压力较小，因此债务投资者普遍认为这些地区的城投公司信用风险较小、债券还本付息安全度高。经济发达的地区想做什么规划和投资都更轻松点，因为地方财政比较宽裕，通过城投公司去借钱发展的需求低。有些地方政府做基础设施建设，财政可以把钱先给到城投公司，城投公司再开始建设项目。这种情况下，城投公司只是基础设施建设的执行单位，而不用靠融资来满足财政开支的不足。因此，北京、上海、深圳三个城市的城投公司，只要真的为所在城市的基础设施建设做贡献，且没有太多非公益性业务，债券市场对其认可度就很高。

同样沿海，江苏是"经济好"和"债务重"相结合的省。作为苏浙沪经济圈中重要的部分，江苏的经济体量和发展前景是被普遍看好的。江苏的高债务率源于其从上到下各级政府对于经济发展的强烈诉求。通过实地调研可以切身体会到，江苏县级市的基础设施建设和配套普遍好于中西部城市的地级市。市场上有不少投资人对江苏的高债务率表示担忧，但我认为江苏的地理位置和经济基础决定其高负债是可以用经济发展去解决的。

二、地方政府

在了解城投公司所在的大环境之后,接下来需要分析城投公司所在地方政府的情况。这里包括城投公司所在地域的经济和财政实力、债务负担和业务分工等。

(一)经济和财政实力

经济和财政实力,一般是指城投公司所在地方政府的 GDP、财政收入等。这些数据既可以在各地方政府的官方网站上获取,也可以在城投公司的评级报告上找到。不少券商研究所将整理好的数据发布在公众号上,从这个途径获得数据也是比较省力的方法。下面将首先阐述如何从各个方面评估地方财力,再说明地方财力与城投公司的关系。

1. 经济和财政实力的口径和判断方法

财政收入一般分为三个口径:地方综合财力、一般预算收入、税收收入。下面以表 2-3 为例,讲解这三个口径财政收入的内涵。

表 2-3 某地级市 2014～2016 年财政收入

(单位:亿元)

科目	2014 年	2015 年	2016 年
一般公共预算收入	283.00	316.56	321.18
其中:税收收入	230.61	256.89	257.62
非税收入	52.39	59.67	63.56
政府性基金收入	354.34	329.47	175.71
上级补助收入	104.33	120.87	126.84
其中:返还性收入	19.46	19.55	27.23
一般性转移支付收入	35.92	52.16	55.50
专项转移支付收入	48.95	49.16	44.10
预算外收入	32.12	25.80	29.20
其中:政府行政性收费	3.60	3.31	4.55
地方可控财政收入总计	773.79	792.70	652.93

资料来源:Wind。

一般说的地方综合财力就是表 2-3 中的地方可控财政收入总计。地方综合财力大致等于一般公共预算收入、政府性基金收入、上级补助收入三个项目的加总结果，可以用以下等式表示。

地方综合财力 = 一般公共预算收入 + 政府性基金收入 + 上级补助收入

下面将分别详细介绍这些项目的口径及如何评估其含金量。

（1）一般公共预算收入

一般公共预算收入是政府在编制收入预算的时候使用的财政收入口径。在计算地方政府的债务率的时候使用一般公共预算收入。一般公共预算收入由税收收入和非税收入两个部分构成。投资人一般也会将一般公共预算收入中的税收收入占比作为衡量财政收入含金量的重要指标。税收收入占一般公共预算收入占比越高，财政收入的含金量越高。税收收入被认为是较为稳定且具有持续性的财政收入来源。

为了评估税收收入和财政收入是否具有持续性，还应当深入了解当地经济的结构、主要产业、主要税收贡献企业等。如果地方政府的大部分税收都来自 1～2 个大型企业，那么了解这 1～2 个企业所在行业的景气度，以及是否大规模新增产能基本可以评估出当地 GDP 增速，以及财政收入是否将有大的增加。比如宝武集团将在江苏盐城新建千万级钢铁产能，如果这个项目顺利落地，建成投产就将带动上下游经济，预计未来给盐城每年新增 1000 亿元 GDP 和 100 亿元左右的财政收入。再如大同煤炭的生产经营情况以及煤炭价格也能在很大程度上决定大同的 GDP 和财政收入。

对于绝大多数城市而言，一般公共预算收入一般都小于一般公共预算支出，这意味着不仅每年的税收等一般公共预算收入需要全部用于支付当地行政管理、公务员工资等一般公共预算支出，地方政府还得想办法从其他渠道获得资金去填补一般公共预算收入与一般公共预算支出的差额。这就决定了地方政府一般公共预算收入这部分资金是一个萝卜一个坑，基本没有多余的钱可供自由支配。由于多数地方政府财力有限，如果想做市政工程等基础设施或者发展建设产业园区，很难将所有的支出都列入一般公共预算支出。在财力有限的情况下，对于地方政府来说，想要获得资金更为实际的方法是卖地，也就是支出得用政府性基金收入填补。

（2）政府性基金收入

政府性基金收入大部分来自地方政府卖地收入。这个指标波动较大，取决于当年土地市场的情况和卖地指标的获得等因素。土地市场情况好，土地出让较多，地方政府就能获得较多的土地出让金。也有地方政府由于政府换届等因素，卖地手续审批延迟，当年土地出让金较少，因此当年的政府性基金收入较少。

政府性基金收入的决定因素除了上面说到的，还有价格。土地的价格可以在当地的自然资源部查到，更直接的办法是打开卖房中介的App，查询房价和变化趋势。如果要查询土地的成交价格，可以关注下拿地的企业，全国性大房企的成交价格更客观和真实。在投资实践中也曾碰到在某个地产市场不好的年份，为了稳定当地的房价和土地价格，地方城投公司作为土地的购买方买入土地的情况。这种土地成交价格的稳定性和可持续性就相对较低。当然，房价是更为直接的体现，如果能到当地调研，可以顺便逛逛售楼处，看看当地新房子的入住情况，询问当地人房价走势和入住率等，都是比较好的判定当地土地价格走势的方式。

相对于一般性公共预算收入的一个萝卜一个坑，政府性基金收入则是地方政府可自由支配资金的主要来源。"土地财政"这个词就由此而来。地方政府卖地的资金供当地政府支配，比如盖个新的园区招商引资，治理整个城市的河道将其美化，修会展中心或者体育中心等。城投公司作为执行地方建设任务的主体，大部分收入来源最终也来自地方政府卖地的收入。

（3）上级补助收入

上级补助收入一般源于中央政府对于地方政府的各项转移支付和返还，这块收入一方面用于填补一般公共预算支出和一般公共预算收入的差额，一方面用于各种专项支出，供地方政府自由支配的部分很少。

2. 财政收入和城投公司的关系

在理解财政收入的各项口径之后，投资人在判断一个地域的财政实力时应当同时分析一般公共预算收入和政府性基金收入。

对于城投公司而言，一般公共预算收入虽然"看得见、摸不着"，却是一个地方政府经济和财政实力强弱的体现。一般公共预算收入400亿元、每年一般公共预算收入增长5%的地级市，每年地方财政能增加20亿元的一般公共预算收入。而一个一般公共预算收入只有50亿元的地级市，同样每年一般公共预算收入增长5%，地方财政一般公共预算收入只能增加2.5亿元。相比之下，明显财政收入基数大的地方政府财政实力强。放下存量经济总量代表的经济实力不说，仅仅增量财政收入就很可观。随着第二轮债务置换的进行，中央严禁地方政府新增债务，因此有着大额一般公共预算收入的地方政府可以通过增量收入去解决很多支出需求。如果城投公司的基础设施建设支出都能列入一般公共预算支出，这对于地方政府和城投公司而言都是最轻松的方式。虽然实际很少有地方政府能将城市的所有基础设施建设都列入一般公共预算支出，但一般公共预算收入存量较大的地方政府拥有更明显的资金优势。

城投公司的业务和土地息息相关，很多城投公司都有一级土地整理这项业务。城投公司是一级土地整理的实施主体，地方政府在卖出土地之后，才有资金支付给前期做一级土地整理的城投公司。因此，地方政府每年能卖多少地基本上也决定了当地城投公司当年能回收多少现金流。2019年闹得沸沸扬扬的某西北地区的城投公司发行的非公开定向债务融资工具（PPN）没有按时兑付，这个城投公司所在的地方政府最终用卖出两块土地的款项兑付了这期PPN，足以说明政府性土地基金收入对于化解城投债务的重要性。

(二) 债务负担

这里使用地方政府债务率指标来衡量地方政府的债务负担，与本书之前大环境分析中的债务压力指标差异不大。但大环境分析中使用的省级债务率指标更多的是看大的宏观环境，当同样的指标放到某个市或者县地方政府时，明显可以精细很多。

由于数据的可获得性，在统计地方政府债务时，最开始的时候我们使用地方政府披露的地方政府债务余额，但地方政府的债务明显不仅限于此。为了获得相对完整的地方政府债务余额，业界现在普遍使用的方法是：对地方政府所有发债主体的有息债务进行加总，加总额即是地方政府债务余额。表2-4是2019年江苏地级市债务率的统计结果。

表2-4 2019年江苏地级市债务率

市	一般公共预算收入（亿元）	发债城投公司有息债务（亿元）	债务率（%）
苏州	2 222	7 584	341
南京	1 580	10 204	646
无锡	1 036	4 543	438
南通	619	4 988	806
常州	590	4 649	788
徐州	468	2 665	569
盐城	383	3 232	844
泰州	366	3 278	896
扬州	329	2 261	688
镇江	307	3 244	1 057
淮安	257	2 791	1 085
连云港	242	1 786	737
宿迁	213	1 032	485

资料来源：广发证券研究所。

这个统计口径的合理性在于：地方政府本身不是法人主体，不能作为借款主体。因此，地方政府债务总是需要某些法人主体来承担，城投公司显然就是地方政府的债务主体。地方政府的债务都体现在城投公司里，把地方政府所有城投公司的债务加总基本能完整地涵盖所有的地方政府债务。

这个统计口径的不合理性在于：只能得到公开披露信息的城投公司的有息债务，对于不公开披露信息的城投公司则没有办法获得信息。一般公开发债的城投公司都必须公开披露信息，但是对于当地其他不发债的城投公司，债务显然无法统计。投资人一般会通过不发债城投公司与公开发债城投公司的往来款和担保等方式来间接了解其债务情况，但依然很难保证数据的准确性。

如果想要准确获得城投公司所在市或者县地方政府的债务情况，在发债城投公司有息债务加总的统计口径前提下，通过实地调研才能更为准确地了解地方政府的总体债务情况。这个方法的不足在于调研的信息往往过于零碎化且不具有持续性，很难获得完整的全国或者全省的横向对比数据。所以，包括城投债在内的所有债券的信用分析，是需要参考统一口径的数据和财务模型的。但统一口径的数据和财务模型只能作为参考工具，更重要的信息只能通过实地调研获得。

（三）业务分工

1. 城投公司的业务种类及运作模式

城投公司传统业务主要有一级土地开发业务、基础设施建设业务、城市运营业务。

为了响应政策对于城投公司市场化转型的号召，增加城投公司市场化收入，城投公司新型业务一般还包括建筑施工业务、房地产业务、贸易业务。

（1）一级土地开发业务

一级土地开发业务是指城投公司对一定区域范围内的城市国有土地、

乡村集体土地进行统一的征地、拆迁、安置、补偿，使该区域范围内的土地达到"三通一平""五通一平"或"七通一平"的建设条件（变成"熟地"），再对"熟地"进行有偿出让或转让的过程。

城投公司一级土地开发业务一般的过程是：城投公司垫资将"生地"变成"熟地"，然后交给当地土地储备部门收储，土地出让后城投公司将获得垫资款及相应收益。

实务中，对于一级土地开发业务，城投公司与地方政府的结算方式一般有两种。第一种方式叫"利润加成"，即城投公司整理土地的所有花费（包括本金投入和资金成本等），加成一定比例的利润（一般是5%~10%），加总后作为一级土地开发业务的结算款给到城投公司。第二种方式叫"出让金额返还"，即城投公司整理的土地在土地市场出让后，扣除税费的剩余金额按照一定比例给到城投公司。这个比例是城投公司和地方政府商议的结果，对于有些债务负担较重，之前又承接了大量政府公益性项目的城投公司而言，这个比例也可以是100%，即土地出让金缴纳必要的税费后全额给到城投公司。

（2）基础设施建设业务

基础设施建设业务包括交通、邮电、供水供电、商业服务、科研与技术服务、园林绿化、环境保护、文化教育、卫生事业等市政公用工程设施和公共生活服务设施等。

实务中，地方政府最需要，也最花钱的基础设施就是城市内的公共交通道路。绝大部分城市内的公共交通道路是不收费的，具有一定公益性，所以这些道路的建设和养护费用只能地方政府安排。2018年的隐性债务置换，城投公司建设的很多没有收费的公共交通道路都被纳入隐性债务。

政策上明令禁止增加地方政府债务，但城市还在扩大，免不了还要修新的道路，旧的道路也还需要养护，所以城投公司的基础设施建设业务还会继续存在。在不许增加地方债务的政策下，开展基础设置建设业务一般有两种方式：一是将建设所需资金纳入一般公共预算支出，通过一般公共预算支出把钱给到城投公司进行建设。这种方式的对于城投公司来说是最稳妥的业务方式，因为列入一般公共预算支出的款项都能按时到位，城投公司回款比较及时，甚至还可以先收到钱再干活。但不是所有地方政府都这么富裕，所有想做的事情都能纳入一般公共预算支出，所以产生了第二种方式：城投公司自营，地方政府资源平衡。例如，城投公司自己融资建设道路，建设道路所花费的资金可以用道路旁边的土地收益进行平衡。

（3）城市运营业务

城投公司传统供水、供热、公交、污水处理等有现金流的业务，在这里统称为城市运营业务。一般而言，公交业务的收入不能覆盖成本，需要政府进行一定的补贴。供水、供热和污水处理等业务，城投公司运营一般不会亏钱，但也很难有丰厚的利润。

过去，城投公司把绝大部分钱和精力都花在一级土地开发业务和基础设施建设业务上，但随着城镇化建设到一定的阶段，城投公司一级土地开发业务和基础设施建设业务需求减少，城投公司未来预计会在供水、供热、公交、污水处理等传统业务上精耕细作。做大做强城市运营业务十分有必要。一方面，城市运营业务有稳定的现金流，且这部分现金流来自非政府部门，有利于减少城投公司对政府的依赖，加速城投公司的市场化转型。另一方面，城市运营业务具有一定的特许经营特征，运营风险较小。只要用心经营城市运营业务，还可以派生出如公交车广告等其他具有稳定收益的业务。

（4）建筑施工业务

过去，很多城投公司在进行基础设施建设等业务过程中，会将具体的建筑施工业务发包给工程队。但随着城投公司自己做大做强，很多城投公司将业务延展到原本业务的上下游,建筑施工业务就是城投公司传统业务的下游。用城投公司自己的话说,就是要把整个业务链条上的利润吃干净。

很多城投公司的建筑施工业务不满足于仅做自己业务链条之下的业务,也会参与一些市场化招标的建筑施工业务,甚至将业务范围扩张到城投公司所在城市之外去做市场化的建筑施工业务。投资人对于城投公司做纯市场化的建筑施工业务的态度是比较负面的,因为建筑施工业务需要垫付比较多的资金,回款比较容易出问题。特别是城投公司在自己所在市或者所在省外去做市场化建筑施工业务,由于人生地不熟,对当地市场不了解,很容易出现这样那样的问题。

(5)房地产业务

房地产业务也是基于城投公司传统业务衍生出来的新型业务,是城投公司一级土地开发业务的下游。很多城投公司承担了当地的棚户区拆迁和保障房建设任务。为了平衡拆迁和建设保障房的支出,城投公司建设部分商品房进行市场化销售,城投公司的房地产业务由此而生。在城市建设中,城投公司实际上掌握了一个城市的土地资源,图2-11是我调研时随手拍摄的照片,很多城投公司都是由原来当地的土地储备中心转变或者分拆出来的,城投公司很多领导也是当地土地储备中心或者财政局的原工作人员,对当地的土地资源情况比较了解。因此,在当地做市场化的房地产业务,城投公司优势还是比较明显的。

图2-11 照片

对于债券市场投资而言,城投公司在当地做房地产业务是具有一定优势的。由于对当地市场和土地资源有深入了解,能拿到比较好的地块。

房地产业务基本上是不会亏钱的，往往能为城投公司贡献不少利润。在当地房价走势下行的时期，城投公司可以参与招拍挂购买土地，从而起到稳地价和稳房价的作用。所以判断城投公司房地产业务是否存在风险，还要了解当地房价的走势。当地房价的走势可以通过了解大型房企入驻情况、当地人口净流入等因素去做分析。

（6）贸易业务

部分城投公司做的贸易业务，也属于基础设施建设业务的下游，进行基础设施建设需要将工程外包给施工队，而施工队需要购买水泥、螺纹钢等材料。城投公司可以先在水泥、螺纹钢生产厂商或者贸易商处购买水泥和螺纹钢，然后再卖给施工队。这样可以赚取原料环节的利润，同时由于施工队的业务收入源于城投公司，还可以保证贸易的安全性。对于施工队而言，虽然损失了一点购买水泥、螺纹钢等原材料赚的差价，但也往往能通过赊账的方式从城投公司处获得水泥、螺纹钢等原材料，不占用施工队的资金。因此，这种贸易也是施工队愿意接受的模式。我把这种贸易模式叫作"假"贸易，投资人更希望城投公司做的是"假"贸易，因为这类贸易业务没有风险。

贸易业务的好处不仅仅止步于此，2020年之前很长一段时间，城投公司给监管部门递交发债申请时，监管部门会要求城投公司的非政府收入不能低于某个比例。对于天生为政府做业务的城投公司而言，只能想办法增加非政府业务收入，贸易业务正好具有这个优势。大部分贸易业务回款只需要2～3个月，城投公司拿到回款可以再进行新的贸易业务，反复循环做大贸易业务收入。在贸易业务中，投入2亿元的资金，一年循环4次，可以获得8亿元的收入。

当然，也有城投公司进行完全市场化的贸易业务，我把这种贸易叫作"真"贸易。这里的"真"指真的有风险。对于城投公司而言，开展完全市场化的贸易业务需要有强大的风险管理团队和丰富的风险管理经验。市场上那些在贸易领域摸爬滚打很多年的贸易公司都未必能规避贸易过程中产生的交易对手风险、市场价格变动风险，更何况市场经验相对不足的城投公司。因此，进行完全市场化的贸易对于城投公司来说是风险相对较大的。

2. 业务分工决定城投公司地位

对于一个城市而言，最珍贵的资源之一就是土地。对于一家公司而言，拥有专营牌照就有了盈利空间。因此，城投公司如果能最大限度地"拥有"一个城市的土地资源和专营业务牌照，那么这个城投公司的地位就高。这里所谓的"拥有"土地资源只是说城投公司承担了开展一级土地开发业务和基础设施建设业务的职责，因为这两项业务基本承担了把"生地"变成"熟地"的全过程。专营业务包括城市运营业务、沙石开采等具有排他性的业务。

当然，地方政府之所以将一些专营业务交给城投公司去运作，除了城投公司本身是国企外，更多是为了平衡城投公司的公益性支出。毕竟城投公司帮助地方政府融资，修了很多城市里没有收益的道路、桥梁、市民活动中心等基础设施，由此形成的债务就需要用专营业务牌照等资源来平衡。

由于一级土地开发业务、基础设施建设业务、城市运营业务等公益性较强，主营范围为这些业务的城投公司在政府支持方面有明显的优势，这种优势既体现在地方政府分配资源上，也体现在衡量债务出问题是否救助等问题上。开展这些业务的城投公司不仅仅涉及一个城市的福利民生，具有很强的公益性，还"拥有"这个城市大量的土地资源。这种重要性，无论何时何地都是地方政府需要考虑且将其和其他国企区别对待的。

与此相反，有些城投公司在市场化转型中，逐步剥离土地开发业务、基础设施建设业务、城市运营业务，开展了很多完全市场化的业务。这类城投公司逐渐转变成普通国企。当这类城投公司债务出现问题时，政府的救助意愿是明显降低的，我们也把这一过程称为"城投地位下降"。城投地位上升的公司无疑是受到投资人青睐的，而城投地位下降的公司，市场对其定价也会越来越取向于普通国企。没有核心资产和优越竞争力的普通国企的融资成本远远高于城投公司。

三、城投公司

一个企业能存活下去大部分靠的是自己的努力，但对于城投公司来说，自身的奋斗并不能最终决定市场的评估结果。资产质量、债务安排，也能在很大程度上把不同的城投公司区分开来。特别是随着城投公司进一步市场化转型，对于打破所谓"信仰"和刚性兑付的政策意图增加，城投公司本身的奋斗变得越来越重要。

在市场实践中，我们看到相邻城市的城投公司，虽然地方政府财力和债务率相近，且同样是当地最主要的城投公司，但是在债券市场上的融资成本却还是有一定差异。这些差别基本就在于城投公司自身，基本可以归结为业务情况、资产质量和债务结构。

（一）业务情况

上面在城投业务分工中详细描述了城投公司的主要业务模式。这里主要讨论不同业务模式对城投公司偿付能力的影响。业务模式对城投公司偿付能力的影响，可以通过回答以下问题来获得：业务收入是否源于政府？政府支付意愿和能力如何？非政府业务本身赚不赚钱？非政府业务风险究竟有多大？

1. 业务收入是否源于政府？

如果城投公司的某项业务最终收入源于政府并和政府签订了协议，可以认为获得这项业务收入的确定性很高且风险很小。一般来说，市政基础设施建设、土地整理收入都源于地方政府，但由于政策上不允许新增地方政府隐性债务且地方政府的财力有限，很多公益性的基础设施建设只能由城投公司融资解决，地方政府并不进行回购。为了分辨其中的信用风险，投资者需要搞清楚现有业务中政府可以支付多少。如果政府不能支付收入，城投公司的业务及投资的项目将使用什么方式进行资金平衡？一些项目投入资金多、回收周期长、未来回收现金流较少，可能会极大程度地拖累城投公司的现金流。

如供水、供热、污水处理、公共交通等城市运营业务，虽然收入不源于政府，但我们也认为属于政府类业务。此类业务收入很稳定，且现金流回收及时。这些业务虽然不怎么赚钱，但这些业务收入和源于政府的一样，确定性很高且风险很小。

在信用分析中，我们希望源于政府的收入占比越高越好，其实就是希望城投公司的业务收入尽量确定性高且风险小。这和股票投资的逻辑不同，股票投资希望收入增速很高，但债券投资对收入增速没有太高的期望，而对业务收入的稳定性要求比较高，且天生厌恶风险。

2. 政府支付意愿和能力如何？

实务中，尽管有很多城投公司在 2017 年 6 月之前签订了很多政府将回购的协议，但实际支付的款项并没有完全到位。所以很多城投公司的报表上，应收账款和其他应收账款的金额很大，其中很大一部分就是对政府的应收账款。

地方政府延迟对城投公司应收账款的支付，大部分是能力问题，小部分是意愿问题。能力问题主要还是地方政府财力不足，特别是中西部欠发达地区，地方政府有发展经济的需要，但又面临地方政府财力不足的问题，光靠一般公共预算支出根本满足不了城市建设和发展的需要。城投公司作为地方政府的左膀右臂，只能先帮其承担债务，地方政府再通过发展来解决支付能力不足的问题。这就是地方政府债务"以时间换空间"的解决方案。

这里讨论的地方政府对城投公司应收账款支付的意愿，不是指地方政府会赖账不给，而是指资金暂时没有到位，只是挂在城投公司的账上。这样做的初衷是城投公司本身运营较为良好，融资比较顺畅，资产质量也较为优质，并不急于需要地方财政给钱。

3. 非政府业务本身赚不赚钱？

说完政府类业务，来说非政府类业务。非政府类业务如果是专营业务牌照性质的，基本也很难亏钱。如城市停车场业务，只要城市乱停车查得严，停车场的需求就会大大增加；沙石开采等具有专营业务牌照的业务，开采成本也就50元每吨，按照市场价100元每吨的价格，肯定是赚钱的；房地产业务，只要当地的房价跌得不是太惨，就城投公司对当地房地产市场的了解，也很难亏钱。

大家也许看出来了，对于城投公司的非政府类业务，投资人是很宽容的，只要不亏钱就很开心了。还是那句话，毕竟城投公司是某种特殊的企业存在形势，投资人只要求其做好政府给它的分内事，非政府业务市场化程度越低越好，最好就做专营业务牌照和垄断性质的业务。

4. 非政府业务风险究竟有多大？

纯市场化业务，如贸易、建筑、金融投资等，城投公司并不具备人才和机制，能做好的可能性很小，实践中我们看到做坏的例子更多。贸易业务基本不赚钱，就是收入规模大；建筑业务如果不在城投公司所在的城市做，会存在一定的业务风险，由于建筑业务的垫款性质，会有很多回款困难的风险；金融投资业务就更复杂了，以城投公司的人员配备，很难真的看懂什么行业，就更别提看懂所有行业然后去做投资了。

市场化业务的风险还不仅限于此，有些城投公司喜欢做文旅和康养业务，这类业务如果在城投公司所在的区域做，那么逻辑可以是靠着文旅和康养业务提升城市的整体吸引力。但如果这样的项目不在自己所在的区域做，文旅和康养业务会面临明显的回收周期长、现金流不确定性大的问题。某省级城投公司就是投资了太多了回收期长且现金流回收不理想的大项目，自己现金流出现了很大的问题。这些市场化失败的业务都值得我们去借鉴和反省。

（二）资产质量

城投公司的资产一般包括施工成本、土地、房产、应收账款等。所有资产中，拥有变现能力强、升值空间大、未来确定性收入等优势之一的资产，被称为优质资产。剩下的那些相对不好变现的资产被称为无效资产。

1. 优质资产

优质资产一般包括：① 金融机构股权；② 土地；③ 房产；④ 对政府应收账款；⑤ 高速公路。当然，这些优质资产也容易成为银行、信托贷款的质押物。作为投资人，在计算优质资产的金额时，需要扣除受限的部分。因为不管资产再怎样优质，一旦成为质押品或者受限，跟投资人就是一毛钱关系都没有的。

（1）金融机构股权

国内的金融牌照是稀缺品，特别是银行、证券公司、基金公司、信托公司、保险公司的牌照。这些牌照的稀缺性决定其价值，因此拥有金融机构股权，至少不愁卖不出去。银行、证券公司、保险公司也有不少是上市公司，上市公司的价值也可以通过上市公司的估值进行评估。因此，金融机构股权的价值是相对可测且流动性较强的。如果城投公司出现债务兑付问题，这部分资产是可以获得抵押贷款或者较快变现的，是投资人比较喜欢的优质资产。

有些城投公司会直接投资一些上市公司股票、银行理财产品等，如果这些投资没有卖出限制，其优质程度基本可以等同于现金。

（2）土地

前面说到过，城投公司作为城市土地的开发者，很多手上拥有大量土地。这些土地有划拨地、开发土地、已经缴纳土地出让金的土地。

划拨地是指在没有禁止土地划拨之前，政府给城投公司划入的土地。这部分土地没有经过招拍挂，也没有缴纳土地出让金，土地很有可能还是荒地或者"生地"。划拨地的价值相比已经缴纳土地出让金的土地肯定差不少，但具体还需要一对一地看划拨地的具体情况。

开发土地是指城投公司还在开发或者已经开发好，但是还没有被土地储备中心收储卖出的土地。这部分土地一般记录在资产负债表的存货（开发成本）或者在建工程里。比起划拨地，开发用地大多已经进行了"五通一平"或者"七通一平"的开发，正在从"生地"向"熟地"转变。

已经缴纳土地出让金的土地就是正常意义上的土地，一般地产商拿到的土地都是这个性质的。已经缴纳土地出让金的土地是城投公司资产中质量最好的，因为其手续齐全，可以随时转让、迅速变现。

投资人可以根据以上分类详细区分城投公司资产里的土地，并对其价值进行评估。

（3）房产

很多地方政府的办公楼、行政服务中心、医院、小学、体育馆、商务中心都是城投公司建设的，如果政府不进行回购或者回购还没有完成，这些基本上就都是城投公司的房产。所以你会看到有些城投公司有不菲的租金收入，这些能产生较多稳定租金的房产，是城投公司的优质资产。

当然，并不是所有房产都是值钱的，还得具体看位置和物业种类。偏远地区或者所谓"鬼城"的房产是不怎么值钱的。还有一些没落园区的厂房无人愿意租赁，一些空置房产年久失修，这些也都算不上优质资产。

（4）对政府应收账款

我倾向于把对政府应收账款也算成优质资产，主要考量的是对政府应收账款的最终可获得性。在城投公司日子过得风调雨顺的情况下，对政府应收账款可能会一直挂着。但是从城投公司破产处置资产的角度上看，对政府应收账款是债权人最好追索的资产。在国家越加严厉地打击逃废债的大环境下，地方政府可能暂时在城投公司那边挂账，但肯定不会赖账。

（5）高速公路

一方面，高速公路可以进行收费，拥有稳定现金流。另一方面，高速公路属于社会资本愿意购买的资产，可以出售获取现金。这两个特性基本决定了高速公路属于城投公司的优质资产。

值得注意的是，中西部地区高速公路通车量较低，导致其收入较低。如果高速公路收入低到连贷款利息和日常维修费用都覆盖不了，那这样的高速公路也算不上是优质资产。

2. 无效资产

无效资产一般包括：① 对其他城投平台的股权；② 路政、管网；③ 林地、草场、海域使用权；④ 对其他政府平台的应收账款。

（1）对其他城投平台的股权

城投公司持有的其他城投公司或者当地国企的股权是比较难评估的资产。因为这类资产既不上市，也没有审计报告，在进行信用评估时价值很难计算，且实际上清算价值比较低。因此，价值比较低的资产我们认为是无效资产。

（2）路政、管网

路政主要是指一些城市内不收费的公路及配套的绿化设施，管网一般指供水、供热、污水处理等管道。这类资产虽然看得到，但处置价值较低。虽然有些贷款会用路政、管网作为抵押，但实际上城投公司要真的还不上钱,道路也不能真的拿去卖掉,也没有人会买一条没有收费权的公路。因此,路政及管网一般会被城投公司当成扩充资产的方式,但实际价值却比较低。在信用评估中,我们认为这类资产是无效资产。

(3)林地、草场、海域使用权

城投公司拥有的林地、草场、海域使用权,大多数是早年为扩充资产而划拨的,少部分通过正常手续得来。无论哪种模式,这些使用权实际价值都比较低。我曾经去现场看过某些城投公司的林地和草场使用权,其实就是一个山头或者茫茫草原,没有经过国土资源局的规划,甚至都不能称之为毛地。如果说价值,林地每年砍伐树木,草地每年打草做饲料都会有点收益,但一般这些收入相对于其评估价值而言都很少,基本可以忽略。海域使用权价值就更低了,海域的使用需要国家海洋局进行审批。例如,有公司填海造地并在上面建设了房屋,但房产证根本办不下来,所有的资金投入都收不回来。因此,在信用评估中,基本认为林地、草场、海域使用权的价值比较低,属于无效资产。

(4)对其他政府平台的应收账款

一般来说,我们看到的发债的城投公司都是当地实力比较强的,还有一些实力较弱的政府平台,因为本身融资能力较弱或者根本不具备融资能力,需要实力较强的城投公司提供资金运作。这就形成某种不成文的习惯,发债的城投公司对当地其他政府平台或者国企有大量的应收账款,这些应收账款记录在"其他应收款"这个会计科目里。这些对所谓"兄弟公司"的应收款,由于借款方实力和融资能力比较弱,其实是很难真正收回的。因此,在信用评估时,投资者认为这些类资产的可回收性较低并把其划为无效资产。

综上所述,对于资产质量的评估,一家城投公司的优质资产占比越高,偿债能力越强。

(三) 债务结构

债务结构主要包括融资来源、融资期限、对外担保、隐性债务占比和融资成本等方面。从信用评估的角度,银行融资占比越高、融资期限越长、隐性债务占比越高、融资成本越低的城投公司,拥有越好的债务结构。

1. 融资来源

融资来源一般有银行贷款、债券融资和非标融资。站在投资人的角度,银行贷款占比越高、债券和非标融资占比越少的城投公司融资结构越好。

(1) 银行贷款

银行贷款分为流贷和项目贷。流贷是流动资金贷款的简称,是为满足企业在生产经营过程中短期资金需求,保证生产经营活动正常进行而发放的贷款,按贷款期限可分为1年以内的短期流贷及1~3年的短期流贷。项目贷也被称为项目融资,是以项目本身具有比较高的投资回报可行性或者第三者的抵押为担保的一种融资方式。项目融资归还贷款的资金大部分来自项目本身,期限一般比较长。

对于城投公司而言,银行贷款很多都是期限比较长的项目贷,有些期限甚至可达十几年到二十年。一方面,这样的长期贷款会在很大程度上缓解城投公司的即时还款压力,另一方面,这样的贷款很多用途涉及农田水利,来自国开行、农发行等政策性银行,贷款利率也很低。这类银行贷款对于城投公司来说是最好的资金来源。

当然,城投公司也会有流贷。流贷作为流动资金的补充,使用没有项目贷要求那么严格(项目贷往往要求跟着特定的项目放款)。流贷虽然期限比项目贷短,但只要城投公司的运营没有出现较大问题,或者银行的贷款政策没有出现较大变动,一般也是可以续借的。因此,无论是项目贷还是流贷,投资人普遍认为银行贷款是比较稳定的融资来源。

（2）债券融资

债券融资就是发行债券，站在城投公司的角度上叫直接融资。国家在政策层面提倡企业提高直接融资占比，但是从投资人的角度，特别是非银行投资人的角度，却不希望城投公司发行过多的债券，主要原因如下。第一，投资人的可持续性不强。投资人可能投资某一期债券，但债券到期再续发时大概率就不再投资了。这和银行贷款可以商量续期不同，投资人的一次性投资行为会导致债券融资渠道很不稳定。如果城投公司融资来源中债券投资占比过高，其实就意味着债券到期再融资的不确定性很大，也更容易出现债券发行不成功导致的流动性风险。所以，很多城投公司认为拿到债券审批额度就相当于拿到债券融资，其实是十分错误的。第二，债券市场是公开市场，一旦市场有负面新闻，发行人的再融资就会受到致命的影响。有时候负面新闻甚至跟企业也没有太大的联系，但企业一旦由于负面新闻在债券市场失去再融资能力，就很可能出现流动性风险。例如，2020年底永煤事件导致整个河南的城投公司的债券都受到影响。虽然永煤事件和河南的城投公司没有什么关联，但在市场偏好变化后，河南的城投公司债券融资渠道受阻，发行难度比永煤事件之前要高不少。此时，如果某个城投公司太过依赖债券市场融资，则其再融资压力会更大。

大多数城投公司认为，银行融资、债券融资、非标融资的占比分别为50%、40%、10%算是比较合理的结构。然而，投资人更喜欢债券融资占比低于20%的城投公司。

（3）非标融资

非标融资一般指来自信托公司、融资租赁公司等的非标准方式融资。一般城投公司融资优先考虑银行贷款，因为银行贷款期限长、利率低；如果得不到银行贷款，才会考虑发债券；如果债券融资已经比较多或者临时需要资金，才会考虑非标融资，因为非标融资利率比银行贷款和债券都高。所以无论是优先选择顺序还是从融资成本方面考虑，排序都是：银行融资＞债券融资＞非标融资。

市场上也普遍认为，非标融资是最后的安全垫。如果城投公司开始接受高成本的非标融资或者大幅度增加非标融资，基本就说明该公司的资金比较紧张，或者至少说明其资金的需求量巨大。所以，站在信用评估的角度，非标融资占比越少越好。

非标融资越少越好，这个判断也要结合城投公司的业务种类。如果一家城投公司只做没有收入的公益性项目，如土地整理和市内公路建设，因为这些项目没有现金流，所以不能向银行申请项目贷，此类城投公司可能债券融资和非标融资就偏多。此时，可以评估非标融资成本或者非标资金最终来源，以判断城投公司的资金情况。一般而言，6%以下算是很便宜的非标融资成本，10%以上属于比较高的。非标融资成本越高，城投公司的资金越紧张。

2. 融资期限

城投公司的融资期限基本决定了其还款排布和还款压力。一般经营比较优秀的城投公司会排布其每年到期的贷款量，使其尽量在更长的年份上平均分布，这样每年的还款压力就会小很多。举个例子，同样是200亿元的有息债务，如果融资结构足够好，可能未来5年每年只需要还20亿元，剩下100亿元都是10年之后需要偿还的债务。如果融资结构不好，可能未来3年每年要还60亿元，只有20亿元是3年之后需要偿还的债务。通过这个对比可以看出，融资结构好的城投公司，还款压力和再融资压力明显小很多。

3. 对外担保

城投公司的对外担保一般分为两种，一是对"兄弟公司"的担保，二是对当地民企的担保。

第一类担保产生的原因是：由于资质越好的城投公司融资成本越低，

一般在债券市场上发债的城投公司都是当地实力最强的城投。作为当地实力最强的城投公司，理所应当照顾其他实力较弱的"兄弟"。因此，很多发债城投公司都会对当地其他"兄弟公司"进行"对外担保"。这种对外担保可能是单方面的，也可能是互相的。

第二类担保产生的原因是：当地政府为了支持当地企业发展或者招商引资，会为当地实体企业提供担保。也有些地方大型民企对当地税收和就业有比较大的贡献，暂时出现资金周转困难，政府会为稳定就业而为企业提供担保，帮助企业渡过难关。

对外担保随时可能转换成城投公司债务负担，投资人应该逐笔评估城投公司每项对外担保转换成城投公司债务负担的可能性，包括是否有反担保措施，担保主体和事项是否运行良好，担保主体是否有足够的偿付能力，未来担保规模是否会持续增加等。出于谨慎考虑，评估后认为需要城投公司履行担保义务的对外担保，应当合并计入城投公司的有息债务中。

除了融资来源和融资期限，至少在2028年隐性债务化解结束之前，投资人还是希望城投公司隐性债务占有息债务比例越高越好。一方面，隐性债务占比高的城投公司业务公益性比较强，与地方政府绑定比较紧密，没有做太多非公益性的市场化业务。另一方面，财政部为了便于隐性债务的管理，有专门的隐性债务系统，该系统要求城投公司每月上报隐性债务情况。这个系统报送的材料是直达财政部的，若不是地方政府真的"弹尽粮绝"，城投公司是不会让纳入地方政府隐性债务系统的债务出现问题的。因此，隐性债务占比较高的城投公司，投资人往往也认为其安全性更高。

判断城投公司债务结构是否优异的终极武器是融资成本，因为任何关于风险的考虑都会反应在价格，即融资成本中。无论是银行、投资人还是非标资金提供者，都会以自己的方式评估城投公司的风险，并按照风险高低给出融资成本。风险越高的城投公司融资成本越高,风险越低的城投公司融资成本越低。

第三节 探秘城投公司报表的独特之处

最近在看一档叫作《我就是演员》的综艺节目,里面我觉得有句话说得很有道理:"演什么角色上来要知道角色的目的,角色想表达什么?"其实看财务报表和学会做一个好的演员一样,看会计科目和数字之前,要知道看的目的是什么,你想从财务报表中得到什么信息。

有业内人士认为城投公司的财务报表随意性较大,不能真实反映实际情况。但我认为财务报表的局限性不仅仅是城投公司特有的,所有行业的公司都存在。关键是作为专业人士,怎么能从这些有限的信息中最大限度地获得想要的信息,然后再通过现场调研去搞清楚财务报表信息不清楚或者逻辑相互矛盾的地方。本节将尽量通过描述会计科目的内涵,来让大家更好地理解城投公司不同于其他行业公司的会计特点。

一、利润表

从信用评估的角度来看,看城投公司利润表的目的主要是看其有什么收入来源,以及收入来源是否稳定。因为这两个问题将决定其偿债现金流。对于市场化业务较多的城投公司,看利润表的目的还在于评估市场化业务是否可能给公司造成较大的损失,或者占用过多的资金给公司带来更大的债务压力等。

(一)标准利润表

要回答上面这些问题,一张如表2-5所示的城投公司标准利润表提供的信息显然是不够的。但这张利润表确实能提供一定的信息,标准利润表能提供的信息主要有以下几点。

表 2-5　城投公司标准利润表　　　（单位：元）

项目	本期发生额	上期发生额
一、营业收入	4 384 378 142.55	982 947 089.69
减：营业成本	3 206 516 667.01	904 719 109.16
税金及附加	75 851 208.77	27 607 554.96
销售费用	138 204 338.06	95 959 077.07
管理费用	203 121 693.77	92 806 013.80
研发费用		
财务费用	73 156 323.40	67 202 416.83
其中：利息费用	86 836 366.92	71 829 575.69
利息收入	14 051 139.60	6 155 858.54
加：其他收益	4 234 000.00	391 809 902.29
投资收益	177 710 499.31	1 403 873.69
其中：对联营企业和合营企业的投资收益	23 904 911.77	1 068 964.69
公允价值变动收益	12 758 066.00	
资产减值损失	450 376.44	-402 923.86
资产处置收益	195 613.97	42 478.35
二、营业利润	882 876 467.26	187 420 391.64
加：营业外收入	13 341 043.04	5 641 388.51
减：营业外支出	7 448 740.47	2 172 761.81
三、利润总额	888 768 769.83	190 889 018.34
减：所得税费用	237 528 879.50	9 142 294.90
四、净利润	651 239 890.33	181 746 723.44
（一）按经营持续性分类		
1. 持续经营净利润	651 239 890.33	181 746 723.44
2. 终止经营净利润	0.00	0.00
（二）按所有权归属分类		
1. 归属于母公司股东的净利润	541 669 029.00	195 407 721.69
2. 少数股东损益	109 570 861.33	-13 660 998.25

资料来源：Wind。

- 城投公司的收入和利润规模。
- 从投资收益和公允价值变动中可以了解，城投公司在对外投资中是否获得收益。
- 如果资产减值损失确认大量损失金额，可能公司发生了一些事故。

例如，某家城投公司在生态保护区里建房子，得知违规后拆除，当年就会有一定的资产减值损失产生。

▶ 从营业外收入中可以了解，城投公司是否获得一定的政府补助。

需要强调的是，由于城投公司大部分借款的利息都资本化到工程项目成本中，因此，利润表中的利息费用项目不能描述城投公司的实际利息支出。实际上，对于城投公司而言，借款利息支出是每年一笔比较庞大的付现费用。

（二）营业收入明细表

要获得问题的答案，还是得看审计报告中关于利润表的附注。从表2-6中可以获得的信息包括业务种类、毛利润。首先，从这张表中可以清楚看到城投公司的业务种类，工程代建及土地开发整理业务、供水业务（公共事业）等。其次，可以计算这些业务的毛利率情况。比如工程代建及土地开发整理业务毛利率为8%，房地产业务毛利率为47%，供水业务毛利率为16%等。这些信息已经比较好地回答了"有什么收入来源"的问题：收入规模大、毛利率高的业务才是公司的收入来源。

表 2-6　城投公司营业收入明细表

项目	本期发生额（元）	
	收入	成本
工程代建及土地开发整理业务	2 085 141 823.03	1 924 110 814.70
房地产业务	1 710 382 940.77	905 366 406.17
公用事业（自来水）	176 902 017.16	147 361 611.06
接水安装及工程建设业务	145 953 990.52	30 252 546.21
保安业务	116 388 062.43	103 309 085.05
酒店业务	61 188 108.56	32 397 123.95
房屋租赁业务	24 194 894.25	
污水处理	21 570 000.00	25 608 699.97
服务费及其他	42 656 305.83	38 110 379.90
合计	4 384 378 142.55	3 206 516 667.01

资料来源：Wind。

每项业务基本都有相对成熟的运作模式和市场,这决定了毛利率基本稳定在某个区间之内(见表2-7)。因此,城投公司每项业务的毛利率会有一个大概的区间,大部分城投公司的业务毛利率都在这个区间之内。部分城投公司由于涉及政府业务较多,有一定垄断性,利润空间有更大的讨价还价空间。投资人一般根据经验判断毛利率,从而推断某项业务是否赚钱。

表2-7 城投公司业务的毛利率区间

业务	区间	注释
一级土地开发业务	5%～20%	按照卖地款上缴税费后分成的模式毛利率更高,具体看当地地价
基础设施建设业务	3%～10%	
城市运营业务	0%～20%	公共交通一般都亏钱。供水、污水处理、供热业务,各地资源、运营水平不一样,一般也赚不了太多钱,就是现金流比较好
建筑施工业务	5%左右	
房地产业务	10%以上	城投公司地产项目很多会有安置房,安置房毛利率较低,会拉低整体房地产业务的毛利率
贸易业务	2%～5%	

(三)利润表之外的信息

回答第二个问题"收入来源是否稳定",仅靠表2-6中的信息显然也不能回答,但可以根据经验来判断业务是否稳定,从而得出收入来源是否稳定的答案,下面将按业务种类为读者答疑。

1.城市运营业务,如供水、供热、公共交通、污水处理等业务,只要从事该项业务的子公司没有被划走,城投公司这部分业务的收入来源就是十分稳定的。

2.一级土地开发业务、基础设施建设业务等收入来源的稳定性,仅仅基于表2-6是不能判断的。需要的信息还包括城投公司和地方政府之间的收入结算方式、地方政府的土地规划、城投公司的建设计划等。

城投公司和地方政府之间的收入结算方式在很大程度上决定收入来源的稳定性。例如，在禁止地方政府购买之前，城投公司执行政府购买协议可以将政府给的购买款都确认为收入，确认比较大的收入规模。在禁止地方政府购买之后，只有纳入政府一般公共预算支出的项目才可以和城投公司签订协议，部分城投公司为了防止违规，对这部分在预算内的政府项目通过收取代建费的方式确认收入，所谓代建费就是项目收入减去支出的余额。这就是有些城投公司的营业收入在2018年之后大幅度减少的原因。

地方政府的土地规划也会在很大程度上影响收入情况。很多地方城投公司整理的土地出让后才能确认收入。土地规划及每年土地出让节奏等原因，会导致不同年份之间土地出让收入的变化。

城投公司的建设计划对收入的影响主要体现在：很多城投公司对于土地的开发整理有一个周期，大的项目做完了，可能收入就会下降。这些信息都可以通过查询或了解城投公司的投资计划得到。

二、资产项目

对于城投公司债券投资而言，资产的意义远大于利润。城投公司的公益性定位意味着不能指望它赚大钱，只要收入现金流能覆盖债务利息就差不多满意了，剩下的就指望城投公司有尽量多的优质资产。因此，看资产项目的目的就在于评估城投公司究竟有多少优质资产。特别值得注意的是，信用债投资者应该重点分析在扣除受限资产之后，城投公司还有多少优质资产可以偿还债券投资的本息。

在上面我们已经聊过城投公司哪些资产属于优质资产，哪些资产属于无效资产。这里主要告诉大家，这些优质资产一般都藏在哪些会计科目里。如表2-8所示，打开一张经过审计的城投公司的资产负债表，可以看到城投公司的每一项资产项目和负债科目及对应金额。在财务附注里可以看到每个会计科目更详细的信息，并据此做出判断。

表 2-8 城投公司的资产负债表

(单位:元)

资产	期末余额	期初余额	负债和所有者权益	期末余额	期初余额
流动资产：			流动负债：		
货币资金	9 475 053 848.33	8 986 756 250.86	短期借款	2 647 700 000.00	305 000 000.00
以公允价值计量且其变动计入当期损益的金融资产			以公允价值计量且其变动计入当期损益的金融负债		
衍生金融资产			衍生金融负债		
应收票据			应付票据	500 000 000.00	1 100 000 000.00
应收账款	9 090 799 791.82	2 389 306 299.15	应付账款	1 004 682 724.09	103 075 243.84
预付款项	1 743 636 358.34	1 742 060 804.39	预收款项	1 789 486 936.78	2 943 890 043.53
其他应收款	5 605 932 270.39	4 116 052 676.18	应付职工薪酬	10 365 961.55	959 262.11
存货	20 640 055 260.02	9 698 634 781.23	应交税费	420 875 902.82	115 727 042.34
持有待售资产			其他应付款	6 515 692 597.23	924 424 679.41
一年内到期的非流动资产			持有待售负债		
其他流动资产	230 137 326.77	2 885 557 066.23	一年内到期的非流动负债	6 671 727 527.00	2 314 200 000.00
			其他流动负债		
流动资产合计	46 785 614 855.67	29 818 357 878.04	流动负债合计	19 560 531 649.47	7 807 276 271.23
非流动资产：			非流动负债：		
可供出售金融资产	221 002 100.00	97 850 000.00	长期借款	17 418 403 000.00	14 586 390 950.00
持有至到期投资			应付债券	5 197 883 997.50	3 250 000 000.00
长期应收款			其中：优先股		
			永续债		
长期股权投资	1 402 323 315.41	223 776 372.49			
投资性房地产	4 392 221 670.00	2 384 783 804.00	长期应付款	1 202 713 690.39	
固定资产	1 464 984 770.23	28 209 761.44	预计负债		

（续）

资产	期末余额	期初余额	负债和所有者权益	期末余额	期初余额
在建工程	4 657 953 454.51	3 025 321 742.99	递延收益	574 816 317.94	295 605 977.75
生产性生物资产			递延所得税负债		
油气资产			其他非流动负债		
无形资产	634 825 560.76	241 439 053.66	非流动负债合计	24 393 817 005.83	18 131 998 927.75
开发支出			负债合计	43 954 348 655.30	25 939 273 198.98
商誉			所有者权益（或股东权益）：		
长期待摊费用	7 911 765.57		实收资本（或股本）	1 000 000 000.00	1 000 000 000.00
递延所得税资产	3 526 747.95		其他权益工具	1 000 000 000.00	1 000 000 000.00
其他非流动资产	6 176 795 527.80	1 328 279 884.40	其中：优先股		
非流动资产合计	18 961 544 912.23	7 329 660 618.98	永续债	1 000 000 000.00	1 000 000 000.00
			资本公积	15 964 430 551.35	6 548 960 817.69
			减：库存股		
			其他综合收益	166 942 104.48	168 942 104.48
			专项储备		
			盈余公积	298 566 984.14	282 154 581.48
			一般风险准备		
			未分配利润	2 639 052 311.90	2 179 389 505.56
			归属于母公司所有者权益合计	21 068 991 951.87	11 177 446 989.21
			少数股东权益	723 819 160.73	31 308 308.83
			所有者权益合计	21 792 811 112.60	11 208 755 298.04
资产总计	65 747 159 767.90	37 148 028 497.02	负债和所有者权益总计	65 747 159 767.90	37 148 028 497.02

资料来源：Wind。

（一）货币资金

很多人都不解为何公司有大量的货币资金，还要去借款？能回答这个问题基本上就能了解货币资金的数额和公司能动用的现金是两回事，货币资金也不一定完全是优质资产。① 货币资金可能受限，受限原因包括作为保证金或者购买银行存单等，这个可以在受限资产中找到。② 货币资金可能有指定用途。比如政府专项债或者项目贷款提前下放，但是公司暂时还没有用出去。③ 如年报、季报等关键时点的报表数字会比日均更大，通常日均货币资金不会有关键时点那么多。这个是所有公司普遍存在的现象，不仅仅是城投公司。④ 并表子公司为上市公司，货币资金虽然合并，但不可动用。在城投公司并表子公司为上市公司或者运营相对独立的公司时，形式上并表，但如果财务独立则不能动用子公司相关资产。不光是货币资金不能动用，上市公司的任何资产都不能动用。

（二）应收账款

应收账款属于城投公司资产负债表中比较重要的项目，需要仔细查看应收账款的对手方以及应收账款回收难度。城投公司应收账款的形成来源一般有：① 一级土地开发等传统业务带来的对政府的应收账款。由于城投公司的主要职责是进行一级土地开发、基础设施建设、城市运营等，所以城投公司的应收账款大部分是对政府部门的应收账款。如表2-9所示，住房和城乡建设局的应收账款源于保障房建设，对土地储备中心的应收账款来自土地整理业务等。对政府部门的应收账款是比较优质的资产。② 贸易等市场化业务对贸易对手方形成的应收账款。这些应收账款需要评估对手方的信用状况，决定其是不是优质资产。

（三）预付款项

城投公司预付款项形成来源一般有：① 拆迁款。土地在进行整理之前，其上一般有建筑物则需要拆迁。如果城投公司不负责拆迁，则需要预付拆迁款给其他机构，从而形成拆迁款。②买地款。城投公司地产业务板块通过招拍挂买入土地，预付买地款。③预付建筑工程款。城投公司有时候也会因为预付建筑工程款形成预付账款。

表2-9 城投公司应收账款明细

单位名称	期末余额（元）	账龄	内容	占应收账款期末余额的比例（%）
盐城市住房和城乡建设局	5 617 379 079.06	1年以内 1 082 875 741.46元； 1~2年 757 807 806.39元 2~3年 383 713 313.03元 3~5年 1 317 621 145.84元 5年以上 2 075 361 072.34元	回购款	61.71
盐城市土地储备中心	1 842 357 878.90	1年以内 1 039 445 094.36元； 1~2年 802 912 784.54元	回购款	20.24
盐城市财政局	1.532 210 361.94	2~3年 602 405 833.56元 3~4年 929 804 528.38元	回购款	16.83
盐城市城南新区黄海街道办事处北港村民委员会	19 230 000.00	5年以上	房款	0.21
郑新发	7 234 269.39	4~5年	房款	0.08
合计	9 018 411 589.29			99.07

资料来源：Wind。

（四）其他应收款

其他应收款属于城投公司资产负债表中的重要项目，也是城投公司比较有特色的项目。城投平台其他应收款的形成来源一般有：①一级土地开发等传统业务带来的对政府的应收款，表2-10中对土地储备中心和城乡建设局的应收款，这块一般被认定为是优质资产。②对区域内其他城投公司或者关联公司的借款，如表2-10对某旅游公司2.95亿元的应收款。这些借款一般都借给融资能力相对弱的公司，不会被认定为优质资产。

表 2-10 城投公司其他应收款明细

② 期末余额前五名的其他应收款情况

单位名称	期末余额（元）	账龄	内容	占其他应收款期末余额的比例（%）
盐城市土地储备中心	2 779 389 589.94	1 年以内 43 253 527.66 元； 1～2 年 1 418 462 723.20 元； 2～3 年 1 287 600 862.94 元； 4～5 年 21 072 476.14 元； 5 年以上 9 000 000 00 元	往来款	49.53
盐城市住房和城乡建设局	916 869 589.61	1～2 年 416 974 204.07 元； 2～3 年 269 924 390.54 元； 3～4 年 109 970 995.00 元； 5 年以上 120 000 000.00 元	往来款	16.34
上海仁斓实业有限公司	305 461 400.00	1 年以内	股权转让款	5.44
盐城市亭湖旅游资产投资经营有限公司	295 275 903 44	1 年以内	往来款	5.26
盐城东南工业园区实业开发有限公司	186 000 000.00	5 年以上	往来款	3.31
合计	4 482 996 482.99			79.88

资料来源：Wind。

（五）存货

如表 2-11 所示，城投公司存货主要是开发成本和开发产品。其中开发成本的形成来源一般有：① 土地整理成本。土地整理成本就是把"生地"变成"熟地"过程中花费的资金。实践中，也有很多城投公司把招拍挂买的土地放在这个会计科目里。② 道路、桥梁、绿化等城市基础设施建设成本。开发产品的形成来源一般是要出售的建筑物，包括开发的商业地产项目、安置房项目等。

很多城投公司的绝大部分资产都是存货，也就是说城投公司的主要资产是土地整理成本、通过招拍挂买的土地还有基础设施建设成本，其中土地整理成本和基础设施建设成本形成的存货流动性较低。土地整理成本和基础设施建设成本形成的存货能不能划分为优质资产取决于城投公司与政府的协议安排,能被政府回购的部分都属于优质资产。政府不负有回购义务的自营项目,需要根据具体项目的价值来进行评估。已经招拍挂的土地,可以通过用拿地成本和当下相同区域的房价进行对比,评估资产的价值。

表 2-11 城投公司存货明细

项目	期末余额(元)		
	账面余额	跌价准备	账面价值
开发成本	19 747 436 192.29		19 747 436 192.29
开发产品	846 169 782.63		846 169 782.63
原材料	42 565 133.22	18 249.76	42 546 883.46
低值易耗品	425 765.21		425 765.21
库存商品	3 476 636.43		3 476 636.43
合计	20 640 073 509.78	18 249.76	20 640 055 260.02
项目	期初余额(元)		
	账面余额	跌价准备	账面价值
开发成本	9 500 642 602.25		9 500 642 602.25
开发产品	193 161 588.11		193 161 588.11
原材料	2 049 717.76		2 049 717.76
低值易耗品	1 201 330.05		1 201 330.05
库存商品	1 579 543.06		1 579 543.06
合计	9 698 634 781.23		9 698 634 781.23

资料来源:Wind。

(六)可供出售金融资产和长期股权投资

可供出售金融资产和长期股权投资都属于城投公司的对外投资,形成来源一般有:① 相同区域内其他城投公司的股权,这些资产不会被认定为是优质资产。② 银行、高速公路的股权,这些资产是优质资产。③ 一些产业类民企的股权,这部分投资不确定性较大,很难评估其价值,也不会被认定为是优质资产。④ 部分上市公司股权,这些是优质资产。

（七）投资性房地产和固定资产

投资性房地产和固定资产形成来源一般有：① 土地和房产，这类资产属于优质资产。② 机器设备、路政设施等基础设施类资产，这些不是优质资产。

（八）在建工程

在建工程一般都是一些基础设施建设相关的项目或者工程，包括体育场馆、工业园区、停车场等项目。对于城投公司而言，在建工程是不是优质资产的判断标准和存货差不多，市场价值比较高且政府有明确回购义务的都是优质资产。

（九）无形资产

城投公司的无形资产一般是土地，少部分城投公司会有一些采矿权、挖沙权、草场或者林地使用权等。无形资产中的土地为优质资产，采矿权或者挖沙权可以通过具体了解矿产种类和现金流情况来评估其价值，比如景德镇的某城投公司有紫砂矿采矿权，就比较有价值，但其他城投公司的采矿权如果是开采难度比较大的铝矿，这个价值就比较低。草场、林地、海域使用权一般资产价值和能产生的现金流匹配度比较低，这些一般不被认为是优质资产。

三、负债项目

了解负债项目其实是为了计算城投公司背负的有息债务规模，下面将通过盘点负债项目来计算。

（一）短期借款

短期借款是城投公司短期有息债务，一般是银行的流动资金贷款。

（二）其他应付款

城投公司其他应付款一般金额都比较大，都是一些与区域内其他城投公司或者国企的往来款，也可以理解为企业相互之间的借款，不算有息债务。

（三）一年内到期的流动负债

一年内到期的流动负债是银行借款、债券或者非标融资等融资一年之内到期的。但在实践中，也有城投公司将一年内到期的债券或者非标融资放在其他非流动性负债里。所以，在计算城投公司的有息债务时，为了不遗漏任何一笔有息债务，应该查看每一个负债项目的明细。

（四）长期借款

一年以上的借款都是长期借款，一般来说长期借款都是银行贷款，但是也有企业把非标贷款放在长期借款中，应该注意甄别。长期借款属于有息债务。

（五）应付债券

一年以上的债券都放在应付债券中。应付债券加上一年内到期的流动债券就是发行人所有债券融资渠道的借款总额。应付债券属于有息债务。

（六）长期应付款

城投公司长期应付款的形成来源一般有：① 非标融资；非标融资属于有息债务，非标融资占有息债务比例越高，说明企业的融资环境越差，融资成本也越高。② 地方政府债券或者政府补贴。很多企业获得地方政府专项债、一般债或者专项补贴，都放在这个科目，这个金额占负债比例越高，说明政府支持力度越大。有些城投公司的长期应付款可以占到负债总金额的 30%。这部分债务我们一般不当作城投公司的有息债务。

③ 其他国企的转贷。有些例如棚改等公益性比较强的贷款，省里或者市里会有一个企业整体承接国开行等政策性银行的贷款，然后再把这些贷款转贷出来给实际执行贷款项目的城投公司，从而形成长期应付款。这部分有息债务一般期限长、利率低，属于城投公司比较优质的有息债务。

将所有科目的有息债务都加到一起就能得到城投公司有息债务的总规模，然后对有效资产的规模和有息债务的规模做大概的对比。有效资产除以有息债务可以得到一个比例，这个比例以100%为临界点，小于100%意味着在破产清算模式下，城投公司发行的债券会打折得比较厉害；如果这个比例远大于100%，则即使城投公司破产了，债券本息仍有可能得到足额偿还。

第四节　用量化工具一眼看懂城投债

如果仅仅将传统的财务分析指标作为量化指标，对于分析城投公司来说，显然意义是不大的。量化工具的好处是可以直观地了解不同发行人之间的区别。但在实践中仅仅把量化工具作为衡量信用风险的唯一工具，明显也是不明智的。作为初学者而言，可以通过量化工具提升自己的能力。而很多资深信用评估分析师，框架和数据都已经了然于心，量化工具也只是一个辅助工具而已。

表 2-12 的量化工具尽量将本章第二节所提到的城投债信用分析框架量化在里面。首先，量化指标大类按照第二节的城投债信用分析框架分为大环境、地方政府、城投公司，并赋予大类分值，大类分值合计为 100 分。其次，在每个指标大类下挑出关键的打分指标并给其赋予分值，这些打分指标的内涵和用意在本章第二节中均有详细说明，打分指标的分值合计为 100 分。最后，根据每个城投公司的情况，填写得分比率。得分比率的计算比较相对复杂，下面将详细讲解得分比率的计算。

表 2-12 城投公司量化工具

指标大类	大类分值	指标	总分值	得分比率	得分（总分值×得分比率）
大环境	30	省债务率	10		
		债务管理水平	10		
		历史违约	10		
地方政府	30	GDP	4		
		一般公共预算收入	4		
		未来税收增长潜力	2		
		住宅用地成交价格（万元/亩）	8		
		未来房价走势	4		
		所在城市债务率	8		
城投公司	40	城投公司地位	5		
		近三年平均现金流入/利息支出	3		
		有效资产/有息债务	13		
		隐性债务/有息债务	13		
		市场化转型力度	2		
		未来三年债务增加规模/有息债务	4		
最终得分					

一、大环境指标打分原则

（一）省债务率

以江苏某市城投为例，江苏债务率大于500%，对照表2-13，可以得出大于500%的省债务率的得分比率为0。因此，这个城投公司在省债务率这个打分指标上的得分为0分。

表 2-13 省债务率得分比率

省债务率	得分比率（%）
>500%	0
>300%, ≤500%	25
>150%, ≤300%	50
≤150%	100

（二）债务管理水平

永煤事件让市场得到的最大的教训就是在做信用风险评估时一定要加上政府管理存量债务的意愿和水平。债务管理水平是一个偏定性的指标，本章第一节、第二节中列举了债务管理做得好或者差的省份，在判断债务管理做得好或者差上会有一些标准。一般来说，债务管理做得比较好的省份的举措有：① 对于城投公司债务有严格的报备和管理体系；② 设立省级偿债基金，为城投公司提供流动性支持。③ 省级层面的领导对城投公司债务很重视，会有对债务管理的表态或者帮助企业做一定的金融资源协调。

债务管理水平比较高的省份的得分比率可以达到100%，债务管理水平这个指标的得分可以为10分。债务管理水平较差的省份的得分比率是0%，在债务管理水平这个指标上的得分为0分。

（三）历史违约

对于有些省的城投公司或者国企有历史违约案例，我们可以复盘并跟踪。如果某个省在历史上有城投公司违约，但违约的原因是技术性、临时性的，很快就进行了清偿，得分比率可以达到50%；有些省的城投公司违约了，政府花了一定时间协调，违约事件最终解决，债务偿还完毕，得分比率可以达到25%；有些省有至今还没解决的城投公司违约，或者有较多城投公司违约，得分比率为0%。城投公司没有出现过违约的，得分比率为100%。值得注意的是，这里所指的违约是指广义上的违约，包括私募债强制展期、信托等非标途径的违约等所有偿还不上款项的行为，而不仅仅指公开市场债券违约。

二、地方政府指标打分原则

（一）GDP

GDP得分比率＝城投公司所在城市GDP/1万亿。如果城投公司所在城市的GDP超过1万亿元，则得分比率为100%。例如，2019年江苏的苏州（19 254亿元）、南京（14 030亿元）、无锡（11 852亿元）三个城市GDP都超过1万亿元，得分比率都为100%，GDP指标得分为满分4分。扬州2019年GDP5850亿元，得分比率为58.5%，GDP指标得分为2.34（4×58.5%）分。

（二）一般公共预算收入

一般公共预算收入得分比率＝一般公共预算收入/1000亿，如果城投公司所在城市一般公共预算收入超过1000亿元，则得分比率为100%。如浙江2019年杭州（1966亿元）、宁波（1469亿元）两个市的一般公共预算收入都超过1000亿元，则得分比率都为100%，一般预算收入指标得分为满分4分。温州2019年一般公共预算收入579亿元，则得分比率为57.9%，一般公共预算收入指标得分为2.32（4×57.9%）分。

（三）未来税收增长潜力

综合评估所在城市产业情况，可以计算所在城市未来税收增长潜力。若未来三年年化税收增速超20%，则得分比率为100%，指标得分为满分；若未来三年年化增速大概在10%～20%区间内，则得分比率为50%；若未来三年年化增速10%以下，得分比率为25%；若未来三年税收增速维持现有水平或者下降，则得分比率为0%。

（四）住宅用地成交价格

通过查询土地成交网站，可以大概计算最近一年城投公司所在住宅用地成交价格。值得注意的是，计算住宅用地成交价格的样本，应该剔除当地城投公司的拿地金额，以外部房企成交价格为参考值。得分比率＝住宅用地成交价格/2000万，如果城投公司所在城市住宅用地成交价格在2000万元以上，则得分比率为100%。

（五）未来房价走势

通过询问当地人、与大型房企或者本地房企交流，可以评估当地未来房价走势。若上涨潜力较大，则得分比率为100%；若基本能保持平稳，则得分比率为50%；若下跌压力较大，则得分比率为0%。例如，市场普遍认为一二线城市房价更稳定，而三四线则不然。从区域来说，普遍认为大湾区、苏浙沪等经济发达地区房价更有上涨潜力。

（六）所在城市债务率

债务率的计算方式见本章第二节。所在城市债务率计算结果对照表2-14进行得分比率的取数。

表2-14　所在城市债务率指标得分比率

所在城市债务率	得分比率（%）
≥500%	0
<500%，≥300%	25
<300%，≥150%	50
<150%	100

三、城投公司指标打分原则

（一）城投公司地位

衡量城投公司的地位除了本章第二节描述的业务外，还应该评估所在城市城投公司的数量。业务实践中，一个城市可能分很多片区（老城区、新城区、经开区、高新区等），每个片区有一个城投公司负责运作该片区的基础设施，相互之间没有从属关系。如果这样的城投公司大于三个，则得分比率为 0%；有三个，则得分比率为 33%；有两个平台，则得分比率为 50%。如果该城投公司是当地最大且唯一的，则得分比率为 100%。

（二）近三年平均现金流入/利息支出

近三年平均现金流入/利息支出中的现金流入是指从各种渠道获得的现金，包括隐性债务偿还、政府资本金注入、政府业务收入、政府补助、非政府业务净现金流入。由于城投公司的特殊性，指标中所指的现金流入与现金流量表里的经营现金流并不是同一个东西，请注意区分。研究这个指标是为了了解城投公司的现金流入是否能覆盖利息支出。得分比率 = 指标值 − 1，指标值小于 1，则得分比率为 0%；指标值为 2 以上，得分比率为 100%。

（三）有效资产/有息债务

有效资产根据本章第三节会计科目中的公式进行计算。有效资产/有息债务得分比率 = 有效资产/有息债务，若有效资产/有息债务大于 1，则得分比率为 100%。如某城投公司有效资产/有息债务为 60%，则这家城投公司有效资产/有息债务得分比率为 60%。

（四）隐性债务/有息债务

隐性债务是指现在时点上未化解的隐性债务余额。隐性债务/有息债务得分比率 = 隐性债务余额/有息债务。隐性债务余额可以通过询问城投公司工作人员获得，有些区域城投公司的隐性债务金额是保密数据，但大致的占总负债的比例是可以获得的。值得注意的是，有些城市的隐性债务用银行贷款、债券等融资方式续期后，就算化解了，有些则不算。在确认隐性债务余额时，最好全面了解当地的隐性债务化解政策，确保数值的准确性。

（五）市场化转型力度

若城投公司市场化转型业务方向较差、业务风险较高，且急于脱离政府，得分比率为 0%；与此相反，坚守本职工作不转型的城投公司，得分比率为 100%；进行市场化转型但市场化转型业务为区域内垄断、专营业务等的城投公司，得分比率为 50%。

（六）未来三年债务增加规模／有息债务

了解城投公司未来投资计划，可以大致计算其未来三年债务增加规模。如果未来城投公司债务规模增加过快，债务扩展过于明显，城投公司的债务压力就会明显增加。未来三年债务增加规模／有息债务得分比率 = 1 – 指标值 × 2，指标值超过 50%，则得分比率为 0。例如，某家城投公司有息债务为 200 亿元，未来三年债务增加规模为 50 亿元，则该城投公司得分比率为 50%（= 1 – 50/200 × 2）；如果这家未来三年投资增加，计划未来三年债务规模增加 100 亿元，则这家公司的得分利率为 0%（=1–100/200 × 2）。

计算完所有的得分比率后，加总各项指标得分可得到最终得分。城投公司量化模型最终得分的用途，我认为做相对比较效果比较好。由于每家机构都有自己的风险偏好，不同债券投资机构的风险偏好不同，对得分的要求就会不一样。当然，机构也可以根据自身对于城投公司某个方面的关心程度调整各个指标的总分值。量化工具结果仅供各位作为参考。

| 第三章 |

地产债投资
观"群雄逐鹿"

第一节 房企发家史和信用特征

一、房地产市场由黄金十年到白银十年

模糊地划分我国近20多年来的房地产市场,可以将1998～2008年称为房地产市场的黄金时代,2009～2018年称为房地产市场的白银时代。

1998年,面对亚洲金融风暴冲击,为扩大内需,《国务院关于进一步深化城镇住房制度改革加快住房建设的通知》(国发〔1998〕23号)正式印发,启动了房地产市场的黄金时代。房改的主要目的是刺激住房消费需求,使其成为国民经济的支柱产业,对冲亚洲金融风暴带来的出口损失,从而开启了近十年房地产市场的黄金时代。如图3-1所示,在房地产市场的黄金时代,房地产市场的平均投资增速达到20%以上,是国民经济发展的重要引擎。

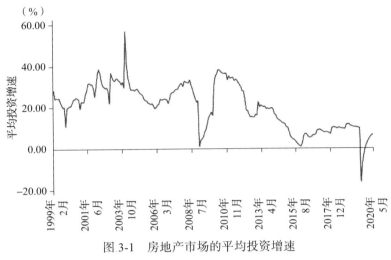

图 3-1 房地产市场的平均投资增速

资料来源：Wind。

2008年金融危机爆发，为应对经济下滑，国家推出"四万亿"经济刺激计划。金融危机导致房地产投资和销售价格跳水，"四万亿"经济刺激计划随即取消了对商业银行信贷规模的限制，多地出台了对房地产市场的救市计划，房地产市场迅速恢复。由此，房地产市场开启近十年的白银时代。

从2016年起，在"房住不炒"的理念下，各地逐渐实行"一城一策"的地产调控模式。房地产市场从之前国家层面的"大开大合"整体调控到因城施策的精准调控。2020年8月，住建部等监管部门以降低负债防范风险为目标，制定了"三道红线"的地产调控政策（将在第三章第二节中详述）。以"三道红线"为起点，监管部门陆续出台了贷款集中度管理、一线城市新房摇号积分制等一系列控制房价快速上涨的调控政策，今后房地产市场基本进入存量博弈时代。

过去20多年，房企在行业的快速发展中，完成野蛮生长。这种野蛮生长，在这几年房地产市场增速的回落和监管部门对于房地产市场的调控下，逐步回归常态。

二、房企各自的故事

如果你是个对房企没有太多的研究的人，想要了解这个行业，应该首先来看各大房企销售排名情况。房地产销售数据由各大房企提供，但并没有经过公证机构或者会计师事务所审计和确认，所以由数据提供商发布的房地产销售数据可能存在一定水分，但这不影响一个初学者用销售排名大概了解房地产行业的情况。表 3-1 是 2010 年和 2020 年房企销售排名情况。

表 3-1 2010 年和 2020 年房企销售排名情况

2010 年房企销售金额 TOP 30			2020 年房企销售金额 TOP 30		
排名	企业名称	销售金额（亿元）	排名	企业名称	销售金额（亿元）
1	万科集团	1 026	1	碧桂园	7 888
2	保利地产	660	2	中国恒大	7 035
3	绿地集团	650	3	万科地产	7 011
4	中国海外集团	578	4	融创中国	5 750
5	恒大地产	527	5	保利发展	5 028
6	绿城中国	522	6	中海地产	3 634
7	万达集团	369	7	绿地控股	3 567
8	龙湖集团	336	8	世茂集团	3 003
9	碧桂园	330	9	华润置地	2 850
10	富力地产	321	10	招商蛇口	2 780
11	雅居乐	295	11	龙湖集团	2 706
12	中信地产	282	12	新城控股	2 522
13	金地集团	280	13	金地集团	2 426
14	世茂房地产	269	14	旭辉集团	2 310
15	华润置地	226	15	中国金茂	2 237
16	远洋地产	214	16	金科集团	2 235
17	复地集团	172	17	中南置地	2 232
18	招商地产	143	18	阳光城	2 180
19	新城控股	140	19	绿城中国	2 146
20	星河湾	135	20	中梁控股	1 688
21	中国中铁	133	21	融信集团	1 552
22	金科实业	132	22	正荣集团	1 530

(续)

2010 年房企销售金额 TOP 30			2020 年房企销售金额 TOP 30		
排名	企业名称	销售金额（亿元）	排名	企业名称	销售金额（亿元）
23	首开股份	130	23	龙光集团	1 497
24	世纪金源	126	24	富力地产	1 497
25	保利香港	123	25	佳兆业	1 435
26	金辉集团	118	26	雅居乐	1 382
27	华侨城	116	27	滨江集团	1 364
28	首创置业	115	28	荣盛发展	1 358
29	合景泰富	113	29	奥园集团	1 330
30	金隅股份	110	30	祥生集团	1 306

资料来源：克而瑞地产研究。

总体来看，相比 2010 年，2020 年排名前几名的房企销售金额普遍增加了 6～7 倍，甚至更多，整个行业呈现惊人的发展速度。2010～2020 年，有些房企新上榜（如融创中国、阳光城、旭辉集团、中南置地等），有些房企排名上升了（如碧桂园、新城控股等），也有些房企跌出了榜单（如万达集团、雅居乐、复地集团）。在房地产行业的起起伏伏中，有的房企在竞争中抓住机遇、崭露头角，也有房企战略失误，逐渐销声匿迹。分析房企没那么容易，每个房企都有它的"脾气"，让我们先来简单了解下各个房企的"脾气"。

无论是 2010 年在榜单上的老牌房企，还是 2020 年刚上榜的新贵，房企本身都是十分优秀的，但是债券投资人其实是风险厌恶者，会吹毛求疵地去了解房企的弊端，并且实时监测这种弊端是否会进一步放大，进而影响其偿付能力。因此，我在介绍这些优秀的房企时，好的地方可能会一笔带过，更多篇幅会去阐述市场对其的一些质疑及由此可能引发的信用风险，是种"鸡蛋里挑骨头"的视角。

（一）"农村包围城市"的碧桂园

出身于顺德的房企碧桂园，在老板杨国强的带领下，从 1992 年开发第一个楼盘开始，用了不到 30 年时间，做成了行业老大。这之后的成功之道主要有三点：① 用"成就共享"计划激发员工的主观能动性。② 有一整套配合"高周转"的管理体系，提升效率降低成本。③ 三四线城市发展战略抓住行业发展机遇，实现"农村包围城市"的大增长。

以上三点可用更通俗易懂的话表达。第一点，碧桂园在 2012 年开始实行"成就共享"计划，计划的核心是碧桂园的员工可以入股单个地产项目，项目做得好，员工就可以分享到项目的利润。碧桂园通过这一员工激励政策极大地提高了员工的积极性。第二点，碧桂园是行业有名的"高周转"房企，碧桂园从拿地到拿到预售许可证开盘，平均只需要六个月，其他房企可能需要一年甚至更长时间。"高周转"使得碧桂园投资能尽快回款，减少资金占用和利息成本。第三点，在很多房企不愿意到三四城市，甚至更小的城市拿地盖房子的时候，碧桂园挺进这些城市，用低成本做大规模，实现规模的大增长，最终拿下房企销售第一的宝座。

市场对碧桂园最大的质疑来自其"高周转"下的建筑质量问题，这个问题集中爆发于 2018 年 7 月和 8 月初，当时碧桂园安徽和上海的项目相继发生人员伤亡。此次被媒体称为"碧桂园质量门"的事件引发了碧桂园高层的注意和反思。事件发生后，碧桂园在努力改变市场对其建筑质量方面的质疑，然而对于碧桂园来说，回应质疑最好的方法是不再发生类似的事件，给客户真正的"五星级"的建筑质量。

（二）"行业标杆"万科

万科成立于 1984 年 5 月，是当之无愧房企领军人，房地产行业的黄埔军校。万科凭借其领先的发展战略、先进的管理模式持续领跑房地产行业三十年。万科主要布局一二线城市刚需盘，坚持以大众化的中小户型普通住宅作为主流产品。

万科以管理优良和财务稳健著称。管理方面，当市场上其他房企都还在行业的顺序扩张中野蛮生产时，万科就开始在管理上走专业化路线，一方面在建造方面制定标准化开发流程，另一方面在人才管理方面施行完整的方法论。万科建立的开发标准纷纷成为市场学习的标杆。

万科财务稳健，主要表现在较低的净负债率上。从图 3-2 可以看出，万科 2010～2018 年的净负债最高不过 30% 出头。而在 2010～2018 年房地产销售的排位赛中，想要赶超的房企自然少不了通过不断加大杠杆、增加负债实现弯道超车。如图 3-3 所示整个行业净负债率在 100% 以上的房企数量不少，那些销售排名有大幅度上升的房企基本上净负债率都有大幅度的提升。万科作为行业龙头，可以一直以比较稳健的财务方式保持自己的行业地位，实属不易。当然，也有人质疑万科因为财务上过于稳健，错过了 2016 年那一轮房地产行业的发展，从而将销售冠军的位置拱手相让给碧桂园。但作为债券投资人，我们更看重的是财务稳健和管理优良，这两点无疑是房企维持良好偿付的能力的必要条件，至于快速增长，那是留给股票投资者考虑的问题。

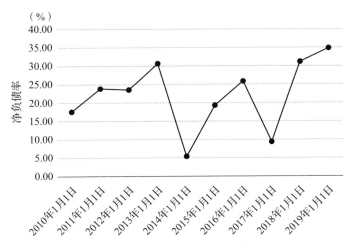

图 3-2　万科历年净负债率

资料来源：Wind，本书作者整理。

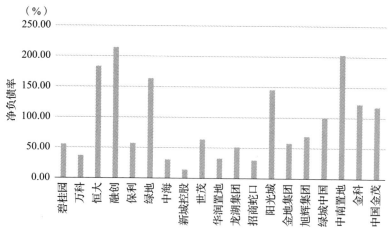

图 3-3 2019 年部分房企净负债率

资料来源：中山证券债券融资部。

说到万科，不得不提 2015 年开始的"万宝之争"，事情的开始是宝能系不断增持万科股票，成为万科的大股东。以王石为代表的万科管理层对宝能系的大股东地位发起挑战，从而进行了 A 股市场历史上最大的公司并购与反并购的攻防战。最终，恒大将 14.07% 的股权转让给深圳地铁，深圳地铁以 29.38% 的持股（超过宝能系 25.4% 的持股）成为万科的第一大股东。二股东宝能系由于在增持万科股票的过程中通过杠杆过高的资管计划募资，受到监管部门的关注，从而在拉锯战中渐渐丧失斗志。同时，万科的灵魂人物王石也宣布退出董事会，"万宝之争"就此结束。

（三）恒大

恒大由许家印 1996 年在广州创立，在广州通过"金碧花园"的几期项目打响招牌，而后项目扩展到全国，现在楼盘布局以二三线城市的刚需为主。

恒大老板许家印白手起家，建立起今天的恒大帝国。相比众多通过合作项目调节报表，把负债率做得比较好看的房企，市场人士普遍认为恒大的报表相对真实，没有对债务做太多的包装和掩饰。同时，从图 3-4 可以看出，恒大的净负债率较高，一直处在高杠杆运作之中，无疑让恒大的现金流处于相对紧绷的状态。对于投资人而言，恒大的许老板是热搜上的常客，无论是冠名恒大足球、投资恒大冰泉，还是与深房集团重组引入 1300 亿元战略投资者，每年都能贡献几个头条。

由于不满足于只做房地产业务，恒大 2018 年宣布进入新能源车行业，计划做全国最大的新能源汽车集团。从公布的合作意向来看，恒大在新能源车方面的总投资预计将超过 3000 亿元。2020 年 9 月，由于与深房集团的重组风波，恒大债券信用利差快速走高（见 3-4）。

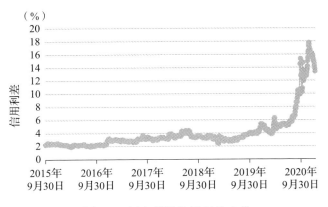

图 3-4　恒大债券信用利差走势

资料来源：Wind，本书作者整理。

2020 年 11 月，在与深房集团的重组无望后，恒大发布了终止与深房集团重组的公告。但是问题来了，之前为进行深房集团重组，恒大引入了 1300 亿元的战略投资，战略投资者包括苏宁、山东高速、正威集团等。如果重组失败，恒大应该需要退还 1300 亿元的战略投资，但是此时的恒大明显拿不出那么多钱。由于担心恒大资金链断裂，债券市场的恒大债券的信用利差出现了如图 3-4 所示的新一轮走高。不过，恒大总能绝处逢生。事情发生后恒大随即发布公告称，1300亿元战略投资中的1257亿元，战略投资者已签订补充协议转为普通股。就这样，恒大平息危机，将债权转化股权，信用利差随着事件的平息有一定程度的收窄。恒大在与投资者的交流中传递出放缓销售增速和降低债务率的计划，市场也期待将来看到恒大更为健康的债务结构。

（四）"并购之王"融创中国

2010年，孙宏斌在顺驰地产破产后重新出发，创立并将融创中国（以下简称融创）发展壮大。融创从环渤海区域起家，在环渤海区域站稳脚跟后逐步向全国扩展。融创楼盘定位主要在一二线城市的中高端市场。在一线城市生活的人，如果拥有一套融创的房子，会被认为住在"豪宅"里。

称融创为"并购之王"一是因为融创的土地储备中，有60%是通过并购方式获得的；二是因为融创屡屡上头条的资产并购案例，如2017年斥资上千亿元购买万达集团的文旅项目，2019年斥资150亿元购买云南城投集团（现云南康旅集团）的成都会展和时代环球项目股权；三是因为融创对外（链家和乐视）的非房地产投资。并购圈子里甚至还有一句笑谈，谁家想要卖什么项目，都会来问问孙宏斌有没有兴趣，"并购之王"的称号名不虚传。

债券市场对于融创的资产质量（土地储备、项目布局等）、项目去化是满意的。债券市场对融创的关注点主要是：① 融创的文旅类业务，这部分业务属于重资产项目，投入较大占用大量现金流、投资回报率也相对较低。② 债务率偏高，未来有一定降负债的压力。③ 投资行为的不可测性。融创对金科和链家的投资都非常成功，但对乐视的投资却实实在在让融创损失了100多亿元。这种难以估计的投资行为多少会让"求稳"的债券投资人心生退意。

（五）绿地集团

绿地集团（以下简称绿地）成立于1992年，现已形成房地产为主业，基建、金融等综合产业并举的发展模式。绿地是长三角房企中难得的国资背景的房企，但绿地可能二次混改，上海国资委可能会卸下大股东的身份，届时绿地的实际控制人为管理层。如果此事为真，好处是可以通过改革激发企业效率，坏处是失去国企背景。

绿地是房企中多元化业务做得最多的企业，房地产相关收入仅占其总收入的一半左右（见表3-2），而这一半的房地产相关收入中又只有一半是商办项目，绿地的业务模式更类似于"地产＋基建"的模式，即通过基建和商办获得住宅用地。绿地还收购了很多建筑公司，如天津建工、广西建工、贵州建工等建筑公司，看上去财务投资意图大于整合意愿意图。由此归纳，绿地"地产＋基建＋金融"的业务模式在房企中也算是比较有特点的。

表 3-2 绿地集团最近三年主营业务收入构成

项目	2020年1～6月 金额（亿元）	占比（%）	2019年 金额（亿元）	占比（%）	2018年 金额（亿元）	占比（%）	2017年 金额（亿元）	占比（%）
房地产及相关产业	966.15	46.04	1 943.26	45.88	1 614.60	46.89	1 504.74	52.55
建筑及相关产业	906.05	43.18	1 884.86	44.50	1 481.32	43.02	1 048.13	36.60
商品销售及相关产业	249.82	11.90	472.75	11.16	305.40	8.87	201.53	7.04
其他收入	98.26	4.68	299.39	7.07	323.89	9.41	331.01	11.56
减：内部抵消数	121.84	5.81	364.73	8.61	281.74	8.18	221.85	7.75
合计	2 098.43	100.00	4 235.53	100.00	3 443.46	100.00	2 863.55	100.00

资料来源：Wind。

债券市场对于绿地的主要关注点在于：① 基建业务具有资金投入大、回款时间长、收益低的特点，从事这项业务资金运用效率不够高。当然，参与一级土地开发可以拿到更便宜的地。②商办项目自持比例过重，拖累现金流。③业务板块过多，建筑公司毛利很低，还有损失建筑垫款的风险。④绿地虽然是世界 500 强，但每个板块拿去对应行业做对比，又不是做得最好的，如房地产业务比不过万科和龙湖集团。

如图 3-5 所示，绿地的信用利差在 2016 年开始逐步走高，走高的原因是 2016 年的云峰事件。2016 年 1 月，绿地子公司云峰集团的债券违约，同年 2 月绿地公告称集团已于 2015 年 10 月解除对云峰集团股权委托管理，不对债券违约负责。评级公司在 2016 年 5 月将绿地的评级由 AAA 调整为 AA+，绿地的信用利差随即走高。2021 年初，绿地再次获批发行债券，两年期的融资成本达到 7%，远高于保利的融资成本。从图 3-6 的信用利差对比可以看到，2016 年保利和绿地的信用利差相差并不大，但 2020 年底两者之间的信用利差已经大幅度拉开。

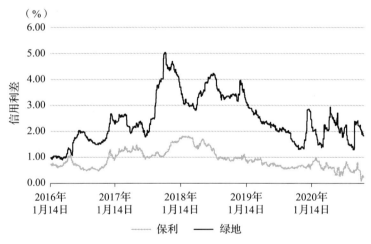

图 3-5　绿地和保利的信用利差

资料来源：Wind，本书作者整理。

（六）"壮士断臂" 万达集团

2010 年房企销售榜单中还是第七名的万达集团（以下简称万达），在

2020年榜单中却没有了身影,这中间究竟发生了什么?

王健林1988年在大连创立万达,万达以商业地产起家,发展成商业地产、酒店、文化旅游、百货四大核心产业。曾经的万达可以说是我国商业地产的"一哥"。从2012年以26亿美元收购全美第二大院线AMC开始,万达开始了自己的出海战略。根据澎湃新闻的统计,截至2017年,万达的境外投资金额高达2450亿元。

2017年在国内金融去杠杆的政策下,万达为实现境外巨额投资使用的高杠杆融资方式引起监管层的注意,监管层提示境外投资风险。各家银行也对包括万达、海航、安邦、复星等民营巨头的境外融资情况及可能发生的风险进行排查,并停止了对相关领域的贷款。至此,万达开始了去杠杆过程,通过变卖资产清偿债务减低杠杆。在万达的债券被境外评级公司调低评级的同时,由于担心万达的流动性,万达发行的债券的信用利差也逐步走高。如图3-6所示,受此事件影响,2017年之后万达债券的信用利差一度走阔至6%,信用利差走阔表示市场认为万达的信用风险在变大。

图3-6 万达信用利差

资料来源:Wind,本书作者整理。

从2017年开始去杠杆以来,万达向市场交出了满意的答卷。同样在境外有巨额投资的海航已经破产,王健林却以壮士断腕的魄力将旗下酒店及文旅项目以千亿元的价格卖给融创,实现了资金的回流,降低了企业的债务率。如表3-3所示，2017年之后万达无论是负债总额还是资产负债率都大幅下降。

表3-3 万达主要财务数据

	2020年第三季度报	2019年报	2018年报	2017年报	2016年报
总资产（亿元）	5 558.57	5 752.11	6 241.31	6 891.05	7 511.46
货币资产（亿元）	412.02	657.67	832.70	1 198.13	1 002.37
净资产（亿元）	2 733.01	2 773.09	2 647.49	2 428.52	2 233.76
负债总额（亿元）	2 825.56	2 979.03	3 593.82	4 462.53	5 277.70
资产负债率（%）	50.83	51.79	57.58	64.76	70.26

资料来源：Wind。

从图3-6的信用利差图上看，随着万达债务率的降低和经营的正常化，2018年万达的信用利差逐渐收缩，代表了债券市场对其认可度提升，万达壮士断腕的魄力为其重新赢得了债券市场的认可。

万达房地产销售排名下降，既有2015年以来万达战略上看空楼市、做"去地产化"轻资产转型的原因，也由于2017年去杠杆大潮下的被动收缩。在销售排名从稳居前十名到掉落在四十名开外，且不少高管出走新城控股的情况下，万达商业地产王者的地位受到后起之秀新城控股的挑战。最近，万达低调地加大了住宅的土地储备，市场期待万达继续启航，向曾经的位置发起冲击。

（七）"积极自救"的新城控股

1993年，王振华在常州成立新城控股。新城控股主打"商业+地产"的开发模式，通过商业地产带动住宅销售。在2015年万达选择轻资产战略之后，2017年万达广场的实际打造者——陈德力离开万达，成为新城控股的联席总裁，将万达模式带到新城控股。因此，新城控股因为商业模式与万达比较相同，又被称为小万达。新城控股主要布局于二三线城市，得益于布局的重点区域江浙地区（特别是江苏）近几年房价的大幅增长，新城控股成为房地产市场的黑马。

2019年7月3日，上海公安公告了新城控股实际控制人涉事的案件，使得其旗下的上市公司在几个交易日内市值迅速蒸发。与此同时，新城控股的债券也在同期遭到抛售，信用利差出现大幅调升（如图3-7所示）。7月3日当晚，新城控股公告选举王晓松担任新的董事长，开始积极地开展自救之路。

图3-7　新城控股信用利差

资料来源：Wind，本书作者整理。

从结果来看，王晓松在一众万达老将的帮助下，对新城控股的自救是成功的。但自救之路也充满荆棘，在新城控股最困难的时候，银行贷款不能新增，投资人纷纷抛售，相当于银行和债券渠道的新增融资瞬间全部堵死，新城控股的地产销售回款显然不能弥补资金缺口，于是，新城控股只能通过变卖土地资产获得回款。新城控股能够自救成功的主要有两个重要的原因：一是管理层的齐心协力，万达老将在关键时刻对新城控股不离不弃、出谋划策，在关键时候稳住经营、即时回款，是这次自救成功的重要因素。二是新城控股自身资产质量较好，布局都在江浙地区及二线城市，这些比较优质的项目易于变现，为新城控股在最困难的时候提供了不少流动性。

关于未来的新城控股，市场比较关注的问题是：① 新城控股大量持有吾悦广场的重资产商业模式是否能成功。② 实际控制人是否会再次爆出负面消息，影响债券市场的信心。

（八）"城投+"模式的华夏幸福

华夏幸福于1998年成立于河北廊坊，其创始人王文学给华夏幸福的定位是"产业新城供应商"。遗憾的是，无论从股票市场的估值还是业务实质上来说，市场给华夏幸福的定位还是"城投+地产"。更遗憾的是，在本书即将完稿的时点上，华夏幸福宣告债务违约。虽然债券已经违约的华夏幸福基本已经算退出债券市场，但这位环京地王的发展史依然值得市场讨论。

2010年销售排名的前30名中没有华夏幸福，2020年华夏幸福也几乎跌出排名，但谁不能否认华夏幸福曾经辉煌过。华夏幸福在2015年强势挤入销售排名的前十名，2016年销售金额一度超过绿城中国和华润置地。2017年的金融去杠杆给所有高杠杆的企业当头一击，随后华夏幸福的销售排名迅速下降，并在2020年的销售金额TOP30上消失了。

2017年整体货币环境紧缩，高速增长的华夏幸福逐渐感受到资金紧张。祸不单行，2018年2月初华夏幸福重点布局的环京区域出台更为严厉的地产调控政策，受此影响，华夏幸福环京区域的销售几乎冻结。华夏幸福资金链的紧张程度在2018年3~4月达到顶端，华夏幸福的债券也随即遭到投资者抛售，信用利差大幅走高（见图3-8）。2018年7月，华夏幸福迎来"白衣骑士"平安集团，平安集团用138亿元购买华夏幸福19.7%的股份，但华夏幸福需要完成与平安集团签订的业绩对赌目标，利润增速目标无法完成则需要现金补偿平安集团。平安集团入局后，不断通过债券融资等方式输血华夏幸福，在平安系的信用加持下，债券市场对于华夏幸福的担忧逐渐消失。

2020年，由于疫情原因华夏幸福无法完成业绩对赌目标，按照约定华夏幸福需要支付平安集团现金，这对于本来债务负担就比较重的华夏幸福而言，无疑是雪上加霜。债券市场担心华夏幸福再次陷入债务泥潭，于是开始又一轮对华夏幸福债券的抛售。2021年2月，随着工商银行和平安集团牵头成立"华夏幸福债委会"，华夏幸福债券违约已成定局。

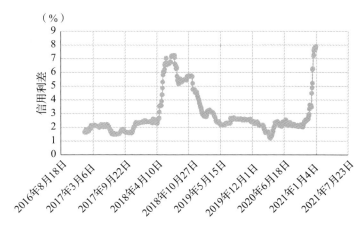

图 3-8　华夏幸福信用利差

资料来源：Wind，本书作者整理。

华夏幸福违约已经是既成事实，债券投资人事后发现华夏幸福的失败原因在于其商业模式：资产和负债不匹配。华夏幸福希望建设产业新城、引进产业，从而实现当地税收的增加。但是从新城的建设、企业的入住到房价的提升、税收的产生，其实是一个很漫长的过程（少则3～5年，长的话可能要5～10年）。华夏幸福的平均融资期限不超过3年，综合融资成本在7%以上，不仅每年都面临巨大的融资成本支出，且每年债务滚动的压力也不小。当然，华夏幸福的优势是新城的建设能拿到十分便宜的土地，这些土地的价值也会随着周围产业的发展、人员的聚集得到提升。但不管怎样，持有"长时间才能变现的优质资产"的华夏幸福债券违约了，现在债券持有人对华夏幸福的期待只是偿还率能高一些。

（九）"旧改之王"富力地产

房地产市场把碧桂园、恒大、富力地产（以下简称富力）、雅居乐、合生创展称为"华南五虎",它们一度引领房地产开发的潮流。1994年,富力开始收购广州的旧工厂,改造成楼盘,自此之后,富力在旧工厂改造之路上高歌猛进,成为广州的"旧改之王"。曾经的"华南五虎"之首富力,近十年来由于战略偏差,在与友商的竞争中逐步落后,目前销售排名已经跌出前20名。

债券市场对富力的关注点在于:① 手持大量经营性物业,大量挤占流动性。2017年在本身杠杆率已经很高的情况下,富力以177亿元收购万达酒店,这些酒店资产盈利情况不佳。② 债务负担较重,2019年监管部门的"三道红线"全部都踩中,未来有一定的去杠杆压力。③ 由于与市场沟通不畅,债券市场的再融资能力受到挑战。

从图3-9可以看到富力在2020年之后信用利差不断走高,走高的原因是债务率增加、评级遭到下调,以及质押项目公司股权融资等事件。不过"旧改之王"的优势还在,富力在广州还有不少好的旧改项目可以助力企业回笼资金。富力的资金回笼能力确实值得称赞,在没有进行债券续发的情况下,富力已经偿还200亿元左右的到期债券,现在债券余额仅剩200亿元。富力向债券市场完美展示了房企的回款能力。希望降低负债率后的债市"硬汉"富力能重新获得债券市场的信任,信用利差回到从前的水平。

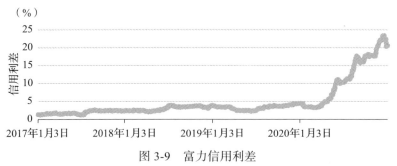

图3-9 富力信用利差

资料来源:Wind,本书作者整理。

(十)"闽系地产大哥"世茂

闽系地产号称"地王收割机",那首"爱拼才会赢"是闽系房企最好的诠释。世茂作为闽系地产的老大哥,留给市场的印象一直是经营稳重的豪宅缔造者。与其他闽系房企加杠杆导致债务率较高不同,世茂的净负债率一直维持在比较低的水平。从 2010 年和 2020 年的销售排名上看,世茂的排名也从十几名挤进了前十名。在不进则退的房企厮杀中,世茂能以稳重的经营在排名中上升,确实也证明了世茂的实力。

与其他房企不同,世茂一共有三个发债主体:世茂集团、世茂股份和世茂建设,三家企业存续债主体情况如表 3-4 所示。如图 3-10 所示,世茂集团是世茂股份和世茂建设的母公司,许荣茂通过控制世茂集团从而控制所有三家发债主体。从前,世茂股份由许荣茂的女儿许薇薇管理,业务定位为商业运营,比较著名的上海世茂大厦和深圳世茂大厦都是世茂股份旗下物业;世茂建设由许荣茂的儿子许世坛管理,业务定位为住宅,代表项目为上海世茂滨江花园。

表 3-4 世茂系存续债主体情况

存续债主体	上市地	存量债券余额(亿元)	合同销售金额(亿元)	总资产(亿元)	有息债务(亿元)	净负债率(%)
世茂集团	港交所	78.12	2 600.0	5 461	1 413	54.16
世茂股份	上交所	139.8	244.6	1 348.4	245.15	19.8
世茂建设	非上市	145.74	1 742.1	3 274.9	299.3	-38.8

注:财务数据为 2020 年报中报数据,存量债余额为截至 2021 年 1 月 25 日数据,包含境内、境外债券,合同销售金额为 2019 年数据。

资料来源:YY 评级。

世茂这个名字是从其创始人许荣茂和儿子许世坛名字中各取一个字构成的,其中也蕴含了父亲对于儿子的期望。出生于 1977 年的许世坛在 2019 年出任世茂总裁,走出了和父亲不一样的道路。从前的世茂长期聚焦于一二线高端市场,2019 年之后世茂一方面开始下沉三四线,开始大规模地进行项目并购,接手了不少资金链断裂房企的项目,成了泰禾集团、福晟等闽系地产的"白衣骑士"。作为闽系地产的老大哥，闽系地产其他小弟遇到困难第一个想到世茂也不奇怪，只是不断高企的净负债率提醒着投资者，许世坛时代的世茂或许与以前已经不一样。

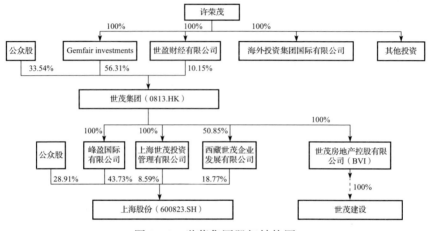

图 3-10 世茂集团股权结构图

资料来源：公司公告，YY 评级。

债券市场对世茂的主要关注点为：① 手持大量经营性物业（酒店和写字楼），大量挤占流动性。② 表外负债规模存疑。根据研究机构的测算，2019 年世茂表内净负债率虽然只有 57.5%，但如果将永续债、ABS、明股实债及对外担保还原，世茂的净负债率达到 163%。③ 未来战略的变化。二代接班是否会因为理念不同导致的战略变化，儿女分治的结构未来会不会对管理产生影响等。毕竟民企接班人的变化是投资人最难分析，也最看不懂的变量。

三、房企的地域江湖

（一）粤系房企

房地产界有句老话："中国地产看华南，华南地产看粤系。"无论是从在 20 世纪就站稳脚跟的万科、中海、金地集团、招商蛇口，还是房地产黄金十年中独占鳌头的"华南五虎"——恒大、碧桂园、富力、雅居乐、合生创展,或是在白银时代已经伸出爪牙的"新华南五虎"——龙光集团、美的置业、奥园集团、佳兆业、合景泰富,都可见一斑。2010年销售排名前20名,有10名来自粤系,2020年前20名虽然只有8名来自粤系,但是前三名(碧桂园、万科、恒大)已经悉数归入粤系房企之手。

与靠不断抱国企大腿求发展的万科不同,中海带着为国家赚取外汇和学习先进经验的历史使命于1979年在香港诞生。我国房地产的先行者中海发展始于20世纪80年代,当时由于大量人口涌入,香港的楼市史无前例地腾飞,身处香港的中海抓住了机会,在香港房地产开发领域积累了经验和财富。1997年香港回归,中海开始把发展重心转回内地,同时还带回了香港极致商业化的房地产开发理念。虽然万科和中海差不多时间进入房地产领域,但身处香港的中海比起万科,显然接受了更先进的管理和运营理念。当时的中海,不仅是粤系,更是全国房地产市场的引领者。即使曾经的粤系引领者中海在规模上已经不是前三名,但中海超过25%的净利润率依然让国内其他主要房企望尘莫及(见图3-11)。

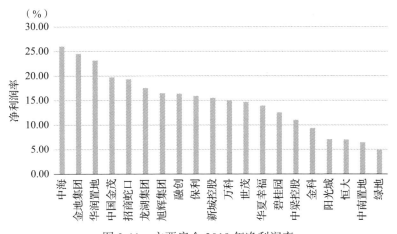

图3-11 主要房企2019年净利润率

资料来源:Wind,本书作者整理。

1984年，为更好地建立蛇口工业区，央企招商局在蛇口工业区建立蛇口工业区房企，后改名为深圳招商房地产有限公司，就是市场熟知的招商地产。1988年，在招商地产成立后的几年，福田区国资局下成立了一家叫深圳市上步区工业村建设服务公司的企业，这家企业在1993年正式运营房地产业务，这就是后来的金地集团。同样是1988年，深特发下属贸易部的饲料科科长王石，将自己的企业改名为万科，并筹备在深交所上市。自此，粤系房企的先行者万科、招商蛇口、金地集团、中海等整装待发，开启了属于它们的20世纪90年代。

进入20世纪90年代，"华南五虎"雅居乐（1992年）、碧桂园（1992年）、合生创展（1992年）、富力（1994年）、恒大（1995年）相继成立。与万科、招商蛇口、金地集团、中海等"国"字头企业的国企背景没法相比，"华南五虎"成立之初的民企身份，就注定了它们必须靠自己，才能在竞争激烈的市场获取一席之地。"华南五虎"与"国"字头房企拼杀十年，随着合生创展在2004年率先销售金额突破百亿元，中海、万科、富力、金地集团也紧跟着杀入百亿元俱乐部。到了2006年，销售金额百亿元就是一道门槛，过了这道门槛才是头部房企。随后，粤系房企开始疯狂扩张，开始了一年销售金额几乎翻一倍的野蛮生长。

在经历2008年的亚洲金额危机和2009年的"四万亿"之后，在2010年房地产销售排行榜上，冠军万科首次突破千亿元，成为千亿元俱乐部的唯一成员。"华南五虎"中四虎已经杀出重围，悉数出现在前11名的榜单上。而当年首个进入百亿元俱乐部的五虎之一合生创展却已经消失在榜单上。合生创展在之后的日子里不断换总裁，销售也在人事动荡中萎靡不振。随后，恒大和碧桂园以高杠杆、下沉三四线的策略在排行榜上继续前行。雅居乐在海南清水湾孤注一掷后，命运只能随着海南沉浮。富力则在商业地产上走得越来越远、杠杆越来越高，现在只能靠卖项目还债。"华南五虎"，虎各有命。

地王频出的 2016 年又被称为"地王年","新华南五虎"慢慢伸出爪牙。1995 年就成立的龙光集团一直默默无闻。2013 年在香港上市后，2014 年开始龙光集团开始频繁出现在地王房企名单上，甚至有业内人士感叹："深圳的地没人抢得过龙光。"做电器的美的集团也不甘示弱，美的集团实际控制人何享健成立了美的置业。背靠美的这棵大树，美的置业一发力，销售金额就从 2015 年的 115 亿元快速增长到 2020 年的 1208 亿元，创造五年十倍的增长奇迹。老"华南五虎"，成功的如碧桂园和恒大已经度过快速成长期，牢牢坐稳王位。而"新华南五虎"正站在山头摩拳擦掌，也许能与其一搏的只有闽系房企了。

（二）闽系房企

闽系房企分为南派和北派，南派以厦门为根据地，代表有世茂、旭辉集团、中骏集团、禹洲地产、宝龙，以及厦门国资旗下的建发地产和国贸。北派以福州为根据地，代表有阳光城、泰禾集团、福晟及欧氏家族的正荣集团和融信集团。闽系房企的北派中，泰禾集团和福晟已经资金链断裂，阳光城、正荣集团和融信集团总部也已经搬到上海。当然，在总部搬到上海这件事上，闽系房企出奇地一致，世茂、旭辉集团、中骏集团、宝龙、禹洲地产统统将总部搬到上海，也许是上海方便融资和交流，也许是昭示全国布局的战略目的。不管怎样，对于债券投资人而言，这些房企来上海之后与投资者的交流确实更为顺畅了。闽系房企不仅仅喜欢将总部搬来上海，它们中的大多数也扎堆在同一个区域——虹桥机场边上的虹桥商务区。现在，在上海的债券投资者不用出差也可以和大量的房企交流。

无论是南派的世茂、旭辉集团、中骏集团，还是北派的阳光城、泰禾集团、正荣集团、融信集团，都成立于 20 世纪 80 年代末 90 年代初。1992 年，林中在厦门创办了旭辉集团的前身永升物业，开始进入房地产行业。2000年，当老大哥世茂在上海陆家嘴推出著名的世茂滨江花园并一战成名时，林中也将永生物业从厦门搬到上海，并将其改名为旭辉集团。自此，林中领着旭辉集团从福建走了出去，奠定了旭辉集团以上海为中心的全国化布局。然而，家底并不算厚的旭辉集团，想要快速进入一二线城市的房地产市场，除了与其他房企合作似乎没有更好的办法。于是，靠着合作项目做大销售规模，2012年香港敲钟上市时规模仅106亿元的旭辉集团，在2020年销售规模达到2310亿元，8年平均年化增长率达到47%。

2012年之前的闽系房企，除了老大哥世茂和旭辉集团，其他大多数业务重心还在福建内。2012年，阳光城创始人林腾蛟将总部搬到上海，立马挖来龙湖集团老将陈凯出任阳光城总裁。陈凯果然不负众望，只用了两年的时间就将阳光城的销售规模从23亿元提升至220亿元。2015年陈凯离开后，林腾蛟先后重用万科大佬张海民、碧桂园传奇双斌。阳光城在双斌的带领下，2020年销售规模已经突破2000亿元，将自己牢牢锁定在销售排名前二十名的位置。可见，阳光城的快速增长得益于林腾蛟对业界人才的重用。这也奠定了阳光城的企业文化，与其他民企地产创始人一言九鼎的模式不同，林腾蛟选择了充分信任和放权职业经理人。

2013年闽系房企开始了横扫全国的浪潮，闽系房企所到之处无人敢跟其抢地王，闽系房企进而收获了"地王收割机"称号。如图3-12所示，2012年之前销售排名上闽系地产除了世茂和旭辉集团，其他的基本查无此"司"；2013年之后，闽系地产开始崛起，销售规模直线上升，开始频繁霸占各类销售排名榜单。

说起闽系房企的崛起，绝对少不了莆田的欧氏三兄弟，两兄弟的房企在短短几年时间里都突破了千亿元的销售规模，成功跻身房地产销售排名前三十名。欧氏三兄弟中的大哥欧宗金的欧式投资集团20世纪70年代就成立了，虽然没有上市，公开披露的资料比较少，但规模和利润都不可小觑。在大哥的帮衬下，老二欧宗荣的正荣集团、老三欧宗洪的融信集团在2020年双双突破千亿元销售规模。早年老二欧宗荣一直在江西做包工头，1993年因为炸掉了一座自己建造的大桥在业界赢得可靠的好名声。1998年成立正荣集团后，欧宗洪才开始涉猎房地产业务。融信集团成立时间更晚，2003年才成立，让融信集团一战成名的是2016年以110亿元拍下上海静安的"地王"，当时这块地是我国土地成交史上最贵的。2014年以来，融信集团、正荣集团的平均年化增长率分别为45%、44%，稳居闽系房企前列。

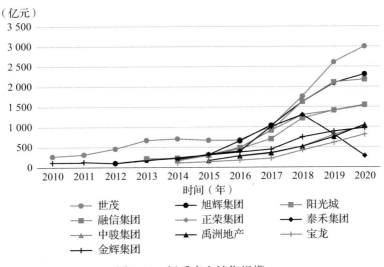

图3-12　闽系房企销售规模

资料来源：克而瑞，本书作者整理。

从结果来看，2010年房地产销售排名前30强中，闽系房企仅有一席，2020年前30强中已经有五席。要不是泰禾、福晟冲得太猛，没刹住车掉下了悬崖，在前30强中闽系房企估计还能多占两席。在2016年"房住不炒"的理念下，风口浪尖的闽系房企陆续想撕掉激进的标签，纷纷降低销售目标增速，减少拿地，降低净负债率。已经突围成功的闽系房企，现在想要的只是稳定住自己的地位。

(三) 其他系

粤系房企和闽系房企对我国房地产行业的影响颇深。除此之外，房企在区域上基本还可以大致分为央企系、川渝系、浙江系、河北系等。

央企系房企主要有保利、华润置地、远洋地产等，基本全国布局，融资成本比较低，且大部分没有那么激进。川渝系代表为龙湖集团、金科、蓝光发展。老大哥龙湖集团成名已久，低调实在杠杆低，为房企楷模，后起之秀金科和蓝光发展主要布局川渝，后生可畏。浙江系房企代表为绿城中国、滨江集团、中梁控股、祥生集团等，靠质量走江湖，绿城中国和滨江集团已经成为品质保障，中梁控股和祥生集团也是虎将。河北系房企代表华夏幸福和荣盛发展偏好产业园区发展模式。河北城投公司不多，部分原因是在产业园区发展模式下房企把城投公司的事情做了。最近华夏幸福的遭遇让市场重新思考房企的产业园区模式到底能不能成，这个问题的答案只有时间能告诉我们。

四、债券市场对房企的认可度

房企在债券市场上的融资成本最能体现债券市场对房企的认可度，债券估值收益率是房企融资成本的实时数据。收益率只是时点数，代表某一时刻债券市场对某发行人的态度，但事物总是在发展和变化，房企通过努力是可以改变信用排序的。很多优质房企在市场的认可中收益率逐年下行，也有些战略失误的房企逐渐被市场抛弃，甚至失去债券市场融资能力。图3-13中房企的信用债收益率主要参考2021年1月19日三年期中债估值，下面按照收益率曲线做了部分期限平滑调整。下面按照中债估值收益率（3年）及相应的信用利差大小，将房企划分为最认可、十分认可、比较认可、认可度有一定差异四个梯队。

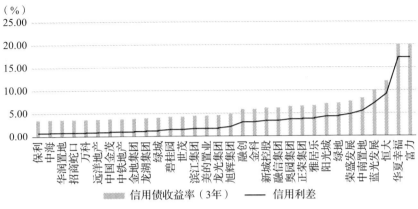

图 3-13 房企信用债收益率和信用利差

注：佳兆业和中梁控股在境内没有发债，因此没有数据。
资料来源：Wind，本书作者整理。

（一）最认可

债券市场最认可的五大金刚为保利、中海、华润置地、招商蛇口、万科。市场最认可的企业都具有以下特点：①除万科股东为深圳地铁外，其他房企均为央企，实际控制人为国务院国资委；②净负债率低，财务杠杆低；③企业历史悠久，经营稳定。

20世纪90年代就在房地产市场站稳脚跟的粤系房企如中海、招商蛇口，都是央企，这些央企房企融资成本低、债务负担轻。对于债券投资人而言，这几家的债券除了收益率太低外，基本没有其他缺点。万科作为行业标杆，即使在万宝之争沸沸扬扬之时也没有被疯狂砸盘，可见债券市场对万科偿付能力的认可程度是十分高的。保利、华润置地是全国布局、规模大、历史悠久、根正苗红的央企房企，信用利差和其他央企一样，属于市场最受认可的投资标的。

（二）十分认可

远洋地产、中国金茂、中铁地产、金地集团、龙湖集团、绿城是除了五大金刚外收益率最低的六家房企。现在的债券市场，即使是对信用风险比较厌恶的机构，五大金刚和以上这六家也基本都是能入投资库的。

远洋地产除了名字，已经和央企远洋集团没有什么关系了。2010 年，远洋地产原股东远洋集团和中化集团将股权卖给中国人寿，中国人寿成为远洋地产的第一大股东和实际控制人，远洋地产股东为中国人寿和安邦保险（安邦保险经过整顿后已经改名为大家保险）。房企与保险机构的股权合作不断增加，保险资金入局房企是因为保险的负债端期限比较长，要求匹配长期的资产端，而盈利较好的房企可以通过高分红成为与保险机构负债端匹配的资产。因此房企和保险机构一拍即合，除了远洋地产之外，生命人寿和安邦保险入股金地集团、平安入股碧桂园（以及华夏幸福）、泰康保险入股阳光城都是保险机构和房企合作的案例。远洋地产认可度相对高，主要是因为其是老牌港股上市公司，运营一直比较稳健，财务杠杆也较低。

中国金茂是央企中化集团旗下的港股上市公司，住宅地产布局主要在一二线城市，持有型物业金茂大厦和金茂酒店也具有一定的品牌优势，债券认可度较好，但由于债券余额很小，跟债券市场沟通也比较少。中铁地产是上市公司中国中铁下的房企，债务率相对高，但在央企中国中铁的牌子下，融资利率比较低。

2013 年之前，金地集团的大股东一直是深圳市福田投资发展公司——一家深圳国资全资控股的国企，2013 年集团以来生命人寿屡次举牌增持金地集团，最终在 2014 年 4 月累计持有股份占金地集团总股本的 24.82%，成为金地集团的大股东。至此，金地集团从国企变成了民企。不过，生命人寿成为第一大股东之后，至今金地集团董事会 16 个席位仅有 2 个席位属于保险机构。生命人寿和二股东安邦保险对于金地集团没有实际上的控制权，市场普遍认为两家保险机构都是财务投资人，而金地集团的实际控制人为其管理层。2020 年初，金地集团由于债券票面调整方面的问题引起债券市场的注意。事情的起因是,将要行权的"18金地03"债券募集说明书上已经明确发行人的行权权力是在原有票面利率的基础"提升"利率。但金地集团为了降低融资成本,在行权时将票面利率提升值设置为负值,也就是说金地集团不仅没有提升票面利率,反而降低了票面利率,实质上违反了募集说明书的条款。证监会、交易所等监管层随后约谈了金地集团,以及此债券的承销商中金公司,最终金地集团改正了之前降低票面利率的操作,维持"18金地03"之前的票面利率,最终债券投资人的利益得到了保护。

创始人吴亚军1995年在重庆成立龙湖集团,现在龙湖集团土地储备有80%左右聚集在一二线城市。债券市场上的龙湖集团以品质和稳健著称。与很多房企创始人十分享受在聚光灯下不同,吴亚军被比喻为"三不"人物——"不签名、不上镜、不接受采访"。作为众多民营房企努力对标的企业,低调、低杠杆的龙湖集团在债券市场的认可度一直比较高。

比起没什么故事的龙湖集团,绿城明显是个有故事的企业。在房地产历史上,有很多人说要赶超万科。特别是2010年,万科作为首个突破千亿元销售规模的房企的时候,不少人对王石放出要超过万科的宣言。10多年过去了,虽然碧桂园和恒大在销售规模上确实超过了万科,但从整体经营质量和项目品质上还是不如万科的,绿城的创始人宋卫平在房子的质量和口碑上却超过了万科。宋卫平时代的绿城追求品质的匠心成了绿城最珍贵的名片。对品质的追求让绿城获得了市场的赞誉,但也是过于追求品质导致绿城周转过慢,加上急于追求销售规模,最终,在逐步累积的巨大财务杠杆下,绿城陷入了严重的财务危机。2012年下半年,绿城开始出售股权和项目获得资金。2014年,宋卫平欲将绿城24%的股权转让给融创的孙宏斌,这笔交易最终因为两家房企理念不合而作废,绿城和融创的缘分就此结束。2015年,绿城引入央企中交集团作为其股东,此后绿城7名董事席位中5名来自中交集团。中交集团实际控制绿城，将绿城作为子公司纳入其合并报表。中交集团入股后，已经变身央企的绿城逐步降低财务杠杆，发行的债券重新获得了债券市场的认可。

（三）比较受认可的房企

从融资成本高低排序上看，碧桂园、世茂、滨江集团、美的置业、龙光集团和旭辉集团属于市场比较认可的房企。

碧桂园 2017 年打败恒大，成为销售排名的第一名。2018 年，碧桂园坐稳销售头牌的位置后开始降低销售增速目标，谋求高质量的增长。这几年碧桂园的净负债率不断降低，向债券市场兑现了其降低财务杠杆的承诺，碧桂园也逐渐获得债券市场的认可，债券收益率和信用利差逐年降低。

世茂作为闽系地产老大哥，从财务报表上看比较健康。作为老牌房企，世茂具有一定的品牌效应，主要布局一二线城市，土地储备质量比较好，财务杠杆比较低，债券市场对其债券也比较认可。从出道和成名的时间来看，旭辉集团应该算是闽系地产的老二哥。"三道红线"一道未踩的旭辉集团，至少从财务指标来看债券负担较小、财务杠杆较低，但市场对于其销售权益占比过低一直有意见和分歧，因此，它在信用利差上也一直追不上老大哥世茂。

滨江集团 90% 以上的货值在浙江，更明确地说 70% 的货值在杭州。滨江集团给市场的印象也是豪宅和质量优良，大部分房企想在杭州做项目，或多或少都会想要和滨江集团合作，杭州滨江这个企业也随着杭州这个城市在我国地位的上升而冉冉升起，这两年债券收益率也有比较大的下行，信用利差压缩到跟浙系老大哥绿城仅仅一步之遥。

作为"新华南五虎"之一的龙光集团，在深圳拿地比较积极，从近期深圳房价涨幅来看，其在深圳拿的地都是能赚钱的。龙光集团的土地储备大部分在大湾区，土地储备质量较好，加上财务杠杆较低，这一两年也逐步获得债券市场的认可，信用利差逐渐走低。美的置业比较受债券市场认可，主要是投资者对于"美的"这块金字招牌比较认可。美的集团这几年的经营成绩有目共睹。在美的集团的加持下，美的置业的融资成本一直比较低。对于房企来说，融资成本低基本就赢在起跑线上了。当然，美的置业自身财务比较稳健、土地储备质量（主要在大湾区）比较好，也是其受债券市场认可的重要原因。市场对于龙光集团和美的置业的认可，其实也是市场对于大湾区未来经济发展潜力的认可。经济发展潜力好，房价才有升值空间，只要大湾区的发展还能维持现有势头，债券市场对主要布局大湾区的房企的认可度就不会降低。

（四）认可度有一定差异的房企

除了以上三类，剩下的房企都归到认可度有一定差异梯队中。从图 3-13 上已经能看到，按照债券市场的认可度（信用利差）应该还能分好几梯队，本书本着给房企以进步空间的角度将其分为一梯队。首先，能发债的房企都是房企中的佼佼者。其次，列举的是销售排名前 30 名的企业，房企都是打败了市场上大部分竞争对手才爬到这个位置的。最后，每个没有国企背景的房企，债券市场对其的认可度都有一个提升的过程，不可能一到债券市场发债就期盼民企收益率能达到龙湖集团的水平。

由于每家债券机构都有自己对于投资标的的独特视角和投资框架，每家机构的房企投资库都不一样。这并不意味着谁比谁好，一切都是风险和收益的平衡。也正是由于市场对某个房企的信用资质存在分歧，债券投资者才可以获得更高的收益率。至少从投资结果来看，只要债券没有发生违约或者估值大幅度上调，这笔投资就是成功的。在实践中，央企或者国企背景的房企一般发债的收益率都比较低，也许是因为"国"字头企业一方面有一定程度的政府背书，另一方面行事作风一般比较规范，没有民企那么激进。

图 3-14 是按照销售规模排序的房企信用债收益率，从图上可以清楚地看到，现在的债券市场对房企的认可度与房企销售规模的排序并不一致。股东背景、资产质量、债务杠杆、企业风格等都是债券投资人考虑的因素。至于债券投资人是怎么考虑一个房企的信用资质的，这个问题将在下一章详细讲述。

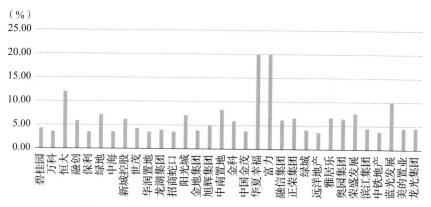

图 3-14 按照销售规模排序的房企信用债收益率

资料来源：克而瑞，本书作者整理。

第二节 单个地产债的投资方法

在了解房企的成长史后，本节将通过如表 3-5 所示的框架来选择具体的投资标的。为了方便初学者更好地了解分析框架中的内容，在正式阐述框架之前，先介绍房企的业务是怎么进行的，即项目运作流程，这对于理解地产债信用分析框架至关重要。然后再从公司运营与规模、资产质量、偿债能力三个方面描述地产债信用分析框架。

一、项目运作流程

房企就是盖房子卖给老百姓的，项目运作流程如图 3-15 所示，由土地获取、项目开工、施工建设、房产预售和竣工交付五个环节构成。

表 3-5　地产债信用分析框架

公司运营与规模	股东背景和公司风格
	管理能力
	商业模式
	盈利能力
	规模
资产质量	土地储备
	土地储备的分布
	项目安全边际
	去化较难的项目
偿债能力	债务构成（表内、表外、经营）
	"三道红线"
	资产覆盖倍数
	现金流覆盖倍数
	实际杠杆率
	融资成本和途径

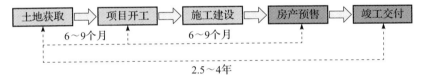

图 3-15　项目运作流程图

资料来源：中山证券投行部。

（一）土地获取

房企造房子先得买地，土地获取的方式一般有三种：招拍挂拿地、并购拿地、一二级联动拿地。

根据《土地法》及自然资源部相关部门的规章规定，经营性用地必须通过招标、拍卖或挂牌等方式向社会公开出让国有土地。招拍挂拿地是最普遍和最公平的拿地方式，政府将要出让的土地规划、招标条件发布招标公告，符合条件的竞买人在指定地点对指定事件进行公开竞价，价高者得。房企主流的拿地方式都是招拍挂拿地。土地摘牌后需要签订土地合同，然后办理《建设用地规划许可证》《国有土地使用证》，房企由此确认土地权属。

并购拿地是指通过并购其他企业或者其开发的项目完成土地的获取。新城控股由于流动性紧张卖出自己项目获得资金，其他房企买入控股项目，从而获得土地的拿地方式就叫作并购拿地。房企中比较喜欢喜欢并购拿地的企业如融创，一半左右的新增土地都是通过并购获得的。

一二级联动拿地即通过旧城改造、土地开发等方式参与一级土地的开发，最终获得土地。一二级联动既可以获得一级土地开发的收益，也可以以相对的低的成本获得土地。华夏幸福的拿地方式就是典型的一二级联动拿地，通过主导整体园区的建设获得相对便宜的土地。绿地近年积极通过参与地方基础设施建设的方式，降低土地成本，这也是一二级联动拿地。富力和佳兆业参与广州、深圳等城市的旧城改造项目，也属于一二级联动拿地。

（二）项目开工和施工建设

一般情况下，房企拿到土地后就会进行项目的规划设计、方案设计，并出具施工图纸，在拿到《项目工程规划许可证》《建设工程施工许可证》后进行施工建设。图3-15中虽然标注土地获取到项目开工需要6～9个月，项目开工到施工建设需要6～9个月，但现在各个房企为了加快项目周转，对于项目开工建立了标准化的流程，房企拿到地之后基本可以在1～2个月内进行项目开工和施工建设，为的就是使得项目尽快达到房产预售状态。

根据国家的政策，为了控制房企的杠杆，杜绝"空手套白狼"的行为，房企拿地时支付的资金是不能进行银行贷款的，理论上应该使用自有资金。对于一二线城市而言，由于土地价格较高，拿地成本占整个开发成本的比重很大。因此，土地拿在手上需要支付高额的利息成本，房企只有加快项目周转，将项目开工和施工建设的时间缩短，使得项目尽快达到房产预售状态，才可以尽快回笼资金，减少利息成本的支付。

（三）房产预售

项目达到预售状态后，可以拿到《商品房预售许可证》，然后开盘，开盘后卖掉房子就可以逐步实现资金回笼。每个城市对于项目达到预售状态的要求是不同的，一线城市一般比较严格，比如上海对于高层住宅要求封顶才会给房企预售许可证。一些三四线城市可能房子建到露出地面就能拿到预售许可证，对于这样的城市，很多高周转的房企从拿地到取得预售许可证只需要不到半年。

这里有两个常用的术语用于描述商品房销售情况：去化率和回款率。

$$去化率 = 销售套数 / 开盘总套数$$
$$回款率 = 实际收到现金 / 销售金额$$

通过了解去化率可以了解房企的销售情况。对于房企而言，房子卖不出去就要沉淀大量资金，不仅仅需要支付大量利息成本，而且房子卖不出去也可能让项目变成血本无归的烂尾楼。一般房子卖不出去的原因包括房子价格太高或者位置太偏僻没人肯购买，比如媒体报道的"鬼城"鄂尔多斯，就是房子造了卖不出去形成的。市场上全国布局的大中型房企去化率平均都能有70%。对于主要布局一二线城市的房企，去化率更高一点。

回款率用于描述销售房子的实际回款情况。现在房企为了比拼销售排名和实现业绩对赌，普遍存在夸大销售规模的做法，例如买房客和卖房中介只交了很少的定金就算认购房子，认购房子后整套房子的金额就可以算作销售规模，但这些中有一部分人最终是不会购买房子的。当然，由于银行贷款申请和放款都要时间，房企从房子销售出去到最终收到客户的钱有个时间差，这个时间差也会造成回款率的差异。对于地产债投资而言，需要了解的并不是销售了多少，而是房企实实在在能收到多少现金回款。因此，了解回款率能帮助投资人了解房企的财务情况。

（四）竣工交付

房子预售之后，房企就能逐步回笼资金，用买房客的资金建造房子，建造好并通过验收后将房子交付给买房客，买房客办理房屋权属登记及房产证，整个购房流程结束。

经常听到的烂尾楼一般有两种形成方式，方式一是房子没有卖出去，形成烂尾楼；方式二是房子卖出去形成的烂尾楼。实际情况中的烂尾楼大多数是后者。很多小房企在拿到买房客的买房款后没有好好盖楼，款项挪作他用，从而出现了烂尾楼。也就是说，房子在预售之后、竣工交付之前的 1～2 年甚至更长的时间里，风险都是买房客去承担。房子的预售款按照正常的流程是有银行监管，专款专用的，但实际由于各种原因银行会监管不到位，导致烂尾楼的产生。

对于债券投资人而言，了解项目流程是为了分析房企的信用资质。一般而言，项目开工建设之后可以向银行申请抵押贷款，贷款的期限开始于项目开工建设，结束于房屋竣工，在这期间项目资产都处于抵押状态。也就是说，房子虽然是很好的资产，但项目一旦开工，项目资产首先抵押给了银行，抵押权属人具有债务的优先分配权，其次是买房客，他们预付了款项，这是他们的房子。因此，债券投资人必须清醒地认识到，他们在对房企的债权中处于极其靠后的排序。房企报表里的存货、投资性房地产虽然都是房子和地，比较值钱且流动性比较好，但其中有一部分资产已经抵押给银行和信托公司，或者要交付给买房客，剩下的能分配给债券投资人的部分比想象中空间要小，债券投资人需要做的就是在这比较有限的空间里，将房企的信用资质区分开来。

二、公司运营与规模

(一) 股东背景和公司风格

1. 股东背景

股东背景在很大程度上决定了房企的融资成本，央企和地方国企的融资成本普遍要比民企地产低很多。图 3-16 是 2019 年部分公布融资成本的销售规模前 50 名房企的平均融资成本，民企的融资成本为 6.84%，显著高于央企（5.04%）和地方国企（5.49%）。民企平均融资成本比地方国企高 25%，比央企高 36%。在资本密集型行业的房地产行业，民企由于融资成本的关系，项目一开始利润率就要比国企低 1%～2%。由于选取的是销售规模前 50 名的房企，其中不乏龙湖集团、世茂、滨江集团等认可度较高、融资成本较低的民企，对于规模效应和名气都比较一般的其他民企而言，实际融资成本至少要比同规模国企高 4%。

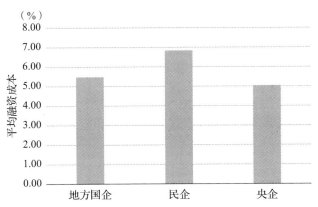

图 3-16　2019 年不同股东背景房企的平均融资成本

资料来源：Wind，本书作者整理。

2. 企业风格

前文介绍了很多优秀房企的成长史，一家房企的成长史决定了其基因。因此，对于恒大去做新能源汽车我并不觉得十分超预期，在创始人许家印的带领下，市场已经有恒大会有很多开拓和创新的预期。与此相反，我们很难想象龙湖集团会倾尽心思去做新能源汽车，吴亚军带领下的龙湖集团风格比较稳健，不太会出现过于跳跃的战略改变。民营房企创始人的行事风格在很大程度上决定了这家房企的未来和经营风险。对于债券投资人而言，对行事风格比较鲜明和高调的创始人及其公司是比较谨慎的。创始人任何新奇的想法和大张旗鼓的投资背后都可能是债务结构的恶化和经营风险的增加，这在股权投资人看来可能是好事，但债券投资人对这种风格的房企会更为谨慎。

公司风格是不容易改变的，如闽系房企近几年纷纷想撕掉高杠杆、拿地王的标签，但是在很多人眼里闽系地产的风格就是激进、猛干。闽系房企虽然用一年年好转的财务数据证明其经营在细化，杠杆在改善，但依然会被质疑是进行了报表美化，这就是公司风格被市场固化的表现，这些固化印象无疑也会影响债券投资人对房企的信用评估。

除了大股东（创始人）的风格会影响公司风格，房企的管理层也会影响公司风格。例如万科和金地集团股东对公司的影响和干涉都不是太多，公司发展方向和理念基本上由管理层决定。又例如阳光城的双斌、新城控股的万达元老等管理团队，在老板的授权下具体进行战略操盘和公司管理和经营。这些管理层的理念和方向也决定了公司的信用资质。

（二）管理能力

管理能力既包括宏观的拿地节奏、城市选择，也包括微观的操盘能力，包括周转速度、集中采购、项目定位、成本控制、项目宣传等。如果说过去房企靠囤地、加杠杆就能将规模做上去，将公司做大，那么从现在往后面看十年，房企想要在竞争中把公司做好，可能更多地需要靠管理能力。

1. 拿地节奏

过去十多年，房地产行业基本 3～4 年一个周期（见图 3-17），如果房企正好在房价比较高、地价也比较高的时点大量拿地，则拿地节奏较差，拿地成本较高。如果房企在房价和地价便宜的时候拿了比较多的低价地，则拿地节奏较好，拿地成本较低。把握拿地节奏听上去很简单，只要在房价低点多拿，在房价高点少拿就行，但其实不是那么回事。在事后去讨论这件事，多少有点站在"上帝视角"：由于拿地需要占用房企的大量资金，如果在房地产行业低迷期囤积大量的土地，且房地产行业持续低迷，市场行情越来越差，房企大量囤地，没有熬到房价回暖，可能手里囤积的土地就会砸在手里，导致公司破产。最好的拿地节奏是在房地产行业复苏初期，刚好在土地市场最低迷的时候买入土地，随后市场开始复苏。因此，把握拿地节奏很考验房企管理团队的眼光和市场判断能力。

2. 城市选择

有些房企选择全国布局，有些房企选择深耕某些区域，也有些房企选择主要在某个城市布局，这背后都是每个房企的战略选择。

全国布局一般是大型房企的选择，全国布局意味着雨露均沾，任何板块或者城市有机会都不会错过。有些房企则喜欢深耕某些区域，比如滨江集团就在浙江、杭州深耕，金科在西南区域深耕，龙光集团在大湾区深耕。碧桂园和新城控股借着棚改货币化的东风，在合适的时间里重仓三四线城市从而大获全胜，规模迅速上升，碧桂园拿下并坐稳销售规模冠军的位置，新城控股也将自己牢牢地锁定在前十名的位置。也有房企在不恰当的时机里下沉三四线城市被套牢，从此一蹶不振，深陷债务困境。

区域和城市的选择，其实就是在预估区域和城市的发展，长期看经济发展，短期看政策调控周期，在"一城一策"的调控基调下，每个城市都有自己的周期，是否能在合适的时间进入需要考研管理团队的管理能力。

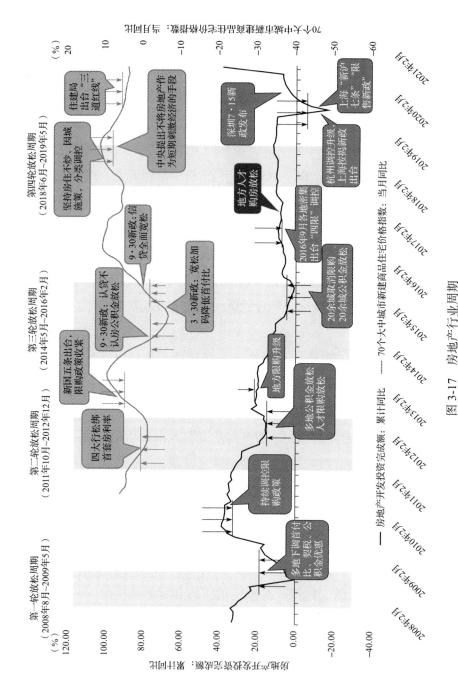

图3-17 房地产行业周期

资料来源:中山证券投行部。

3. 操盘能力

碧桂园和万科等大型房企对于项目管理都有一本厚厚的操作手册，操作手册流程之完备、内容之精细，让中小房企望尘莫及。有些房企的操作手册甚至精细到如何跟各方打交道，地还没拍到项目设计图就已经完成。特别是有"快周转之王"之称的碧桂园，对于三四线城市的项目，碧桂园要求必须拿地即开工，并坚持"456"原则，即4个月开盘、5个月资金流为正、6个月将回笼资金投入新的项目之中。这个速度相对于拿地后1年才开盘的公司，拿地资金的利息成本立马减少了一半。提高项目周转以节约资金成本、压缩冗余时间成为体现房企操盘能力的指标之一。

操盘能力还体现于对不同地块的设计和定位上，比如香港项目对房子朝向、通透程度等要求不高，但是如果在长三角区域将房子设计成不通透、密密麻麻的"筒子楼"，则销售和价格都会大打折扣。

对上下游资源的调配也体现房企的操盘能力，比如对上游的集中采购，之前很多房企对建筑物资、装修物资的购买都由项目公司单点采购完成，相对而言采购量较小而价格却较高。有些房企用总部采购和统一调配的模式替代项目公司单点购买的方式，节约了上游购买成本，提高了项目毛利润。又如小的房企把建筑施工外包给工程队，但某些大房企有自己的建筑施工队，一方面把建筑施工这块的利润也装到自己口袋，另一方面工程进度推进和问题沟通方面都更顺畅，节省时间和沟通成本。房企操盘能力可以在很多细节上体现，这些细节最后都是房企管理能力的体现。

（三）商业模式

从毛利率和净利润率这些盈利指标的高低确实能看出房企的盈利能力，但这些数值高低的背后原因更值得探究。除了上文说的管理能力、融资成本等原因，房企的商业模式也是盈利能力差别的重要原因。

比如万达、新城控股、世茂、宝龙等房企持有较多的商业地产，商业地产仅从项目上看，利润率是低于纯商业住宅的。部分房企做商业地产很多还是希望通过增加商业配套提升住宅的价格，还有部分房企做商业地产是期望商业地产升值或者租金能给公司带来稳定现金流。总之，如果市场朝着房企期望的样子走（住宅价格提升的部分能够弥补商业配套的投资，商业地产确实升值了，租金能够维持），则这种商业模式是行得通的，反之，商业模式行不通的结果就是亏损、债务危机或者破产。

比如粤系房企富力和佳兆业的旧改模式，好处是能够拿一些便宜的、优质的地，坏处是可能周转稍慢且拆迁需要囤积不少资金在项目上。至少从历史上看，旧改模式确实是成功的商业模式。

比如融创、恒大投资了大量的文旅项目，希望通过文旅项目带动周边住宅的销售，这个商业模式是否行得通只有时间能够证明。至少在现在看来，复星地产的文旅项目——三亚的亚特兰蒂斯项目，已经成功了。亚特兰蒂斯酒店带动了周边住宅的销售，且酒店本身现金流比较充足，项目投资的收益率十分可观。

现在看来，商业模式比较失败的是华夏幸福的园区模式，即通过开发新的园区、引进企业和人口，从而提升周边的地价和房价。与住宅模式的快周转不同，园区模式需要比较长的时间才能消化前期大量的园区建设成本。对于民企背景的华夏幸福而言，融资成本没有优势，大量囤积资金，机会成本过于高昂。这也是华夏幸福园区模式失败，陷入债务危机的主要原因。

对于债券投资人而言，快周转的住宅项目是房企最稳当的选择，其他商业模式是否能成功是不确定的。当然，如果有些商业模式本来就是行不通的，即使短期上看财务报表数字优异，债券投资人也需要慎重考虑。

（四）盈利能力

按照正常的财务分析模型，可以用毛利率和净利润率来衡量一个公司的盈利能力。如图3-18所示，2019年净利润率最高的三家是中海、金地集团和华润置地，净利润率分别为26%、24%、23%。毛利率最高的三家是金地集团、华润置地、首开股份，毛利率分别是41%、38%、38%。2019年净利润率最低的三家是绿地、绿城和中南置地，净利润率分别为5%、6%、6%。毛利率最低的三家是绿地、中南置地、中铁地产，毛利率分别是15%、17%、20%。

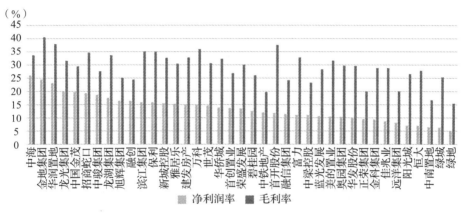

图3-18　2019年主要房企净利润率和毛利率

资料来源：Wind，本书作者整理。

与其他企业不同，房企的利息支出大部分都资本化了，跟着项目放在存货里。因此，房企的三费（管理费用、销售费用、财务费用）中的财务费用是一个比较难评估的项目。评估房企不能像其他企业一样，用财务费用去衡量融资成本和利息支出规模。财务费用的高低也会直接影响房企的盈利情况。

（五）规模

房企的规模指标一般包括销售、营业收入和总资产等。规模指标不仅仅是房地产行业内重视，业外也看重这个数据。银行会根据规模排名决定放款，如果是规模靠前的房企，银行授信的额度就比较大；如果规模排名比较靠后，很多银行可能根本不授信或者给的授信额度比较少。债券投资人也会认为规模大的房企能获得更多的资源、企业实力更强。这些因素无疑都会使得房企的融资渠道更多也更通畅，提升房企的信用资质。

1. 销售规模

本书前文列举了房企的销售排名，这个销售排名的全称叫全口径销售规模排名。由于销售排名是房企之间角力的重要部分，有房企为了排名虚报销售规模，销售排名的前20名相对公允，但20名之后特别是50名之后存在一定销售规模虚增的现象。很多房企为了全口径销售规模看起来好看一点，大幅度增加了项目合作的占比。项目合作对于房企来说确实是个双赢的选择，因为合作的双方都可以将销售金额算在自己的名下。如图3-19所示，无论对项目公司持股60%还是40%，无论是否并表项目公司，房企都可以将项目公司全部的销售金额算入自己的全口径销售规模里。

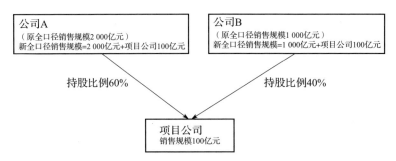

图3-19 公司A和公司B对项目公司销售的并表计算过程

为了避免全口径销售规模带来的误区，克而瑞等公司也公布房企的权益销售金额，所谓权益销售金额是每个项目公司销售规模乘以对应的持股比例得到的销售金额。如图3-20所示，项目公司的100亿元销售金额，加总到公司 A 的权益销售金额为 60 亿元，加总到公司 B 的权益销售金额为 40 亿元。权益销售金额避免了销售规模的重复相加，更能体现房企的实际销售规模。

债券投资人用销售权益占比（权益销售金额/全口径销售规模）来衡量房企销售和报表的水分。虽然有理由怀疑权益占比低的房企有夸大报表的嫌疑，但有些房企权益占比低也有可能是出于以下考虑：① 部分房企品牌效应较高，增加销售合作能最大化地输出品牌溢价。假设万科的楼盘可以比普通房企每平方米多卖 1 万元，其他房企就会以优惠的条件邀请万科入股项目并贴万科的牌子出售，从而增加楼盘的品牌溢价。于是万科的合作开发增多，权益占比降低。② 部分聚焦一二线城市，特别是一线城市房企，由于土地比较抢手且土地金额较大，各大房企会选择合作的方式拿地。一方面减少相互厮杀，大家都可以分一杯羹，实现利益共享、风险共担；另一方面合作也可以减少单个房企拿地的资金压力。除此之外，有些名气比较小的房企也可以通过与大房企合作，享受大房企的品牌溢价，跟大房企学习管理经营等。

2. 营业收入

房企在房子售出后，需要等房子竣工验收，交给买房客后才能将销售确认为营业收入。因此，对于销售增速较快的房企而言，营业收入一般只有其对外公布销售金额的一半，本年确认的营业收入一般是一两年前销售的项目贡献的。与其他规模指标一样，营业收入用于衡量房企收入的绝对量，从不同维度描述房企的规模。

3. 总资产

总资产也是衡量房企规模的一个指标。房企的总资产其实就是众多单个项目公司报表合并而来的，由于房企存在大量的项目合作，房企对部分项目公司并不是 100% 控股，只要有实际控制权（一般需要股权超过 50%，也有股权低于 50% 但实际控制的情况，具体需要看董事会席位等实际控制情况）就能合并项目公司报表，将项目公司所有资产算到自己报表上。因此，虽然总资产可作为衡量房企规模的指标，但是对于少数股东权益占比较高的房企，这个资产规模是要打折扣的。

三、资产质量

房企的核心资产是地和房子，也就是我们说的土地储备情况。要评估房企资产质量，首先要了解土地储备、货值等专业名词的内涵，然后再从不同维度去看房企的资产质量。

（一）土地储备情况

房企的地和房子分布在房地产会计科目的存货、投资性房地产、固定资产等科目里，其中存货科目是核心资产最大的装载科目，存货里的资产一般包括三类：待开发项目、在建项目、竣工项目。表3-6展示了某房企的土地储备情况，结合本节介绍的房企项目流程，可以将房企资产流转总结为如图3-20所示的土地储备状态。

表3-6 某房企的土地储备情况

	开发阶段	建筑面积（万平方米）	占比（%）
竣工项目	已预售未交付	310.20	1.46
	待售	208.72	0.98
在建项目	已获预售证（已预售）	7 765.19	36.44
	已获预售证（未预售）	1 297.57	6.09
	未获预售证	4 248.97	19.94
待开发项目	已摘牌未获施工证	7 477.44	35.09
	合计	21 308.09	100.00

注：表中数据为权益口径。
资料来源：中诚信国际整理。

通过图3-20可以清晰地看到繁杂专业术语下的土地储备到底是什么状态的土地。房企就像生产房子的流水线一样，按照图3-20的流程将土地一步步开发成房子。在资产负债表的存货项目中，一般将竣工验收之前的项目放在"存货–开发成本"里,将竣工之后的项目放在"存货–开发产品"里。

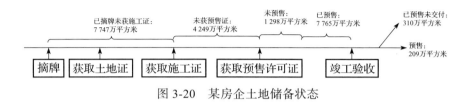

图 3-20　某房企土地储备状态

在说明如何评估房企资产质量之前必须了解项目的流转过程,否则很难搞清楚一些专有名词的定义。一般说的土地储备,是指房企拥有的未卖出项目的所有土地。房企土地储备情况包括房企拥有的土地面积、拿地均价、可售建筑面积、权益占比等所有数据,其中可售建筑面积等于土地面积乘以容积率。

如图 3-20 所示,房企的权益可售建筑面积是 13 294 万平方米(已摘牌未获施工证 7747 万平方米 + 未获预售证 4249 万平方米 + 未预售 1298 万平方米)。权益货值是指房企将存量土地盖成房子卖出去大概可以获得的销售金额,假设某房企销售均价为 1 万元 / 平方米,则这个房企的权益货值是 1.3 万亿元(1.33 亿平方米 × 1 万 / 平方米)。

假设这个房企 2019 年权益销售面积是 6000 万平方米,则这个房企的土地储备倍数是 2.22 倍(13 294 万平方米 /6000 万平方米),土地储备倍数能告诉投资人房企现有的土地足够让房企卖几年。土地储备太少,房企会被认为未来缺少可以推出的楼盘,从而产生现金流持续性问题;土地储备倍数太高,则项目有去化不掉的嫌疑。土地储备倍数太高也会大量占用房企资金,降低房企资金使用效率,增加利息支出。房企的土地储备倍数 3 ~ 5 倍是比较正常的。

(二)土地储备分布

土地储备分布的关注点包括土地储备所在城市圈、一二线城市占比,甚至对于单个城市的评估。

1. 土地储备所在城市圈

房地产行业城市圈包括长三角、珠三角（大湾区）、环渤海、成渝城市圈、中部城市圈等。如碧桂园、万科等大型房企全国都有布局，但也有一些房企布局上会特别重仓某些城市圈，如金科、蓝光发展主要布局成渝城市圈；绿城、新城控股等主要布局长三角；龙光集团、美的置业等主要布局珠三角（大湾区）。

重仓某个城市圈的房企实际上就是看好某个城市圈未来的发展。如果房企比较看好某个城市圈的发展，那么重仓这个城市圈则土地储备将有更大的升值空间，从而增加房企的偿付能力。相反，如果房企重仓的城市圈房价比较萎靡，发展势头较差，则手上的土地储备未来有贬值的可能，项目去化率也可能随之降低。对于过分重仓这类城市圈的房企，投资人会考虑降低其信用评级。

2. 一二线城市占比

一二城市、三四线城市土地储备分布情况是衡量房企资产质量的重要指标，重要到有很多房企被市场打上了"专注一二线"或者"专注三四线"的标签。比如碧桂园就被贴上主要开发三四线城市楼盘的标签，即使近几年其一二线城市的销售占比已经由不足10%提升到30%；融创的便签就是聚焦一二线城市，因为融创近年一二线城市的销售占比达到80%以上。

布局一二线城市或者三四线城市的商业逻辑也不一样，区别之一是由于很多一二线城市有房地产限购政策，一手房开盘就能在较短的时间内卖掉，去化率一般比较高，特别北上广核心地段，基本是"日光盘"或者需要摇号。这类楼盘对于房企来说没有销售的负担，只有利润率的负担。房企在一二线城市的楼盘无论是拿地和销售价格都比较透明——拿地价格是招拍挂竞标，销售价格是统一限价，房企更倾向是一个建筑商的角色。房企对于一二线城市项目利润率的要求要低很多，主流房企只要一二线城市的项目利润率达到8%～10%就会参与，而对于三四线城市的项目利润率一般要求高于15%。

对于债券投资人而言，倾向于认为一二线城市比三四线城市土地储备质量更好，因为一二线城市更有人口和产业的支撑。2016年，三四线城市开始了棚改的浪潮，碧桂园、新城控股等靠着棚改加速去化的利好，获得了布局三四线城市的红利。因此，房企布局什么类型的城市没有绝对的好坏之分，对于布局城市房价的趋势判断和风口的把握更为重要，毕竟对于企业而言利润最大化才是最重要的。

3. 对于单个城市的评估

在国家"一城一策"的房地产调控政策下，可以说每个城市都有自己的房地产周期和政策周期，房企未来也需要更为精细化地对单个城市的周期进行判断。判断单个城市的因素包括房价走势、城市人口流入情况、城市产业导入情况、城市房地产调控政策等。

如果一个城市的支柱产业在不断萎缩，人口也随之流出，则这个城市未来楼市的需求将比较弱，房价也得不到支撑，选择在这个城市拿地将有去化率较低的风险。如果一个城市房价已经不断创新高且政府打算出台调控政策，选择在这个房价高点拿地，最终可能因为土地成本太高而亏损。

（三）项目安全边际

衡量土地储备质量的有效方法是查看每个项目的安全边际。

衡量房企资产质量最好的方法是分别查看、计算每个项目的利润，将亏损或者明显不能盈利的项目找出。计算方法是查看每个项目公司的拿地成本、规划容积率，对比地块周边房价，大致算出每个项目的安全边际。每个项目安全边际的计算公式如下：

项目安全边际 =1-（楼面地价 + 建安成本）/ 周边（新房）房价

项目安全边际越高，房企的资产质量越好。这种衡量方式最大的意义在于识别房企有多少可能亏损的项目，这些项目是否会拖累房企的现金流或者变成烂尾楼。也有些房企的项目出现亏损是因为在不适宜的时点拿了很多高价地。在房价下跌后，房企发现拿地成本加上建安成本已经远高于项目周边新房的房价。有些房企虽然号称布局一二线城市，却因为屡屡拿地王而牺牲了自身的利润空间。

如表 3-7 所示，计算完毕房企的每个未出售项目之后，可以将土地储备分为亏损项目、微利项目、盈利项目三类。如果算上融资成本、营销成本、管理成本，安全边际为 10% 以下的微利项目基本不赚钱。一二线城市的安全边际在 10%～20%，三四线城市 30% 以上是安全边际的行业平均值。投资人需要重点关注亏损项目去化情况，如果亏损项目占比较高，可能拖累房企的整体现金流，投资人需要对此类房企持相对谨慎的态度。

表 3-7 某房企的项目安全边际

地址	楼面地价（元）	建安成本（元）	周边房价（元）	安全垫（%）	溢价率（%）	方式
惠州市惠城区鹿江沥南岸 LJL-47-19	7 279.32	4 000.00	14 000.00	19.43	25.16	招拍挂
惠州市惠城区鹿江沥南岸 LJL-47-21	7 974.04	4 000.00	14 000.00	14.47	36.73	招拍挂
惠州仲恺高新区惠环街道平南片区	2 440.92	4 000.00	11 000.00	41.45	—	招拍挂
稔山镇大埔屯居委革新、四民地段	2 250.03	4 000.00	9 000.00	30.56	—	招拍挂
稔山镇大埔屯居委革新、四民地段	2 112.38	4 000.00	9 000.00	32.08	—	招拍挂
惠州仲恺高新区惠环街道	2 114.37	4 000.00	11 000.00	44.41	—	招拍挂
惠州市惠城区马安中心区	6 974.66	4 000.00	13 000.00	15.58	2.08	招拍挂

（续）

地址	楼面地价（元）	建安成本（元）	周边房价（元）	安全垫（%）	溢价率（%）	方式
东江科技园东兴片区	3 214.86	4 000.00	8 500.00	15.12	24.33	招拍挂
博罗县龙溪街道龙岗村	2 799.09	4 000.00	8 000.00	15.01	22.60	招拍挂

资料来源：YY评级。

（四）去化较难的项目

在每个房企的报表中，或多或少都有一些较难去化的项目，它们像僵尸一样静静地躺在资产负债表里。较难去化的项目占用房企的资金、拖累现金流，虽然可以帮助房企降低债务率，但是无法在未来形成利润。项目去化较难的原因可以总结为下面几点。

1. 房企拿了高价地，导致项目没有利润，甚至房价和地价倒挂

拿高价地的原因可能是战略上进入新的城市只能先去抢地王，也可能是拿地节奏把握不好，在房价高点拿了地。拿地价格的相对高低可以大致用土地溢价率去衡量，如果土地溢价率高，相对而言土地市场比较火爆。在如图3-21所示的土地溢价率走势中，2016年的拿地价格是相对高的，2016年也是地王频出的年份。如果一个房企正好在2016年或者其他土地平均溢价率较高的时点拿地，那这家房企的拿地节奏就不大好。拿地节奏不好意味着拿地成本比竞争对手高，因此利润率自然也比竞争对手低。

2. 项目太偏僻，没有人愿意买

2015年之前，很多房企比较喜欢低价拿比较偏僻地段的大片土地慢慢地去开发，这种开发模式又被叫作"郊区大盘"。房企选择这种模式是因为拿地成本比较低，但这种开发模式成功的前提是预期房价和地价都会有比较大的上涨。在国家房住不炒、"三道红线"、贷款集中度控制等

调控基调下,这种"郊区大盘"慢开发的模式回款比较慢,周期比较长,是明显不占优势的。如果房价长期萎靡,房价涨幅还低于房企的资金成本,那么采用这种模式的房企会被套牢。如果查看房企去化困难的楼盘,会发现其中很多是这种地段偏僻的、没有消费者愿意去购买的楼盘。这些楼盘往往离市中心比较远,旁边生活配套不完善,更有的楼盘旁边都是光秃秃的荒地,基本不具备生活条件。

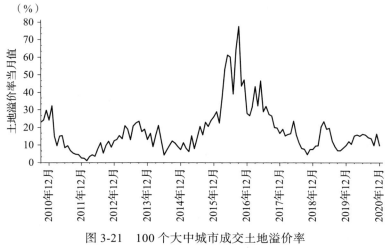

图3-21　100个大中城市成交土地溢价率

资料来源:Wind。

3. 项目本身做得不好,比如户型、项目定位等

有些房企由于产品做得不符合当地老百姓的喜好,房型设计、小区配套等均与市场需求不符合等原因,楼盘滞销。也有房企在三四线城市做豪宅项目,但三四线城市很难消化,供给和需求不匹配导致楼盘卖不出去。

4. 项目本身有纠纷,比如土地属性、产权问题等

有些房企以并购项目方式拿地,由于原项目有纠纷、小股东等问题不能解决,并购过来的地迟迟不能开发,只能放在账上占用资金。有些房企去新的城市开发楼盘,不了解当地情况,买了航空规划地、水源保护地、生态保护地等，这些地拿了都会有建设限制或者产权问题，从而导致不能开发。这些问题都会导致项目亏损。

投资人可以从存货中找出较难去化的项目，计算其金额及在存货中的占比，进而评估这些项目对房企资产质量的影响程度。

四、偿债能力

偿债能力是地产债信用分析框架中最重要的内容。下面首先介绍房企的债务构成（房企的债务构成形式多样），其次阐述监管层对房企的三个考核指标，即"三道红线"，最后列出几个有效衡量房企偿债能力的指标。

（一）债务构成

房企的债务主要分为表内债务、表外债务和经营债务。表内债务是指资产负债表内认定的有息债务；表外债务是指房企不在资产负债表内的债务；经营债务是指房企实际经营过程中通过经营占款产生或者调节的债务。房企的特殊性就在于房企的资产负债其实是由很多项目公司并表而来的，且其中存在大量的合作开发项目，因此，仅仅看表内的债务显然不能描述房企的债务情况。业内人士普遍也认同"房企的资产负债表只是房企想让你看到的那样而已"。为了描述房企债务的全景，如表3-8所示，本书将房企债务分为表内债务、表外债务和经营债务三类，每类债务都有几种实现形式。

表 3-8　房企债务构成

类别	形式
表内债务	债券
	银行贷款
	非标融资
表外债务	明股实债
	对外担保
	非并表项目债务
	永续债
经营债务	供应链 ABS
	其他应付款
	应付账款

1. 表内债务

所谓表内债务就是房企资产负债表里的有息债务，房企对外公布的有息债务规模口径就是表内债务。与其他企业一样，房企的表内债务包括债券、银行贷款、非标融资，下面将分别介绍这三类表内债务的详细情况。

（1）债券

表内的债券融资包括信用债和尾款ABS等，没有任何抵押。债券资金使用途径比较广泛，可以用于补充流动性、偿还到期债券和银行贷款等。

（2）银行贷款

银行贷款分为流贷和项目贷，一般房企的流贷占比比较少，大部分都是项目贷，项目贷由于有土地和房子做抵押，安全性较高，银行也比较喜欢这种项目。对于周转比较快、项目预售条件比较松的项目，由于项目贷审批时间比较长，等银行贷款还没审批完毕可能项目已经达到预售状态了，可能就不需要银行项目贷了。

（3）非标融资

非标融资是指信托融资和融资租赁等非标准化融资方式。非标融资的方式和使用更为灵活，部分非标融资也有资产抵押。非标融资是三种表内债务中融资成本最高的，债券投资人一般也认为房企的非标融资占比越高，则融资成本越高，融资途径更差。

表内有息债务体现在资产负债表的短期借款、长期借款、一年内到期的有息债务、其他流动负债（应付短期债券）、应付债券等科目里。投资人可以在这些科目里寻找并加总房企的表内有息债务。

2. 表外债务

所谓表外债务是房企由于合作开发等原因产生的不在资产负债表里的债务。前面说过合作开发是房企之间双赢的做法，房企由于业务需要，免不了会进行合作开发。合作开发是正常的业务需求，但也是一种调节报表、藏匿债务的途径，表外债务的表现形式包括少数股东权益里可能有的明股实债、对外担保、非并表项目债务、永续债等。下面将分别介绍表外业务的主要表现形式和识别方法。

（1）明股实债

举个例子来说明什么是明股实债。如图 3-22 所示，公司 A 和公司 B 合作开发项目，并成立项目公司 C。公司 A 是控股股东，并表项目公司 C；公司 B 是少数股东，不并表项目公司 C。公司 B 对项目公司 C 出资的 2 亿元计入公司 A 的少数股东权益。公司 A 与公司 B 约定，公司 B 对于项目公司 C 的投资收益为 10%，即无论项目公司 C 最终能获得多少收益，公司 B 能得到的收益都是固定的。我们将公司 A 这笔合作开发称为明股实债，意思就是名义上在合作开发中公司 B 进行了股权投资，对项目公司 C 的投资计入少数股东权益，但实际上公司 B 的投资只能获得固定 10% 的收益，公司 B 其实就是获得固定收益的债权投资人，并没有与公司 A 同股同权。

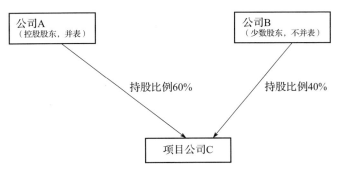

图 3-22　项目公司 C 股权结构

识别房企是不是明股实债的一般有两个方法。

方法一：是否同股同权

这个方法的理念是并表（控股）股东和少数股东一样享有对净利润的

分配权,少数股东在所有权益中占比应当和少数股东净利润分配占比大致相当。具体计算公式为:

$$\frac{少数股东损益}{少数股东权益} \approx \frac{归属于母公司所有者的净利润}{归属于母公司所有者权益}$$

以某房企为例,查看其资产负债表(见表3-9),将所有者权益分为两个部分:归属于母公司所有者权益(384.27亿元)、少数股东权益(235.08亿元)。

表3-9 某房企的所有者权益　　　　　　　　　　(单位:亿元)

	2019年12月31日	2018年12月31日	2017年12月31日
所有者权益(或股东权益):			
实收资本(或股本)	22.57	22.57	22.58
其他权益工具		10.00	
其中:优先股			
永续债		10.00	
资本公积金	26.78	26.39	26.20
减:库存股	3.00	2.12	1.5
其他综合收益	1.16	3.50	3.27
专项储备			
盈余公积金	10.48	5.09	0.68
一般风险准备			
未分配利润	326.28	239.50	155.04
外币报表折算差额			
未确认的投资损失			
股东权益差额(特殊报表科目)			
股权权益差额(合计平衡项目)			
归属于母公司所有者权益合计	**384.27**	304.93	206.24
少数股东权益	**235.08**	204.64	53.58
所有者权益合计	619.35	509.57	259.82

资料来源:Wind。

查看同一房企的利润表(见表3-10),将其净利润分为两个部分:归属于母公司所有者的净利润(126.54亿元)、少数股东损益(6.76亿元)。

按照上面公式进行计算,少数股东损益/少数股东权益=6.76亿元/

235.08亿元=2.88%，归属于母公司所有者的净利润/归属于母公司所有者权益=126.54亿元/384.27亿元=32.93%。按照项目同股同权的理念，少数股东应该和控股股东在权益分配上享有相同权益，但在这个例子中小股东的利润权益比只有不到3%，远远小于大股东利润权益比。两者之间比例相差过大，投资人有理由质疑该企业存在明股实债。

这个方法有个比较明显的缺点，由于房企的利润表结转的是1～2年前项目的利润，所以当年的利润和当年的所有者权益是不匹配的。改进的方法是用本年的利润对应之前年份的权益，有些人会选用$t-1$年和$t-2$年权益的加权平均值替换当年的权益。如果企业的少数股东权益占比每年变化都不大，则这个方法的准确性会更好。

表3-10　某房企利润表　　　　　　　　　（单位：亿元）

	2019年12月31日	2018年12月31日	2017年12月31日
加：营业外收入	2.57	1.72	0.38
减：营业外支出	0.92	0.48	0.27
其中：非流动资产处置净损失			
加：利润总额差额（特殊报表科目）			
利润总额差额（合计平衡项目）			
利润总额	178.13	157.67	83.71
减：所得税	44.83	35.58	21.10
加：未确认的投资损失			
净利润差额（特殊报表科目）			
净利润差额（合计平衡项目）			
净利润	133.30	122.09	62.60
持续经营净利润	133.30	122.09	62.60
终止经营净利润			
减：少数股东损益	6.76	17.18	2.31
归属于母公司所有者的净利润	126.54	104.91	60.29
加：其他综合收益	-2.34	0.54	3.37
综合收益总额	130.96	122.63	65.98
减：归属于少数股东的综合收益总额	6.76	17.18	2.44
归属于母公司普通股东综合收益总额	124.20	105.46	63.53

资料来源：Wind。

方法二：查看少数股东的持股机构

少数股东一般为信托公司或者金融类投资公司，参与的目的是获得较高的固定收益投资利率。投资人可以查询并表范围内的子公司的少数股东权益信息，如果项目公司的少数股东权益最终投资人为信托公司或者金融投资类公司，则说明这个项目公司的少数股东存在明股实债的可能。

举个例子，首先从募集说明书或者审计报告等公开资料上找出某房企并表范围内的项目公司名单，然后在 Wind 或者天眼查上输入并表项目公司名字。如图 3-23 所示，项目公司股东公司 A 和信托公司 B，持股分别为 51% 和 49%。为控股股东，将项目公司合并到报表中；信托公司 B 为少数股东，持股 49%。经过少数股东溯源，可以发现这个少数股东是信托公司，此类股东存在明股实债嫌疑。

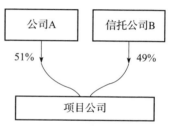

图 3-23　某项目公司的股权结构

将所有有明股实债嫌疑的项目加总到一起，通过注册资本和持股比例等数据，可以算出房企明股实债的比例和金额，将明股实债的金额从权益还原成负债。

（2）对外担保

按照会计准则，如果担保的项目公司是并表的，就不能算对外担保，因此，房企的对外担保一般都是对非并表项目公司的担保。下面举个例子来说明其中的关系。

按照房地产行业规矩，基本上对外担保都是同股权比例对外担保。如图 3-24 所示，同股权比例对外担保是指公司 A 对项目公司 C 的持股比例是 60%，如果项目公司 C 跟银行借款 2 亿元，银行需要项目公司 C 的股东进行担保，则持有项目公司 C 60% 股权的公司 A 需要担保的金额是

1.2亿元（2亿元×60%）；持有项目公司C40%股权的公司B需要担保的金额是0.8亿元（2亿元×40%）。公司A和公司B都对项目公司C进行了担保，公司A由于将项目公司C并表，对项目公司C的担保并不能算是对外担保，只有公司B对项目公司C的担保叫对外担保。

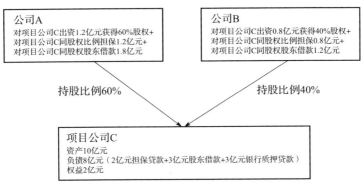

图3-24 项目公司C从股东获取资金的渠道

如果研究的是公司B的债务情况，则在公司B的报表上只能看到并表项目公司的债务情况，看不到非并表项目公司的债务情况。但从上面的例子我们至少能判断，对外担保金额越大，则公司B非并表项目公司债务规模越大。公司B仅权益对外担保金额就有0.8亿元，说明公司B非并表项目公司的权益负债肯定大于0.8亿元。因此，如果有家房企的对外担保金额（假设都是对项目公司的担保）是300亿元，说明这家房企非并表项目公司的权益负债肯定大于300亿元。如果这家房企的工作人员告诉投资人其表外负债金额小于300亿元，那么要么是这个房企的工作人员不了情况，要么就是房企没有说实话。

（3）非并表项目公司债务

房企是由很多个项目公司组成的，这些项目公司的所有销售金额就是全口径销售规模。这些项目公司实现控制（一般是持股比例大于50%）的就并表，没有实现控制的就不并表，最终形成了房企的资产负债表。

不并表的项目公司也要盖房子、融资，因此也会形成权益和债务。由于这些项目公司不并表，债券投资人很难分析，有点像一个黑匣子。投资人只能从报表的细枝末节去推敲非并表项目公司大致的债务情况。

从图 3-25 可以看到，对于公司 B 而言，项目公司 C 是很多非并表项目公司的集合，负债一般来自三块——股东担保贷款、股东借款、银行开发贷款。

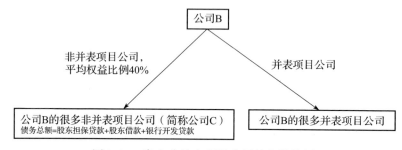

图 3-25　房企非并表项目公司债务结构图

1）项目公司 C 的股东担保贷款可以通过公司 B 的对外担保金额计算。在对外担保中，已经说过项目公司 C 的股东担保贷款金额，可以从公司 B 的对外担保金额中获得。公司 B 的对外担保金额基本上是非并表项目公司的权益股东担保借款。也就是说如果公司 B 对外担保金额是 50 亿元，对非并表项目公司的平均权益比例是 40%，那么可以大致估测公司 B 所有非并表项目公司的权益股东担保贷款至少有 125 亿元（50 亿元 /40%）。

2）项目公司 C 的股东借款可以在公司 B 资产负债表的其他应收款的明细里找到。如表 3-11 所示，款项性质为关联方往来款的，基本上都是公司 B 给非并表项目公司的股东借款。假设公司 B 的其他应收款里关联方往来款总计 120 亿元，且对非并表项目公司的平均权益比例是 40%，那么可以大致估测公司 B 所有非并表项目公司的股东借款大概是 300 亿元（120 亿元 /40%）。

表 3-11 某房企的其他应收款前五大情况

单位名称	是否关联方	余额（万元）	年限	款项性质	占比（%）
上海新湖房地产开发有限公司	是	305 000.00	1 年以内	关联方往来款	5.99
融创华北发展集团有限公司	是	288 640.02	1 年以内 11 166.77；1～2 年以内 176 282.53；2～3 年 101 190.72	关联方往来款	5.67
南京绿城置业有限公司	是	237 256.53	1 年以内	关联方往来款	4.66
沈阳全运村建设有限公司	是	199 163.94	1 年以内 163 062.13；1～2 年 21 818.14；3 年以上 14 283.67	关联方往来款	3.91
余姚绿城浙置业有限公司	是	165 100.94	1 年以内	关联方往来款	3.24
合计	—	1 195 161.43	—	—	23.48

资料来源：Wind。

3）项目公司 C 的银行开发贷款，是没办法从公司 B 的报表里获得的。因此，非并表项目公司的（权益）债务，至少不应低于公司 B 的对外担保金额和其他应收款里的股东借款之和。

（4）永续债

永续债，是发行人在债券市场注册发行的无固定期限，只有发行人有赎回权，债券持有人无赎回权的债券。现在市场上的永续债一般是 3＋N 年或者 5＋N 年。对于 3＋N 的永续债，3 年后如果发行人不赎回，则该债券票息在原票息的基础上调升 300 BP。发行人出于对融资成本的考虑，除非资金链比较紧张，否则一般会选择赎回。因此，永续债被企业当作调整债务结构的工具之一，而作为债券投资人，在分析发行人有息债务时，都应将永续债加到有息债务中。

如表 3-12 所示，永续债数据可以直接在 Wind 资产负债表里查询，可将永续债还原成有息债务，并同时扣减所有者权益。

表 3-12　房企的永续债　　　　（单位：亿元）

	2019 年 12 月 31 日	2018 年 12 月 31 日	2017 年 12 月 31 日
所有者权益（或股东权益）：			
实收资本（或股本）	20.00	20.00	20.00
其他权益工具	10.00	10.00	10.00
其中：优先股			
永续债	10.00	10.00	
资本公积金	0.42	0.27	0.14
减：库存股			
其他综合收益	−0.47	−0.15	0.43
专项储备			
盈余公积金	10.00	10.00	9.37
一般风险准备			
未分配利润	150.23	122.17	88.98
外币报表折算差额			
未确认的投资损失			
股东权益差额（特殊报表科目）			
股权权益差额（合计平衡项目）			
归属于母公司所有者权益合计	190.18	162.30	128.91
少数股东权益	179.54	115.97	83.98
所有者权益合计	369.72	278.26	212.90

资料来源：Wind。

3. 经营债务

所谓经营债务是指房企由于经营产生的债务，包括供应链 ABS、其他应付款、应付账款等。经营债务是由经营产生的，因此是有合理性的。但问题在于，很多房企为了让各种偿债指标都更好看，会在增加经营债务的同时减少有息债务。这样做的方式如下。

（1）供应链 ABS

通过供应链 ABS，把资金先给到供货商，增加应付账款金额的同时减少有息债务。

（2）其他应付款

多占用股东或者合作方的资金，在财务报表显示为其他应付款的增加，与此同时可以减少融资，从而达到减少有些债务的目的。

（3）应付账款

利用自己在供应链中的强大谈判能力，延长对供货商的付款周期，占用供货商的资金来达到降低有息债务的目的。还有一些房企，供应链上的公司是自己的非上市关联公司，可以通过调节、占用关联公司的款项，来美化自己的报表。

业内之所以认为房企的报表被美化得比较严重，是因为除了花式的合作开发和债务模式之外，房企还可以通过"体外代持"的方式持有项目。所谓"体外代持"是指在项目开发初期，由于需要大量的投入且不确定项目是否能盈利，为了不影响自身报表的美观，先由房企的高管或者实际控制人的亲戚等人持有项目，待项目成熟或者开始获利时再并入房企报表。这种"体外代持"的债务就更看不清了，所以债券投资人如果仅仅分析数据显然不能看清房企，还是需要多和房企及业内人士多交流。毕竟天下没有不漏风的墙，企业做过的事总会在业内留下痕迹。作为债券投资人，了解透彻以后再进行投资才能更好地控制信用风险。

基于上文讲解的房企的债务模式，可以分别列示出来做房企之间的横向对比并对有息债务做一定还原。由于明股实债和非并表项目公司的负债两个部分有很多主观猜测的成分，所以不宜公开披露分析结果，以免造成误会。但很多债券投资机构对房企，特别是有持仓的房企，都会大致按照上述方法仔细拆解房企的债务结构，形成内部资料，供投资决策参考。

（二）"三道红线"

2020年8月20日，住房和城乡建设部、中国人民银行在北京召开重点房企座谈会，银保监会、证监会、外汇局、交易商协会及部分房企负责人参加会议，会议提出了重点房企资金监测和融资管理规则。同年10

月14日，央行金融市场司副司长彭立峰在新闻发布会上确认了房地产融资新规，核心内容就是"三道红线"。"三道红线"实质是在监管和衡量房企的偿债能力，因此理所当然地成为信用评估中计算房企偿债能力的核心指标，其中现金短债比用于衡量房企对于短期债务的偿还能力；剔除预收款后的资产负债率用于衡量房企整体债务情况，可以规避房企通过增加经营负债的方式来减少有息债务规模；净负债率用于衡量房企的杠杆情况，净负债率越高，说明房企债务杠杆率越高。

监管按"三道红线"的触线情况，将房企分为红、橙、黄、绿四档。如图 3-26 所示，如果"三道红线"的三个指标都超标了，则房企被归入红档，红档房企每年的有息债务规模不得增加；如果"三道红线"中的两个指标超标了，则房企被归入橙档，橙档房企每年的有息债务规模增速不能超过 5%；如果"三道红线"中的只有一个指标超标了，则房企被归入黄档，黄档房企每年的有息债务规模增速不能超过 10%；如果"三道红线"的所有指标都没有超标，则房企被归入绿档，即使是绿档，房企每年的有息债务规模增速也不能超过 15%。

三个指标
- 剔除预收款后的资产负债率<70% 剔除预收款后的资产负债率=（总负债-预收账款）/（总资产-预收账款）
- 净负债率<100% 净负债率=（有息负债-货币资金）/净资产
- 现金短债比>1 现金短债比=现金及现金等价物/短期债务

四档指标
- 绿档：三个指标都达标，则有息债务规模增速不得超过15%
- 黄档：一个指标不达标，则有息债务规模增速不得超过10%
- 橙档：两个指标不达标，则有息债务规模增速不得超过5%
- 红档：三个指标均不达标，则有息债务规模不得增加

图 3-26 "三道红线"计算规则

资料来源：本书作者整理。

"三道红线"对房地产行业有着深远的影响，监管限制了房企有息债

务的增速，意味着之前房地产行业靠杠杆拉动规模，销售规模几年翻倍的野蛮生长时代结束了。"三道红线"列入监管范围的房企由最初的12家增加到21家，今后会视情况进一步扩大监管范围，列入监管范围的房企需要每月向监管报送负债情况。根据与房企的沟通，我了解到监管对于"三道红线"的填报范围和项目的要求都十分的专业和精细，填报的范围也远远不止"三道红线"的三个指标。可以说之前提到的房企各类债务都要求填写，房企各种花式举债基本都逃不出监管的眼睛。

由于不同档的房企，监管给予了不同的发展空间，因此，了解房企的偿债能力需要计算出每个房企的"三道红线"触及情况。表3-13中是根据2020年中期报告计算出的列入监管范围内各家房企的"三道红线"触及情况。监管给出3年的时间，要求试点房企3年内都要整改到绿档。特别对于红档房企，要求1年降低一个档次。

表3-13 主要房企"三道红线"触及情况

销售排名	公司名称	2020年中期			"三道红线"不达标个数
		剔除预收款后的资产负债率（%）	净负债率（%）	现金短债比	
1	碧桂园	82	58	1.9	1
2	万科	76	27	1.8	1
3	恒大	85	199	0.5	3
4	融创	82	149	0.9	3
5	保利地产	67	72	2.0	0
6	绿地控股	83	180	0.7	3
7	中海地产	54	33	3.3	0
8	新城控股	77	22	2.2	1
9	世茂集团	71	58	1.8	1
10	华润置地	60	46	1.5	0
11	龙湖集团	67	51	4.6	0
12	招商蛇口	59	37	1.0	1
13	阳光城	78	115	1.4	2
14	金地集团	70	74	1.2	0

（续）

销售排名	公司名称	2020年中期			"三道红线"不达标个数
		剔除预收款后的资产负债率（%）	净负债率（%）	现金短债比	
15	旭辉控股	74	63	2.4	1
16	中南建设	83	147	1.2	2
17	金科股份	74	125	1.0	2
18	中国金茂	67	79	0.8	1
20	华夏幸福	77	192	0.5	3
21	富力地产	78	177	0.5	3
23	正荣集团	77	71	2.1	1
24	绿城中国	74	66	1.8	1
25	远洋集团	71	65	2.0	1
26	雅居乐	73	73	1.2	1
27	奥园集团	81	80	1.5	1
29	佳兆业	75	130	1.3	2
30	荣盛发展	75	86	1.0	2
31	滨江集团	72	96	1.8	1
33	蓝光发展	71	106	0.8	3
35	龙光地产	75	68	2.2	1
37	首开股份	75	174	1.0	2
41	合景泰富	76	59	0.7	2
42	泰禾集团	82	278	0.1	3
44	中骏	76	68	1.2	1
46	时代中国	78	75	1.4	1
48	禹洲	80	64	1.9	1

资料来源：中信建投研究所地产团队。

根据2020年中期报告，处于红档的房企有恒大、融创、绿地等。"三道红线"都触及的房企有息债务规模增速不得增加，也就说发展只能靠内生利润和存量房子的去化。房企的债务需要靠发展去解决，如果发展被束缚住了，投资人往往会更加谨慎地看待这些房企的信用资质。如果房企"三条红线"都触及，实质上是监管部门在告诉市场，这些房企都是高杠杆、高债务率的，偿债能力相对其他档次的房企较弱。

虽然现在"三道红线"的监管范围仅仅限于21家房企，但不排除试点之后向全行业扩大。因此，投资人在做信用分析的时候，需要去考虑发债房企"三道红线"的触线情况及指标。对于不在监管范围内但"三道红线"都触及的房企，更应该小心对待，细致分析其偿债能力。

（三）资产覆盖倍数

资产覆盖倍数类似于城投公司分析中的有效资产/有息债务。对于房企而言，有效资产是现金、土地、未售出的房子、持有的物业。这个指标可以衡量房企核心资产对于债务的覆盖程度，实际上这个指标评估的是房企的家底是否足够偿还债务。

信用债投资人由于没有抵押权，在债务清偿顺序中处于较为靠后的位置。资产覆盖倍数如果小于1，意味着房企的核心资产不足以覆盖所有债务，如果房企出现经营风险，进行破产清算，那么处于靠后位置的信用债投资人有理由怀疑自己的债权是否能得到足额偿付。即使资产覆盖倍数大于1，由于核心资产的计算仅仅是会计意义上，而非实际意义上的，也不能断定房企一定有足够的偿付能力。所谓会计意义而非实际意义，是由于房企资产中可能有很多根本不能处理或者处理起来要打很多折扣，因此实际价值远远小于账面价值。因此，资产覆盖倍数作为风险排除指标或者相对排序指标，对于信用评估的意义更大一些。所谓风险排除指标，是指投资人应该对覆盖指标小于1的房企保持一定的警惕或者更仔细地分析。所谓相对排序指标，是指从发行人优劣排序上看，房企资产覆盖倍数越大则说明其长期偿债能力越好。

资产覆盖倍数具体的计算公式如下：

（现金类资产 + 存货 + 投资性房地产 - 预收款项）/ 有息债务

为了计算的简便，有息债务只包括表内债务。计算结果如图3-27所示，资产覆盖倍数最高的是招商蛇口、中海、龙湖集团，最差的三家是佳兆业、中南建设、融创。

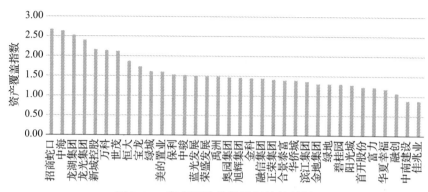

图 3-27　资产覆盖倍数指标计算结果

资料来源：中山证券投行部，本书作者整理。

（四）现金覆盖倍数

由于营业收入是 1～2 年之前销售确认的收入，不能反映当年的销售情况，而经营现金流入则可以用来衡量当年的销售情况。因此，我们用经营现金流入/有息债务来描述当年的现金流入覆盖有息债务的情况。

这个指标有点类似于从现金流角度计算房企的偿债能力。这个指标假设房企在不买地也没有外部融资的情况下，一年的现金流对于债务的覆盖情况。也有投资人用"经营现金流入/一年内需要偿还的有息债务"来衡量房企的短期偿债能力。如果这个指标大于 1，意味着在极端情况下，房企没有钱买地也不能获得外部现金流，光靠着一年的经营回款即可覆盖一年内到期的债务，这样的房企的短期偿债能力是比较强的。

债券投资人对一些发行主体进行短期评级和长期评级，在无法看清一个发行人长期的业务走势时，长期评级可能比较低，发行主体的长期债券不能进入投资库。但如果现金流足够充沛的话，发行主体的短期债券是可以进入投资库的。

权益销售金额/有息债务指标和经营现金流入/有息债务指标功能类

似，用来描述现金流对有息债务的覆盖。经营现金流入/有息债务指标虽然能更好地反应房企的销售回款情况，但容易受到财务报表调节的影响。因此，将权益销售金额/有息债务指标作为补充，能更为直观地了解房企现金流对债务的覆盖情况。

（五）实际杠杆率

由于房企的花式融资方式，投资人似乎很难去了解房企真实的杠杆率。在实践中，一般用权益货值/归属母公司所有者权益指标测算房企的实际杠杆率。

权益货值/归属母公司所有者权益指标主要用于了解房企的实际杠杆率。权益货值代表房企手里所有土地和房子的规模，归属母公司所有者权益是房企自己本身的出资额，因此这个指标就是用于描述房企用自己的资金撬动了多少货值。这个指标既不受应收、应付等经营债务的干扰，也不受合作项目调节报表的干扰。这个指标越高，代表房企的财务杠杆越高。

（六）融资成本和途径

1. 融资成本

房企的风险越大，市场会对其索取越高的风险溢价，因此，融资成本在很大程度上体现了市场对房企信用风险的判断。部分房企公告了2019年的平均融资成本，我们将其汇总（见图3-28）。平均融资成本最低的三家是中海、龙湖集团、华侨城，平均融资成本最高的三家是泰禾集团、荣盛发展、恒大。融资成本最高的泰禾集团已经于2020年7月发生实质性债券违约。

对于债券市场机构投资者而言，需要了解市场给房企低风险溢价或者高风险溢价的原因，在此基础上进行分析。如果机构投资者认为市场给某房企高风险溢价的原因是可以接受的，就会去进行投资。正如那句老话："没有无缘无故的爱和恨。"如果没有找到市场给出高风险溢价的原因就去投资，那这很有可能是笔风险很大的投资。

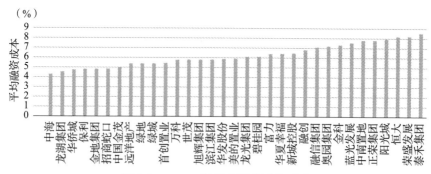

图 3-28　2019 年房企平均融资成本

资料来源：华西证券研究所。

2. 外部融资途径

房企的外部融资途径包括股权融资、银行融资、债券融资、非标融资。债券市场对于融资途径的差异及融资比例的大小均有独特的理解。图 3-29 列出了部分房企的总体有息债务规模及融资结构。

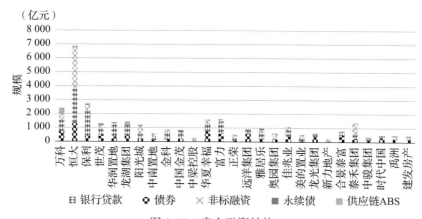

图 3-29　房企融资结构

资料来源：华西证券研究所，本书作者整理。

（1）股权融资

由于境内股市房企上市比较困难，急需资金的房企纷纷选择在港股上市，获取资金后投入境内的房地产事业。无论是 IPO、定增、引入战投都是房企用股权获取资金的方式。近年吸引人注意的股权融资是恒大为了借壳上市引入 1300 亿元战投的故事，令人唏嘘的股权争夺是万科和宝能的"万宝大战"。围绕房企股权可以做的事情很多。

（2）银行融资

银行对房企的融资仅能以开发贷形式存在，没有流贷。理论上开发贷需要房企以项目作为抵押，且银行应该按照项目工程进度给房企发放贷款。这种融资模式由于有抵押，对于银行而言是比较安全的，对于房企而言也是融资成本比较低的。

（3）债券融资

债券融资包括境内信用债、境外信用债和 ABS 等。境外信用债的发行环境比境内好，特别是对一些中低评级的房企，境内信用债市场由于风险偏好过分一致导致没有投资人愿意投资中低评级房企，但在境外房企可以通过多付出融资成本获得资金。

作为债券投资人，还是希望房企债券融资占比低一点，因为债市是个群体效应比较强的群体，一旦房企有任何负面消息，都可能遭遇债市投资人一致的用脚投票行为，可能会瞬间失去在债券市场的再融资能力，从而给自己的资金链带来巨大压力。

（4）非标融资

由于非标融资成本比较高，因此市场普遍认为非标融资占比高的房企融资通畅度较差。

第三节　探秘房企报表的独特之处

在前面两节中有部分关于会计科目的内容，为了方便读者理解，本节将梳理房企会计科目的内涵，重点突出房企会计科目的特色。

一、利润表

我国新房预售制度导致房企确认的收入和成本很多都是以往年度的销售形成的，一般房企需要将房子交给买房客才能确认销售收入，但实际上建造房子的钱早就收到了。债市投资人往往对预测未来比较感兴趣，因为我们要判断的是未来房企的偿付能力，因此，由过去销售所形成的利润表能给的信息量似乎并不大，比起利润表上的营业收入，投资人更关心房企的销售规模。因此，房企的毛利率、净利润率等描述盈利能力的指标更被债券市场投资人喜爱。

（一）标准利润表

表 3-14 是某房企标准利润表，选择这家房企主要是因为一方面这家房企的业务比较纯粹，基本就是住宅类业务，没有夹杂其他类型的业务，方便读者更清晰地了解房地产业务的利润表特点；另一方面这家房企没有在港股上市，不存在港股上市公司和内地发债主体由于合并项目子公司不一样，导致规模、口径都不一样的问题。

表 3-14　某房企标准利润表　　　　（单位：元）

项目	本期数	上年同期数
一、营业总收入	24 954 503 284.58	21 115 474 506.44
其中：营业收入	24 954 503 284.58	21 115 474 506.44
利息收入		
已赚保费		
手续费及佣金收入		
二、营业总成本	19 887 946 170.80	15 965 862 125.44
其中：营业成本	16 195 654 782.96	13 567 853 887.84
利息支出		
手续费及佣金支出		
退保金		
赔付支出净额		
提取保险合同准备金净额		
保单红利支出		

（续）

项目	本期数	上年同期数
分保费用		
税金及附加	1 838 867 897.18	1 124 542 019.18
销售费用	571 741 838.44	306 570 248.85
管理费用	380 765 840.22	309 791 881.13
研发费用		
财务费用	900 915 812.00	657 104 088.44
其中：利息费用	953 585 023.27	809 315 746.32
利息收入	70 099 172.52	145 742 693.56
加：其他收益	2 933 790.02	10 131 246.71
投资收益（损失以"-"号填列）	304 139 713.54	-105 425 782.99
其中：对联营企业和合营企业的投资收益	217 311 783.05	-23 354 369.78
以剩余成本计量的金融资产终止确认收益		
汇兑收益（损失以"-"号填列）		
净敞口套期收益（损失以"-"号填列）		
公允价值变动收益（损失以"-"号填列）	24 702 066.81	
信用减值损失（损失以"-"号填列）	20 559 226.50	
资产减值损失（损失以"-"号填列）		-807 959 090.50
资产处置收益（损失以"-"号填列）	-194 961.96	-204 875.56
三、营业利润（亏损以"-"号填列）	5 418 695 948.69	4 246 153 878.66
加：营业外收入	4 789 021.39	15 180 318.74
减：营业外支出	20 187 017.51	15 180 318.74
四、利润总额（亏损总额以"-"号填列）	5 403 298 952.57	4 241 490 243.51
减：所有税费用	1 430 263 542.10	1 089 275 408.24
五、净利润（净亏损以"-"号填列）	3 973 035 410.47	3 152 214 835.27
（一）按经营持续性分类：		
1.持续经营净利润（净亏损以"-"号填列）	3 973 035 410.47	3 152 214 835.27
2.终止经营净利润（净亏损以"-"号填列）		
（二）按所有权归属分类：		
1.归属于每公司所有者的净利润（净亏损以"-"号填列）	1 631 223 106.02	1 217 015 452.00
2.少数股东损益（净亏损以"-"号填列）	2 341 812 304.45	1 935 199 383.27

资料来源：Wind。

这张利润表能提供给我们的信息比较常规，主要有以下几点。

1）毛利率和净利润率。前文中将主要房企的毛利率和净利率做了对比。从该房企 35% 的毛利率和 16% 的净利润率中可以看出，这家房企盈利能力属于中等偏上的水平。

2）由于房企大部分的利息支出都资本化在存货里，因此，房企财务费用里的利息支出仅仅代表非资本化项目及维持日常经营借款的利息支出，并不能以此衡量房企的融资成本。

3）从投资收益中能看到该房企对联营企业和合营企业的投资收益，这个投资收益是由长期股权投资中对联合营企业的投资形成的，即房企的非并表项目公司的股权投资的投资收益。基于对联营企业和合营企业的投资收益 / 长期股权投资，可以得到房企作为少数股东权益的投资收益率。

4）净利润分为归属于母公司所有者的净利益和少数股东损益两部分，可以结合权益的金额计算房企是否存在明股实债。具体的方法上文已经介绍，这里不再赘述。

（二）营业收入明细表

1. 以住宅业务为主的房企

如表 3-15 所示，从某房企营业收入明细中可以看到主营业务收入基本都是住宅业务收入，说明这家房企的房地产业务比较纯正，其他业务收入占比很小。从表 3-15 中还可以计算主营业务收入的毛利率为 35%，这个毛利率水平是比较高的。实际上，对于大多数房企而言，纯住宅业务是往往是所有业务中毛利率最高的。

表 3-15　某房企营业收入明细　　　　　　（单位：元）

项目	本期数		上年同期数	
	收入	成本	收入	成本
主营业务收入	24 739 070 826.47	16 017 406 873.80	21 108 792 750.04	13 560 651 012.48
其他业务收入	215 432 458.11	178 247 909.16	6 681 756.40	7 202 875.36
合计	24 954 503 284.58	16 195 654 782.96	21 115 474 506.44	13 567 853 887.84

资料来源：Wind。

从表 3-16 的房地产销售项目情况中，可以看到该房企具体确认销售收入的项目。通过具体项目，可以进一步确认这家房企的业务都是纯住宅项目，没有商业地产项目。在表 3-16 的本期数和上年同期数的对比中，可以了解到项目的进度：如"江南之星项目"在 2019 年会计年度内全部进行了交付，因而确认了收入，"平湖万家花城项目"2018 年确认一部分收入，2019 年也确认了部分收入，说明这期项目是分两年交付给业主的。

表 3-16　房地产销售项目情况　　　　　　（单位：元）

项目	本期数	上年周期数
江南之星项目	6 751 358 977.51	
上海公园壹号项目	4 818 708 472.37	
义乌公园壹号项目	3 221 213 931.90	
湘湖壹号项目	2 858 363 972.95	733 994 088.99
平湖万家花城项目	1 959 332 398.70	1 751 402 272.51
东方悦府项目	1 689 085 727.52	
东方名府项目	1 017 814 531.97	
武林壹号项目	872 946 432.88	2 965 378 779.20

资料来源：Wind。

2. 住宅业务和商业地产业务齐头并进的房企

对于既有住宅业务又有商业地产业务的房企，可以在如表 3-17 的营业收入明细表里计算不同业务种类的毛利率。经过计算可以得到 2019 年这家房企的住宅销售毛利率为 34%，商业地产销售毛利率为 27%，住宅销售毛利率远高于商业地产销售。

房地产租赁、酒店服务业务毛利率较高，但首先需要持有商场、酒店等物业，持有物业就需要沉淀资金。沉淀资金意味着有沉没成本，这个沉没成本即房企负债端的融资成本。国内的商业物业租金回报率区间大概在 3%～8%，而民营房企的平均融资成本在 6%～10%，租金回报率覆盖平均融资成本都已经很困难了。这意味着如果不考虑房地产的升值,只是做物业租赁,这项生意基本上是亏本的,做得越多损失越大。再做更深入的推算,住宅业务的年化投资回报率在10%左右。商业物业每年的增值要在2%～7%,投资回报水平才能和住宅业务大致相同。但根据现在国内商业物业的情况,平均每年2%～7%的增速是达不到的。

表 3-17 兼顾住宅业务和商业地产业务房企的营业收入明细表

(单位:元)

产品名称	本期发生额		上期发生额	
	营业收入	营业成本	营业收入	营业成本
住宅销售	13 617 190 544.38	9 041 740 360.99	12 698 786 087.03	7 380 236 552.65
商业地产销售	6 376 928 806.03	4 631 104 427.80	6 582 591 760.04	3 723 177 565.11
房地产租赁	733 273 050.26	145 153 023.06	694 511 370.99	151 644 202.15
电影院业务			84 697.88	66 379.68
酒店服务业务	263 055 590.88	100 672 853.92	260 844 760.47	141 873 910.59
物业管理	432 971 431.52	2 915 764.54	342 033 852.03	6 634 805.64
其他	25 706 190.37	19 064 721.95	95 380 421.14	58 074 044.02
合计	21 449 125 613.4	13 940 651 152.2	20 674 232 949.5	11 461 707 459.8

资料来源:Wind。

(三) 多元经营的房企

多元经营的房企业务更多,需要对营业收入明细表做更为仔细的分析。至少综合毛利率、资本回报率等盈利指标来看,对于很多进行综合业务的房企而言,房地产业务确实是最赚钱的。某家多元经营房企的营业业务收入明细如表 3-18 所示,房地产及相关产业毛利率为 28%,建筑及相关产业毛利率为 4%,商品销售及相关产业仅为 3%。酒店及相关产业看上去毛利率比较高,但如果计算资本回报率,也很难说是赚钱的业务。

对于多元经营的房企,需要重点分析其非房业务对资金的占用情况及在整个行业的竞争力。如果非房业务利润并不是很丰厚,且业务之间各为其政,之间没有形成联动,那么需要考虑多元业务的必要性。多元经营房企最让人担心的是陷入"什么都做但什么都做不好"的魔咒,即我们应当考量每个业务在对应行业内的竞争优势。如果什么业务都做但每个业务在行业内的竞争优势都不明显,那么我们也需要怀疑这个房企的战略布局和管理能力。

表 3-18　多元经营房企的营业收入明细

项目	本期发生额(元)		毛利率(%)
	收入	成本	
房地产及相关产业	194 325 725 485.02	140 728 561 790.86	28
建筑及相关产业	188 486 110 659.10	180 355 622 896.82	4
商品销售及相关产业	47 275 455 111.37	45 632 145 962.17	3
能源及相关产业	13 195 239 391.15	12 916 998 137.78	2
汽车及相关产业	7 590 033 850.79	7 340 495 502.87	3
绿化及相关产业	1 045 784 597.18	835 992 363.14	20
物业及相关产业	790 412 854.08	626 133 735.76	21
酒店及相关产业	2 348 650 526.04	533 346 784.24	77
金融及相关产业	398 652 297.09	457 317 560.95	−15
租赁	1 324 561 977.44	1 932 602 489.86	−46
其他	3 245 943 563.77	2 410 521 650.34	26
小计	460 026 570 313.03	393 312 421 313.84	15
减:内部抵消数	36 473 420 453.19	34 125 545 060.98	6
合计	423 553 149 859.84	359 186 876 252.86	15

资料来源:Wind。

二、资产项目

债券投资人的关注点主要是房企的偿债能力,因此对于资产负债表的关注远大于利润表。说得更明确一点,研究房企的资产项目情况,实际上是关心房企哪些资产是值钱的,有多少家底是可以用来还债的。对于房企来说,最优质、最核心的资产是地和房子。下面将按照如表 3-19 所示的某房企资产负债表介绍房企的核心资产都藏在哪些会计科目里。

表 3-19 某房企资产负债表

(单位：元)

资产	期末数	上年年末数	负债和股东权益	期末数	上年年末数
流动资产：			流动负债：		
货币资金	12 016 836 631.89	7 189 594 764.85	短期借款	601 284 344.77	1 260 000 000.00
结算备付金			向中央银行借款		
拆出资金	1 700 000.00		拆入资金		
交易性金融资产			交易性金融负债		
以公允价值计量且其变动计入当期损益的金融资产			以公允价值计量且其变动计入当期损益的金融负债		
衍生金融资产			衍生金融负债		
应收票据			应付票据		
应收账款	461 242 839.73	306 769 937.76	应付账款	3 166 711 980.17	2 618 254 147.72
应收款项融资			预收款项	55 595 710 776.92	25 247 144 883.10
预付款项	49 544 212.81	39 107 500.00	合同负债		
应收保费			卖出回购金融资产款		
应收分保账款			吸收存款及同业存放		
应收分保合同准备金			代理买卖证券款		
其他应收款	18 319 124 833.84	15 430 242 903.07	代理承销证券款		
买入返售金融资产			应付职工薪酬	105 347 888.69	84 687 756.26
存货	84 493 545 149.42	53 513 659 535.12	应交税费	1 051 520 691.20	1 154 231 779.17
合同资产			其他应付款	14 460 015 421.09	12 203 711 081.77
持有待售资产			应付手续费及佣金		
一年内到期的非流动资产			应付分保账款		
其他流动资产	4 311 852 032.81	4 186 483 392.43	持有待售负债		

项目	金额	金额	项目	金额	金额
流动资产合计	119 653 845 700.50	80 665 858 033.23	一年内到期的非流动负债	7 423 532 683.15	2 319 900 000.00
			其他流动负债	2 739 692 082.05	2 064 850 875.23
			流动负债合计	85 143 815 868.04	46 952 780 523.25
			非流动负债:		
			保险合同准备金		
			长期借款	15 624 425 554.61	12 948 987 083.62
			应付债券	5 880 745 847.16	7 786 249 194.90
			其中: 优先股		
			永续债		
			租赁负债		
非流动资产:			长期应付款	554 570 402.92	549 845 147.76
发放贷款和垫款			长期应付职工薪酬		
债权投资			预计负债		
可供出售金融资产	2 404 443 937.18		递延所得税负债	9 650 073.17	
其他债权投资			其他非流动负债		
持有至到期投资			非流动负债合计	22 069 391 877.86	21 285 081 426.28
长期应收款	2 570 431 010.34	1 531 562 717.57	负债合计	107 213 207 745.90	68 237 861 949.53
长期股权投资	1 355 304 118.83		股东权益:		
其他权益工具投资	1 017 639 244.76		股本	3 111 443 890.00	3 111 443 890.00
其他非流动金融资产			其他权益工具		
投资性房地产	2 754 996 851.83	1 601 065 574.97	其中: 优先股		
固定资产	587 979 505.06	221 352 387.89	永续债		
在建工程	11 380.10	1 611 544.93			

（续）

资产	期末数	上年末数	负债和股东权益	期末数	上年末数
生产性生物资产			资本公积	2 198 246 507.41	2 308 691 894.85
油气资产			减：库存股		
使用权资产			其他综合收益	10 126 758.26	53 361 081.78
无形资产	151 260 167.31	139 854 126.27	专项储备		
开发支出			盈余公积	1 075 246 212.81	998 257 484.35
商誉	593 092.34	593 092.34	一般风险准备		
长期待摊费用	21 514 996.63	22 147 656.24	未分配利润	10 172 305 824.18	8 789 330 104.98
递延所得税资产	1 511 776 421.27	963 767 643.09	归属于母公司股东权益合计	16 567 369 192.66	15 261 084 455.96
其他非流动资产			少数股东权益	5 844 775 550.41	4 053 310 308.22
非流动资产合计	9 971 506 788.47	6 886 398 680.48	股东权益合计	22 412 144 743.07	19 314 394 764.18
资产总计	129 625 352 488.97	87 552 256 713.71	负债和股东权益总计	129 625 352 488.97	87 552 256 713.71

资料来源：Wind。

(一) 货币资金

货币资金和公司能动用的现金是两回事,债券投资人最近对这句话的理解尤为深刻:2021年初,某债券已经违约的房企在与机构投资者沟通时表示"公司资产负债表上虽然有300多亿元货币资金,但资金全部受限,可动用资金不足10亿元"。如表3-20所示,这家房企的2019年公开披露的信息上显示货币资金有430亿元,其中受限资金仅有18亿元。翻看该房企历年披露的货币资金受限情况,货币受限占比均比较小,可是到2020年底这些货币资金却突然全部受限了,也就是该房企常年受限货币资金占比为5%,这个比例突然变成了95%以上。

表3-20 某房企的受限资产明细情况

项目	期末账面价值(元)	受限原因
货币资金	1 818 530 328.72	农民工工资预储金、履约保证金等
存货	26 896 464 654.07	用于长短期借款及一年内到期的非流动负债抵押

资料来源:Wind。

正常情况下,资产负债表上的货币资金除了报表披露的受限部分,剩下的应该都能动用。但在债券投资人在经历康美、康得新等违约事件后,终于意识到企业的货币资金,特别是民企的货币资金的可信度极低。债券投资人在这一桩桩、一件件违约事件中逐渐学会以更谨慎的态度去看待企业的财务报表。财务报表毕竟只是一个过去时点的数据,如货币资金等流动性极强的资产的变动幅度可能比想象中更大。

(二) 应收账款、预付款项

房企的应收账款一般为应收的商品房售房款,房地产开发项目通常采用预售模式,因此应收账款金额相对较小。

预付款项金额比应收账款要大且实际意义更强,从表3-21某房企预付账款明细中,可以看到房企的预付款项一般为对国土资源部门预付的购地款。

表 3-21 某房企预付款项明细

单位名称	与本公司关系	账面金额（万元）	账龄	占比（%）
烟台市国土资源局	外部单位	327 835.10	1 年以内	27.96
重庆市国土资源和房屋管理局	外部单位	187 197.12	1 年以内	15.97
重庆市财政局	外部单位	73 373.22	1 年以内	6.26
重庆市璧山区国土资源和房屋管理局	外部单位	30 500.00	1 年以内	2.60
胶州市华润城片区征迁改造建设指挥部	外部单位	30 000.00	1 年以内	2.56
合计		648 905.44		55.35

资料来源：Wind。

（三）其他应收款

其他应收款是房企财务报表中比较复杂且需要重点关注的会计科目。房企其他应收款的形成一般有如下几个来源。

1）房企给非并表项目公司的股东借款，是房企其他应收款的重要形成原因。表 3-22 中投入合营联营及参股公司的股东借款即为该房企对非并表项目公司的借款，这个借款在 2019 年 12 月 31 日的余额为 108.85 亿元，投资人可以用这个金额推测房企的表外负债金额。

2）房企给少数股东的预分红款是其他应收款金额最大的形成来源。如表 3-22 所示，非关联方经营性项目即为房企给少数股东的预分红款，这个借款在 2019 年 12 月 31 日的余额为 569.61 亿元。部分房企的"销售金额权益比例"远大于其资产负债表中的"归属于母公司股东权益/股东权益"，是因为销售节奏和竣工结算节奏的差异，这种差异可以部分通过用少数股东权益减去预分红款进行解释。预分红款金额就是表 3-22 中非关联方经营性项目的金额。

3）招拍挂买入土地的过程中，房企由于参加招拍挂向市县国土部门缴纳的履约保证金。

表 3-22　某房企其他应收款

项目			2019年12月31日		2018年12月31日		2017年12月31日	
			余额（万元）	占比（%）	余额（万元）	占比（%）	余额（万元）	占比（%）
非关联方	经营性		5 696 132.53	83.96	3 844 641.79	77.82	3 265 848.01	83.46
关联方	经营性	投入合营联营及参股公司的股东借款	1 088 500.55	16.04	1 095 723.65	22.18	647 273.20	16.54
	非经营性	与其他关联方的往来款	—	—	—	—	—	—
合计			6 784 633.08	100.00	4 940 365.44	100.00	3 913 121.21	100.00

资料来源：Wind。

对非并表项目公司形成的股东借款可以用于评估房企表外债务。回顾本章第二节在介绍房企表外债务评估时，公司 B 对非并表项目公司 C 的股东借款 1.2 亿元，就记录在其他应收款（投入合营联营及参股公司的股东借款）里（见图 3-30）。

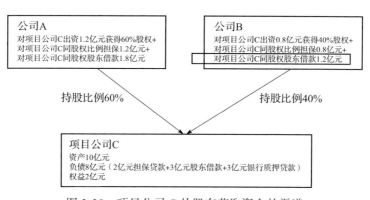

图 3-30　项目公司 C 从股东获取资金的渠道

（四）存货

存货是房企资产负债表中最重要的资产项目，房企大部分的家底都在这里。如表 3-23 所示，存货中主要项目是开发成本和开发产品，开发成本可以理解为未竣工结算的项目（包括土地和楼盘），开发产品一般是已经竣工结算的项目。

表 3-23 房企存货明细

项目	2020年3月末 余额（万元）	占比（%）	2019年末 余额（万元）	占比（%）	2018年末 余额（万元）	占比（%）	2017年末 余额（万元）	占比（%）
原材料	188.72	0.00	177.78	0.00	138.44	0	146.54	0.01
开发产品	674 301.82	7.27	572 472.64	6.78	221 405.09	4.14	313 672.08	12.99
开发成本	8 596 851.69	92.72	7 876 677.58	93.22	5 129 797.21	95.86	2 101 041.64	87
库存商品	27.09	0.00	26.52	0.00	25.21	0	32.54	0
低值易耗品	0.00	0.00	0.00	0.00	0	0	3.7	0
合计	9 271 369.32	100.00	8 449 354.51	100.00	5 351 365.95	100	2 414 896.50	100

资料来源：Wind。

开发成本包括：① 已购买未开发的土地；② 在建但未售出的项目；③ 已售出未交付的项目。

存货中的开发产品是个信息量比较大的科目，里面主要是已竣工未售出的项目。在预售制的房地产销售体系下，已竣工未售出可能的原因有：① 卖不出去，去化比较困难；② 由于违规或手续不全等原因未达到所在城市规定的竣工条件；③ 由于看好未来房价的上涨，开发商捂盘不肯出售。但不管是什么原因，竣工的产品没有出售总是占用房企资金的，开发产品在存货中占比高不是好的征兆。

除此之外，开发产品中可能会有一些有问题的楼盘。如表3-24的"佑康紫金府项目"，2016年5月竣工，2020年3月末还有存量，很有可能是卖不出去的尾盘。这种竣工时间离报表时间比较远的项目，及早就竣工但还有存量的项目，都值得投资人去仔细了解原因。本章第二节提到的较难去化的项目就可以从这里面找到一部分。当然，很多有纠纷的土地也属于较难去化的项目,这些项目需要在开发成本里寻找。

表 3-24 房企开发产品明细

项目	存量 2019 年 12 月末（万元）	存量 2020 年 3 月末（万元）	竣工时间
金色黎明二三期	237.40	237.40	2015 年 1 月 /2016 年 1 月
武林壹号住宅项目	11 275.42	15 069.80	2015 年 1 月 /2015 年 9 月 /2016 年 1 月 /2016 年 8 月 /2017 年 4 月 /2018 年 10 月
武林壹号写字楼项目	186 379.95	192 020.98	2019 年 12 月
湘湖壹号项目	110 465.90	95 907.90	2014 年 6 月分期竣工
千岛湖东方海岸项目	15 185.27	14 062.90	2016 年 5 月 /2016 年 6 月 /2017 年 4 月 /2018 年 1 月
佑康紫金府项目	21 412.84	21 430.07	2016 年 5 月
东方星城项目	254.15	254.15	2017 年 12 月
平湖万家花城项目	21 999.81	164 731.50	2016 年 11 月
华家池项目	6 288.79	1 563.36	2017 年 12 月
萧山东方海岸项目	1 501.38	2 282.59	2017 年 12 月
东方名府项目	5 244.63	4 659.56	2019 年 5 月
东方悦府项目	3 711.93	1 932.87	2019 年 9 月
义乌公园壹号项目	65 601.38	55 608.89	2019 年 6 月

资料来源：Wind。

（五）长期股权投资

长期股权投资主要为对合营企业、联营企业的投资,即房企对非并表项目公司的股权投资金额。如图 3-31 所示,公司 B 对非并表项目公司 C 的 0.8 亿元股权投资就计入长期股权投资。

（六）投资性房地产

投资性房地产主要是为用于出租而持有的商业物业。如果房企投资性房地产总资产比例较高（10% 以上）,说明这是一家以商业地产为主要发展战略的房企。如果需要计算房企商业地产的租金回报率,可以用利润表里的租金净收入除以投资性房地产里的商业物业投资金额。

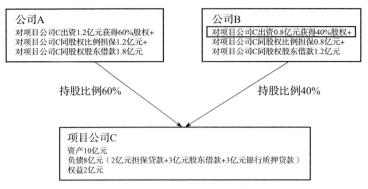

图 3-31　项目公司 C 从股东获取资金的渠道

三、负债与权益项目

查看房企的负债项目除了要了解房企的有息债务之外，还要了解"预收款项（合同负债）等房企特有的会计科目。

（一）应付账款

应付账款是房企应付上游的材料款和工程款等。房企可以通过延长对上游的付款期限，关键时点拖欠上下游款项等方式减少有息债务的绝对金额，对资产负债表进行调节。

（二）预收款项（合同负债）

预收款项（合同负债）是房企比较有特色的会计科目，在新房预售制的政策下，买房客需要先支付房款，待房子建成之后才能验收房子。房企在收了买房客的钱但还没有交付房子的期间，将收到的款项在负债端计入预收款项（合同负债），这个会计科目也代表了房企未来需要对买房客承担交付房产的义务。预收款项（合同负债）是房企负债中占比最大的科目，需要占到房企负债金额的一半以上。也正是因为这个会计科目的存在，使得房企的资产负债率普遍高于其他企业，其他企业资产负债率在 70% 以上即为比较高的水平，但房企的资产负债率普遍在

80%～90%。因此，"三道红线"之一的指标在计算资产负债率时，是将预收款项（合同负债）剔除之后计算的。

（三）其他应付款

上文说到资产端"其他应收款"中的拆借款是房企对非并表项目公司的股东借款。相对应的，其他应付款中的拆借款则是房企的少数股东给房企并表范围内的项目公司提供的借款，即房企应付的少数股东借款。如表3-25所示，其他应付款中2019年的拆借款金额为121亿元，绝大部分的其他应收款都源于房企应付的少数股东借款。

表3-25 其他应付款明细

项目	2020年3月末 余额（万元）	占比（%）	2019年末 余额（万元）	占比（%）	2018年末 余额（万元）	占比（%）	2017年末 余额（万元）	占比（%）
押金保证金	10 706.31	0.70	9 981.30	0.69	12 843.58	1.05	15 843.64	2.8
拆借款	1 242 527.02	81.32	1 208 599.55	83.58	1 059 575.92	86.82	445 672.81	78.82
应付暂收款	45 649.12	2.99	10 990.71	0.76	10 397.61	0.85	11 030.71	1.95
其他	229 044.73	14.99	216 429.98	14.97	108 206.53	8.87	2 000.00	0.35
合作意向金	—	—	—	—	—	—	90 856.33	16.07
应付利息	—	—	—	—	29 347.47	2.4	—	—
合计	1 527 927.18	100.00	1 446 001.54	100.00	1 220 371.11	100	565 403.48	100

资料来源：Wind。

（四）房企的有息债务

房企的有息债务包括短期借款、一年内到期的流动负债（短期应付债券）、长期借款、应付债券，把这些会计科目相加就可以得到房企的表内有息债务规模。

（五）所有者权益

所有者权益中投资人主要关心两个项目，一是永续债的金额，二是少数股东权益。如表 3-26 所示的所有者权益，永续债可以在其他权益工具中查看。出于谨慎原则，在进行房企财务分析时，将永续债金额计入有息债务金额，将永续债金额剔除房企所有者权益。

表 3-26　所有者权益　　　　（单位：亿元）

	2019年12月31日	2018年12月31日	2017年12月31日
所有者权益（或股东权益）：			
实收资本（或股本）	40.82	40.50	40.50
其他权益工具	50.00	50.00	40.00
其中：优先股			
永续债	50.00	50.00	40.00
资本公积金	38.89	35.75	35.49
减：库存股	1.44	0.19	
其他综合收益	7.59	7.96	7.15
专项储备			
盈余公积金	5.72	4.29	2.40
一般风险准备			
未分配利润	125.87	91.47	65.97
外币报表折算差额			
未确认的投资损失			
股东权益差额（特殊报表科目）			
股权权益差额（合计平衡项目）			
归属于母公司所有者权益合计	267.44	229.79	191.50
少数股东权益	241.54	180.51	114.19
所有者权益合计	508.99	410.30	305.70

资料来源：Wind。

由于房企存在大量合作开发，房企的财务报表是由很多项目公司并表而来的。因此，在分析房企的财务报表时，应该重点分析房企的少数股东权益。

一方面，如果少数股东权益占所有者权益的比例逐年提高，说明房企与其他房企的合作开发意愿增加，这可能是房企为了做大全口径销售规模，让资产规模看起来更庞大。如果房企有增加合作开发比例、做大资产规模的规划，债券投资人可以认为房企扩张的冲动较为强烈，可以结合房企的债务情况、未来发展计划等判定房企是否处于激进扩张状态。

另一方面，少数股东权益可以提供明股实债的少数股东信息。投资人可以在审计报告附注中找到房企的并表子公司并查询其少数股东，如果其少数股东是信托、券商等投资类的公司，则可怀疑其少数股东是明股实债主体。判定方法在本章第二节有比较详细的叙述，这里不再赘述。

四、现金流量表

现金流量表分为三个部分：经营活动现金流、投资活动现金流和筹资活动现金流。这三个现金流遵循一个公式，即三个现金流净额相加等于现金及其等价物增加额，这个关系也可以表示为下面的公式：

$$\text{经营活动现金流净额} + \text{投资活动现金流净额} + \text{筹资活动现金流净额} = \text{现金及其等价物增加额}$$

其中现金及其等价物增加额等于资产科目中的期末现金减去期初现金。

上述现金流量表的基本数量关系，有会计基础的朋友都应该了解。在这里简单回顾这个关系是为了说明房企的经营逃不开这个公式，房企的资金也是此消彼长的关系。① 如果想加大拿地力度，要么加速楼盘回款，增加经营现金流入；要么发挥自身强大的外部筹资能力，增加筹资现金净流入；要么用账上现金去拿地。② 如果外部筹资环境较差、房企融资困难，要么用现金偿还，减少存量现金；要么加速楼盘回款，减少拿地，增加经营现金净流入；要么变卖一些投资的房地产项目，增加投资现金净流入。总之，对于资金密集型的房地产行业，现金流的管控显得尤为重要。

(一)经营活动现金流

如表3-27所示,经营活动现金流量表里金额较大的项目是销售商品、提供劳务收到的现金,购买商品、接受劳务支付的现金,下面将分别介绍主要项目的形成来源。

表3-27 经营活动现金流量表 (单位:亿元)

	2019年 12月31日	2018年 12月31日	2017年 12月31日	2016年 12月31日
报告期	年报	年报	年报	年报
报表类型	合并报表	合并报表	合并报表	合并报表
经营活动产生的现金流量:				
销售商品、提供劳务收到的现金	427.32	220.25	199.16	218.62
收到的税费返还	1.88	0.58	0.02	0.02
收到其他与经营活动有关的现金	3.79	1.12	0.71	0.79
经营活动现金流入(金融类)				
经营活动现金流入差额(特殊报表科目)				
经营活动现金流入差额(合计平衡项目)				
经营活动现金流入小计	432.98	221.95	199.88	219.43
购买商品、接受劳务支付的现金	347.57	324.27	119.05	51.50
支付给职工以及为职工支付的现金	4.30	3.12	3.17	4.04
支付的各项税费	48.29	28.08	25.16	28.19
支付其他与经营活动有关的现金	6.61	5.88	18.21	4.38
经营活动现金流出(金融类)				
经营活动现金流出差额(特殊报表科目)				
经营活动现金流出差额(合计平衡项目)				
经营活动现金流出小计	406.77	361.35	165.58	88.12
经营活动产生的现金流量净额差额(合计平衡项目)				
经营活动产生的现金流量净额	26.21	−139.40	34.30	131.31

资料来源:Wind。

1.销售商品、提供劳务收到的现金

销售商品、提供劳务收到的现金源于房企当期销售房产的回款金额。这句话里有两个关键词。第一,"当期":房企营业收入反映的是一两年前的销售金额，不能反映当期的销售金额。销售商品、提供劳务收到的现金更贴近当期销售金额。第二，"收到的现金"：房企公布的销售金额由于没有审计，可信性是存疑的，但审计报告里提供的销售商品、提供劳务收到的现金是经过审计的，公信性相对更好，且"收到的现金"是实打实的现金，比销售金额更能说明房企实现销售情况。

通常这个项目的金额较大，说明房企当年推盘金额较大，回款较好。

2. 购买商品、接受劳务支付的现金

购买商品、接受劳务支付的现金源于房企买地支付的现金、各项建安成本的现金流出。由于房企要交付楼盘，建安成本比较刚性。相对于而言，买地支出更为灵活，房企可以根据当年的财务情况确定，有钱就可以多拿点地，没钱就少拿点。如果购买商品、接受劳务支付的现金一下子变得很大，一般是房企在今年买了很多地，或者是之前年度销售金额比较大，导致今年的建安成本现金流出增多。值得注意的是，也有部分房企将买地支出放在投资活动现金流里，分析时应注意查看明细。

3. 经营活动产生的现金流量净额

房企的经营活动产生的现金流量净额相较于普通工商业经营企业波动更大，主要原因是推盘和拿地节奏有一定的错位。如果某一年推盘比较多，则经营现金流入增加，这一年的经营现金净额增加；如果某一年拿地比较多，则经营现金流出增加，这一年的经营现金净额减少。

（二）投资活动现金流

投资活动现金流一般源于：① 对于非并表项目公司的投资（并购）和收回（即长期股权投资）；② 由于合作开发，房企对非并表子公司及其关联方形成的借款；③ 与其他企业一样，进行固定资产、金融资产投资和收回。

值得注意的是，对于非并表子公司及其关联方形成的借款，有些房企放在经营活动现金流里（具体是收到或支付其他与经营活动相关的现金），有些房企放在投资活动现金流里（具体是收到或支付其他与投资活动相关的现金）。投资人在做现金流分析时，应当将其他会计科目的现金流进行还原，统一口径后再进行计算和对比。

如表 3-28 所示，该房企将非并表子公司及其关联方形成的借款放在投资活动现金流里。2019 年"收到其他与投资活动相关的现金"金额为 78.74 亿元，是房企对"非并表子公司及其关联方"当期回收的借款金额。"支付其他与投资活动相关的现金"金额为 90.62 亿元，是房企对"非并表子公司及其关联方"当期投放的借款金额。

表 3-28 投资活动现金流量表　　　　（单位：亿元）

	2019 年 12 月 31 日	2018 年 12 月 31 日	2017 年 12 月 31 日	2016 年 12 月 31 日
投资活动产生的现金流量：				
收回投资收到的现金	5.53	8.92	430.56	7.40
取得投资收益收到的现金	1.12	0.37	1.40	1.09
处置固定资产、无形资产和其他长期资产收回的现金净额	0.00	0.00	0.00	0.00
处置子公司及其他营业单位收到的现金净额			2.00	1.18
收到其他与投资活动有关的现金	78.74	25.49	29.16	3.93
投资活动现金流入差额（特殊报表科目）				
投资活动现金流入差额（合计平衡项目）				
投资活动现金流入小计	85.40	34.78	463.13	13.59
购建固定资产、无形资产和其他长期资产支付的现金	0.28	0.27	0.58	0.37
投资支付的现金	4.30	19.11	447.14	46.86
取得子公司及其他营业单位支付的现金净额		-5.72	3.72	-7.68
支付其他与投资活动有关的现金	90.62	95.54	51.48	54.72
投资活动现金流出差额（特殊报表科目）				
投资活动现金流出差额（合计平衡项目）				
投资活动现金流出小计	95.20	109.20	502.91	94.27
投资活动产生的现金流量净额差额（合计平衡项目）				
投资活动产生的现金流量净额	-9.80	-74.42	-39.78	-80.68

资料来源：Wind。

(三) 筹资活动现金流

筹资活动现金流的主要来源为：① 借款或者还款产生的现金流；② 通过合作开发，取得少数股东的借款。少数股东一般按照持股比例对非并表子公司进行股东借款，房企可以通过其他应付款占用少数股东的资金，从而减少有息债务的规模。

如表 3-29 所示，该房企 2019 年收到其他与筹资活动相关的现金为 86.45 亿元，是当期取得的少数股东的借款金额；支付其他与投资活动相关的现金为 83.17 亿元，是当期偿还少数股东的借款金额。

表 3-29　筹资活动现金流量表　　　　　　　　（单位：亿元）

	2019 年 12 月 31 日	2018 年 12 月 31 日	2017 年 12 月 31 日	2016 年 12 月 31 日
筹资活动产生的现金流量：				
吸收投资收到的现金	5.06	8.29	0.68	27.63
其中：子公司吸收少数股东投资收到的现金	5.06	8.29	0.68	0.38
取得借款收到的现金	160.77	198.97	29.70	25.20
收到其他与筹资活动有关的现金	86.45	66.80	37.36	1.67
发行债券收到的现金		39.80	35.20	21.00
筹资活动现金流入差额（特殊报表科目）				
筹资活动现金流入差额（合计平衡项目）				
筹资活动现金流入小计	252.27	313.86	102.94	75.50
偿还债务支付的现金	117.17	78.16	47.68	39.54
分配股利、利润或偿付利息支付的现金	20.14	17.76	11.68	4.82
其中：子公司支付给少数股东的股利、利润	3.26	5.46	7.00	
支付其他与筹资活动有关的现金	83.17	28.47	31.55	28.14
筹资活动现金流出差额（特殊报表科目）				
筹资活动现金流出差额（合计平衡项目）				
筹资活动现金流出小计	220.48	124.39	90.91	72.50
筹资活动产生的现金流量净额差额（合计平衡项目）				
筹资活动产生的现金流量净额	31.79	189.47	12.02	3.00

资料来源：Wind。

第四节　用量化工具一眼看懂地产债

量化工具作为量化指标可以辅助投资人做出更为客观的评估，但最终做出决策还需要考虑企业风格、管理能力等很多定性的因素，仅靠得分对房企进行评级是不可取的。

按照本章第二节所提到的地产债信用分析框架，将相关指标放入表3-30的量化工具并赋予分值。首先，将量化指标大类分为规模与营运能力、资产质量、偿债能力，并赋予大类分值，大类分值合计为100分。在这个量化工具中，偿债能力被赋予更高的分值，说明在债券投资中应更为看中偿债能力指标。其次，列出每个指标大类下的打分指标并给其赋予分值，这些打分指标的内涵和数值在本章第二节中均有详细说明，打分指标的分值合计为100分。最后，根据每个公司的情况，填写得分比率，将得分加总得到量化工具最终得分。

表3-30　房地产企业量化工具

指标大类	大类分值	打分指标	总分值	得分比率	得分（总分值×得分比率）
规模与营运能力	15	销售金额	5		
		权益占比	2		
		总资产	2		
		营业收入	2		
		毛利率	2		
		净利润率	2		
资产质量	30	一二线城市占比	6		
		土地储备倍数	4		
		较难去化的存货占比	8		
		项目安全边际	8		
		去化率	2		
		回款率	2		

(续)

指标大类	大类分值	打分指标	总分值	得分比率	得分（总分值 × 得分比率）
偿债能力	55	净负债率	10		
		现金短债比	8		
		真实负债率	8		
		（现金类资产 + 存货 + 投资性房地产 – 预收款项）/ 全部有息债务	8		
		经营流入现金流 / 有息债务	2		
		债务	3		
		权益货值 / 归属于母公司所有者权益	8		
		非标占比	3		
		债券占比	2		
		综合融资成本	3		

一、规模与营运能力指标打分原则

规模与营运能力分为销售金额（权益占比）、总资产、营业收入等规模指标，以及毛利率、净利润率等营运能力指标。

（一）规模指标

权益占比、总资产、营业收入是从不同维度描述房企规模的指标（见表3-31）。权益占比用于说明销售金额中按照股权占比归属于房企的比例，这个比率越高，说明销售金额含金量越高。

表 3-31　房企规模指标得分比率

销售金额（亿元）	权益占比（亿元）	总资产（亿元）	营业收入（亿元）	得分比率（%）
≥ 5 000	> 80%	≥ 7 000	≥ 2 000	100
[3 000, 5 000)	[70%, 80%)	[4 000, 7 000)	[800, 2 000)	75
[1 000, 3 000)	[60%, 70%)	[2 000, 4 000)	[500, 800)	25
< 1 000	< 60%	< 2 000	< 500	0

例如万科 2019 年销售金额为 6300 亿元，权益占比 65%，总资产 1.73 万亿，营业收入 3679 亿元。按照表 3-31 取数，得分比率分别为 100%、25%、100%、100%，则四个规模指标总得分为 9.5 分（= 5 × 100% + 2 × 25% + 2 × 100% + 2 × 100%）。

（二）营运能力指标

营运能力指标主要包括毛利率、净利润率。可以按照表 3-32 进行取值。

表 3-32　营运能力指标得分比率

毛利率（%）	净利润率（%）	得分比率（%）
≥ 30	≥ 15	100
[25, 30)	[10, 15)	50
< 25	< 10	0

比如碧桂园 2019 年毛利率和净利润率分别为 26% 和 13%，则碧桂园毛利率、净利润率的得分比率分别为 50%、50%。

二、资产质量指标打分原则

（一）一二线城市占比

表 3-33 为主要房企地储情况的统计，可以比较清楚地看到房企的土地储备情况。在计算指标时，一线城市占比得分比率为 100%，二线城市占比得分比率为 50%，三、四线城市占比得分比率为 0%。按照这个打分原则，万科的得分比率为 41.5%（= 4% × 100% + 75% × 50%），一二线城市占比得分为 2.49 分（= 6 × 41.5%）。

表 3-33　主要房企土地储备情况

排名	主体	主体拿地区域 Top1	2019 年			2018 年		
			一线	二线	其他	一线	二线	其他
2	万科	华东	4%	75%	21%	2%	71%	27%
4	融创	华东	4%	79%	17%			

（续）

排名	主体	主体拿地区域 Top1	2019年			2018年		
			一线	二线	其他	一线	二线	其他
5	保利	华南	7%	53%	40%			
8	新城控股	华东	1%	45%	54%	0%	51%	49%
9	世茂	华东	6%	40%	55%	2%	55%	42%
11	绿城中国	华东	3%	80%	18%	6%	75%	19%
12	龙湖集团	华东	7%	77%	17%	1%	95%	5%
13	金地集团	华东	1%	80%	19%	9%	71%	20%
14	阳光城	华东	2%	49%	49%	4%	59%	37%
15	旭辉集团	华东	3%	83%	14%	1%	83%	16%
16	中南置地	华东	0%	61%	39%	0%	67%	33%
17	金科	西南	0%	38%	62%	2%	65%	33%
18	招商蛇口	华东	9%	80%	10%			
19	中国金茂	华东	7%	83%	11%			
20	华夏幸福	华北	0%	24%	76%			
22	中梁控股	华东	0%	22%	78%			
23	荣盛发展	华北	0%	25%	75%	0%	17%	83%
24	远洋地产	华东	17%	76%	7%	11%	66%	23%
26	融信集团	华东	0%	88%	12%	1%	69%	30%
27	建业地产	华中	0%	27%	73%			
29	佳兆业	华南	17%	42%	41%	16%	33%	51%
32	雅居乐	华东	1%	40%	60%	0%	28%	72%
35	滨江集团	华东	0%	97%	3%	0%	65%	35%
36	正荣集团	华东	0%	93%	7%	0%	72%	28%
38	时代中国	华南	19%	38%	43%			
40	佳源集团	华东	1%	31%	68%			
42	新力地产	华东	11%	84%	4%			
45	华侨城	华南	12%	55%	33%			
46	合景泰富	华南	32%	50%	19%			
47	越秀地产	华南	57%	39%	5%			
49	首开股份	华东	20%	79%	2%			

资料来源：华泰证券研究所。

（二）土地储备倍数

土地储备倍数3～5倍属于比较正常的范围，如表3-34所示，大多数房企土地储备倍数在 3～5 倍之内。超过 5 倍则可能拿了不少周转比较慢的土地，过分占用企业资金，少于 3 倍则土地储备可能不足，影响未来的销售规模。如万科土地储备倍数为 3.8 倍，则得分比率为 100%，土地储备倍数指标得分满分为 4 分。绿景、华侨城由于做了较多的旧改业务导致土地储备倍数比较高，分别为 17 倍和 10 倍，旧改土地储备过多会导致企业周转过慢，这两家房企在土地储备倍数指标上得分为 0 分。

表 3-34　土地储备倍数指标得分比率

土地储备倍数	得分比率（%）
≥6	0
[5, 6)	50
[3, 5)	100
[2, 3)	50
[0, 2)	0

部分房企 2019 年土地储备倍数如图 3-32 所示。

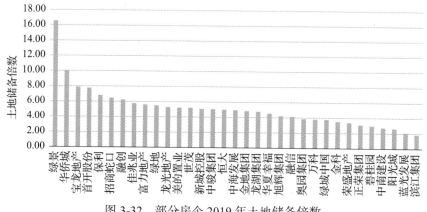

图 3-32　部分房企 2019 年土地储备倍数

资料来源：克而瑞，本书作者整理。

（三）较难去化的存货占比

按照本章第二节中较难去化的项目的形成理由，分别评估房企的存货中的项目,可以得到较难去化的存货占比,按照表3-35进行取值。

表 3-35 较难去化的存货占比指标得分比率

较难去化的存货占比	得分比率(%)
≥ 20%	0
[10%, 20%)	25
[5%, 10%)	50
[0, 5%)	100

(四)项目安全边际

按照本章第二节的方法计算出每个项目的安全边际。可以将土地储备分为亏损项目、微利项目、盈利项目三类,亏损项目是指安全边际为负的项目,微利项目是指安全边际在0%～10%的项目,盈利项目是安全边际在10%以上的项目。

如果亏损项目大于10%或盈利项目小于70%,则此项指标得分为0分;如果亏损项目大于5%或盈利项目小于80%,则此项指标得分比率为25%;如果亏损项目小于5%或盈利项目小于90%,则此项指标得分比率为50%;如果亏损项目小于5%或盈利项目大于90%,则此项指标得分比率为100%。某房企项目安全边际如表3-36所示。

表 3-36 某房企项目安全边际

项目	城市	已售金额(亿元)	已售面积(万平方米)	剩余可售金额(亿元)	剩余可售面积(万平方米)	开工/完工时间	去化率	预估毛利率
西溪里	成都	4.61	3.68	0.73	0.47	2013年 2016年	88.67%	0.37%
成都上林熙华府	成都	2.83	2.84	37.38	16.39	2019年 2022年	14.77%	24.40%
朗诗熙华府	成都	39.54	22.97	8.58	2.57	2016年 2020年	89.94%	7.94%

（续）

项目	城市	已售金额（亿元）	已售面积（万平方米）	剩余可售金额（亿元）	剩余可售面积（万平方米）	开工/完工时间	去化率	预估毛利率
柯桥绿街	杭州	17.61	18.44	0.12	0.13	2011年 2013年	99.30%	4.17%
杭州花漫里	杭州	13.95	14.1	0.25	0.07	2014年 2016年	99.51%	6.06%
未来街区	南京	33.07	32.79	0.32	0.39	2013年 2017年	98.82%	25.67%
钟山绿郡	南京	23.72	11.68	0.1	0.01	2010年 2013年	99.91%	24.22%
上海未来街区	上海	20.85	11.09	10.33	3.76	2014年 2017年	74.68%	32.81%
新西郊	上海	11.93	1.19	2.67	0.32	2016年 2019年	78.81%	4.11%
上海里程	上海	13.14	7.95	0.43	0.15	2015年 2017年	98.15%	10.54%
南翔绿街	上海	17.29	8.28	0.02	0.04	2010年 2013年	99.52%	23.69%
苏州留园	苏州	1.33	0.37	1.62	0.34	2018年 2020年	52.11%	9.49%
苏州吴江太湖绿郡	苏州	55.5	32.43	0.86	0.29	2016年 2021年	99.11%	25.55%
常州新北绿郡	常州	21.24	18.37	2.7	1.67	2016年 2020年	91.67%	13.49%
无锡绿卡小镇	无锡	6.92	9.35	0.23	0.58	2015年 2021年	94.16%	11.89%
中新生态城项目	天津	14.97	10.52	0.48	0.3	2017年 2020年	97.23%	25.89%

资料来源：YY评级。

（五）去化率、回款率

1. 去化率

较难去化的存货占比是一个存量指标，去化率则是一个流量指标。例如，如果某个并购项目因为有法律纠纷，房企不能入场建设，那么这样的项目会留在存货里，但不能开盘，因为还没有达到开盘的资格。一个项目要推盘、开盘之后，才有所谓的去化概念。去化率同时也是个动态的指标，一般来说一个项目刚开盘的一个月是去化率攀升最快的时候，一个月之后去化率攀升速度就会比较慢，所以这里的去化率是指过了认购高峰期后的平均去化率。按照房企给出的去化率，按照表3-37取数。

表 3-37　去化率指标得分比率

去化率	得分比率（%）
≥ 90%	100
[70%, 90%)	75
[50%, 70%)	25
[0, 50%)	0

2. 回款率

房子卖掉了接下来考核的是回款。很多房企为了冲业绩和规模，销售金额存在部分虚报，房子交很小部分的定金就算卖掉，但实际并不能收到全款。我们将收到的款项除以销售金额得到回款率。回款率指标的得分比率可以按照表3-38取数。

表 3-38　去化率指标得分比率

回款率	得分比率（%）
≥ 90%	100
[70%, 90%)	75
[50%, 70%)	25
[0, 50%)	0

三、偿债能力指标打分原则

偿债能力的打分指标主要包括"三道红线"、债务覆盖率指标、实际杠杆率指标，以及融资类指标。

(一)"三道红线"

"三道红线"的三个指标为净负债率、现金短债比、真实负债率,这三个指标的监管临界点分别为100%、1和70%。根据监管临界点进行打分,是否触及红线应当区别对待,分值也应当拉大。计算出指标值后,可以根据表3-39查询得分比率,计算最终得分。

表3-39 "三道红线"指标得分比率

净负债率	现金短债比	真实负债率	得分比率(%)
<50%	>2	<60%	100
[50%, 100%)	(1, 2]	[60%, 70%)	75
[100%, 150%)	(0.5, 1]	[70%, 80%)	25
≥150%	(0, 0.5]	≥80%	0

如表3-40所示,碧桂园净负债率、现金短债比、剔除预收款后的资产负债率的得分比率分别为75%、75%、0%,得分分别为7.5分(10×75%)、6分(8×75%)、0分(8×0%)。

表3-40 主要房企"三道红线"触及情况

销售排名	公司名称	2020年中期			"三道红线"不达标个数
		剔除预收款后的资产负债率(%)	净负债率(%)	现金短债比	
1	碧桂园	82	58	1.9	1
2	万科	76	27	1.8	1
3	恒大	85	199	0.5	3
4	融创	82	149	0.9	3
5	保利	67	72	2.0	0
6	绿地	83	180	0.7	3
7	中海地产	54	33	3.3	0
8	新城控股	77	22	2.2	1
9	世茂	71	58	1.8	1
10	华润置地	60	46	1.5	0

资料来源:中信建投研究所地产团队。

(二)债务覆盖率指标

1. 经营流入现金流/有息债务

在计算经营流入现金流时,应当区分房地产业务和其他业务,将房地产业务的现金流单独拆解出来计算。有些房企因为做了比较多的建筑类业务,现金流入会显著增加,但同时现金也会流出,跟房地产业务逻辑不同,因此,在计算经营流入现金流/有息债务指标时应当将非房地产业务剔除。

图3-33是主要房企经营流入现金流/有息债务的计算结果,可以看出如中海地产、新城控股、建发地产等房企每年现金流入较大,一年的经营现金流入能够覆盖所有的有息债务。

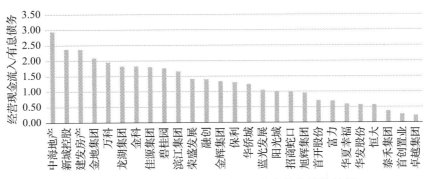

图3-33 主要房企经营现金流入/有息债务计算结果

资料来源:Wind,本书作者整理。

计算出经营流入现金流/有息债务指标值后,得分比率可以按照表3-41进行取数。如万科的经营流入现金流/有息债务为1.95,则得分比率为100%。

表3-41 经营流入现金流/有息债务指标得分比率

经营流入现金流/有息债务	得分比率(%)
≥1.5	100
[1, 1.5)	75
[0.8, 1)	25
[0, 0.8)	0

2. 权益销售/有息债务

权益销售/有息债务是经营流入现金流/有息债务的有效补充,这两个指标内容类似,这里不再赘述。图 3-34 为主要房企权益销售/有息债务计算结果,可以看出新城控股、中海地产、万科等房企的权益销售能够较好地覆盖全部有息债务。

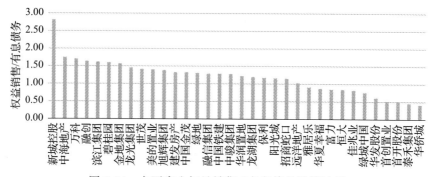

图 3-34　主要房企权益销售/有息债务计算结果

资料来源:Wind,本书作者整理。

计算出权益销售/有息债务后,得分比率可以按照表 3-42 取数。如龙湖集团的权益销售/有息债务为 1.2,则得分比率为 75%。

表 3-42　权益销售/有息债务指标得分比率

权益销售/有息债务	得分比率(%)
≥1.5	100
[1, 1.5)	75
[0.8, 1)	25
[0, 0.8)	0

(三)实际杠杆率指标

权益货值/归母权益是用来衡量房企实际杠杆率的比较好的指标,其中权益货值是土储面积、销售均价和权益占比计算而来的。用这个计算方法计算出的实际杠杆率如图 3-35 所示,其中实际杠杆率最低的滨江集团、中海发展和万科。

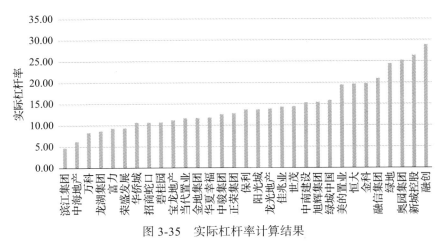

图 3-35 实际杠杆率计算结果

资料来源：Wind，本书作者整理。

根据图 3-35 的计算结果进行取数，如果实际杠杆率小于 10，则得分比率为 100%；如果实际杠杆率在 10～15 之间，则得分比率为 50%；如果实际杠杆率大于 15，则得分比率为 0%。

例如，万科实际杠杆率为 8.3，则得分比率为 100%，这个指标得分满分为 8 分。各个房企实际杠杆率指标绝对值均比较高，个人认为对绝对值不必太过在意，房企之间在同一口径下的相对比较更有意义。

（四）融资类指标

1. 融资结构指标

融资结构指标包括非标占比、债券占比。非标占比是指非标占所有有息债务的比例。同样，债券占比是指债券占所有有息债务的比例，按照表 3-43 的规则取数并进行计算。对于部分没有公布融资占比的房企，可以通过其财务报表附注中的融资明细拆分融资结构。

图 3-26 是部分房企融资情况，其中万科 2019 年非标占比和债券占比分别为 14% 和 30%，非标占比得分比率为 50%，债券占比得分比率为

50%。恒大 2019 年非标占比和债券占比分别为 41% 和 20%，非标占比得分比率为 0%，债券占比得分比率为 100%。

表 3-43　融资结构指标得分比率

非标占比	债券占比	得分比率（%）
＜10%	＜30%	100
[10%，30%)	[30%，50%)	50
≥30%	≥50%	0

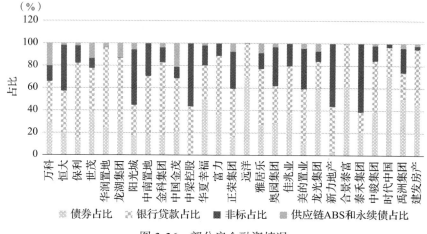

图 3-36　部分房企融资情况

资料来源：Wind，本书作者整理。

2. 综合融资成本

部分房企会公布其综合融资成本，可按其公布的数值对照表 3-44 进行取数。

表 3-44　综合融资成本指标得分比率

综合融资成本	得分比率（%）
＜5%	100
[5%，6.5%)	75
[6.5%，8%)	25
≥8%	0

对于没有公布综合融资成本的房企，可以按照债券融资成本、非标融资成本、银行融资成本进行计算，其中债券融资成本是可以查询的公开数据，非标融资成本可以咨询信托行业的从业人员，银行融资成本可以根据规模大致估算基准上浮的幅度。不肯公布综合融资成本或者公布的融资成本与市场估算相差较大的房企，可能存在一定的道德风险，则得分比率可以直接计为0%。

如图3-37所示，万科综合融资成本为5.77%，得分比率为75%。

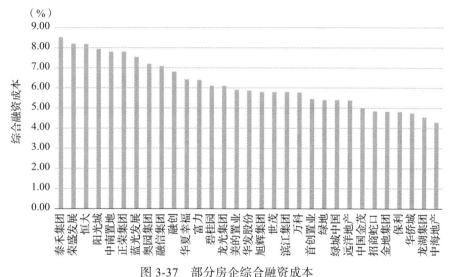

图3-37　部分房企综合融资成本

资料来源：Wind，本书作者整理。

| 第四章 |

煤炭债投资

坐拥大好"煤山"

第一节 煤企的江湖

一、煤炭行业十年起伏

我国"富煤、缺油、少气"的资源特色决定了煤炭在我国能源体系中的重要地位。近十年煤炭行业经历了四个阶段的起伏（见图4-1）。

第一阶段（2009～2011年），次贷危机下，我国开启"四万亿"刺激经济，提高需求，从而带动煤炭在内的大宗商品价格的提升。

第二阶段（2012～2015年），经济刺激过后，煤炭价格再次陷入低迷，煤炭行业在内外需均不断走弱的经济条件下陷入低谷。2015年底到2016年初，煤炭价格甚至跌破了很多企业的盈亏线。陕西、山西等地大批竞争力不强的中小煤企破产，大型煤企资产负债表亦出现严重恶化。

第三阶段（2016～2019年），面对煤炭行业的困境，2016年国家开始陆续出台一些推动煤炭行业供给侧结构性改革的政策，2016～2019年累计减少煤炭产能9亿吨/年以上，安置员工100万人，超额完成国发7号提出的化解过剩产能奋斗目标。供给侧结构性改革支持企业通过兼并重组引导落后产能推出，发展现金产能，鼓励头部企业整合重组。根据供给侧结构性改革政策指引，多个省市对省内煤企进行整合，民营中小煤企逐步退出市场，逐渐形成了现在"强者更强"的煤企竞争格局。

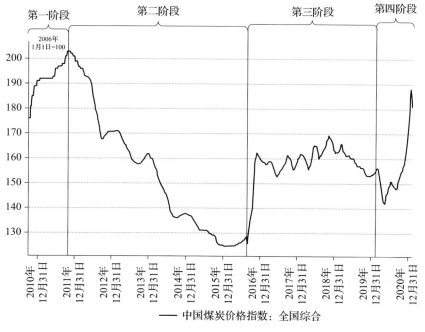

图4-1 近十年煤炭行业起伏

资料来源：Wind。

第四阶段（2020年之后），2020年全球遭遇新冠疫情袭击，为了对抗新冠疫情我国短暂地采取了经济休克疗法，其间煤炭价格快速下跌。而后，随着疫情控制转好，我国逐步开始复工复产，包括煤炭在内的大宗商品价格得到修复。但国内安监、环保、反腐及澳大利亚进口管控等多重因素影响导致煤炭供给受限，煤炭价格涨幅惊人，价格已经超过疫情前的水平。

二、煤炭的品种和资源分布

煤炭信用研究,首先需要了解煤炭的品种和资源分布。

(一)煤炭的品种

国家对于煤炭品种大概有6个指标,但只要搞清楚2个指标就行,一是挥发分,二是黏结指数。挥发分即煤炭烧了之后会挥发出气体和水分。人的直观感受是挥发分越小,则焚烧起来冒出来的烟越小。挥发分低于10%的煤炭焚烧起来几乎不冒烟,因此叫作无烟煤。黏结指数越高的焦煤炼化为的焦炭质量越高,焦炭能作为炼钢过程的还原剂和燃烧剂,是炼钢中不可少的物质。因为能炼钢,焦煤的身价比只能烧的动力煤一下子能高出很多,且黏结指数越高的焦煤越值钱。

根据上面两个指标,信用研究把国家发布的14个煤炭品种按照用途大致分为三大类,无烟煤、动力煤和焦煤(见表4-1)。

表 4-1 煤炭品种

	褐煤	烟煤											无烟煤
按煤化程度	褐煤	贫煤	贫瘦煤	瘦煤	主焦煤	肥煤	1/3焦煤	气肥煤	气煤	1/2中黏煤	弱黏煤	不黏煤	长焰煤	无烟煤
按用途	动力煤	炼焦煤							动力煤				无烟煤

资料来源:YY评级。

1)动力煤主要用来烧了发电,既不需要低挥发分,也不需要高黏结指数,只要烧了能发热就行,因此动力煤是三类煤炭中最便宜的品种,下游主要是电力行业。

2)焦煤主要用于炼钢,需要比较高的黏结指数,焦煤是三类煤炭中最贵的品种。将焦煤炼制成焦炭后,下游供应钢铁行业用于炼钢。

3)无烟煤的下游就是烧起来不冒烟的煤,由于其挥发分低、杂质少,碳含量高,大部分用作化工行业的(碳元素)原材料,下游主要是尿素。由于无烟煤挥发分低冒烟少,20个世纪80年代家里常用来取暖和做饭的蜂窝煤就是无烟煤。蜂窝煤如果烟尘比较大就不适合在家里焚烧使用。无烟煤的优势显而易见，不仅电力、化工行业可以用，钢铁行业也可以用。

由于我国动力煤储量较大，焦煤储量较小，使得焦煤成为比较稀缺且高价的品种。我国在20世纪五六十年代，采用阳泉煤业集团洗精无烟煤作为工业性试验对象，将洗精无烟煤替代部分焦炭作为炼钢的原材料并获得成功。之后，我国陆续将洗精无烟煤作为炼钢的原材料（可少量替代焦炭从而降低炼钢成本），并将洗精无烟煤命名为"喷吹煤"。

从价格上看，如图4-2所示，三种煤炭的价格排序是：焦煤＞喷吹煤＞动力煤。

图4-2 煤炭价格走势

资料来源：Wind。

了解煤炭的分类主要是为了哪个品种比较值钱。对于煤企而言，同样是挖煤，挖出来焦煤每吨能卖1500元，但挖出来动力煤每吨却只能卖600元。也正是因为这个价格差，才促使国内将优质无烟煤变成能辅助炼钢的喷吹煤,从而将煤炭价格提升到每吨1000元左右。从经济效益来看,煤企肯定希望可采的煤炭都是焦煤。站在投资人的角度,也希望煤企采用经济效益更高的焦煤。

(二)煤炭资源分布

我国煤炭资源分布极不平衡,北多南少,西多东少。在昆仑山—秦岭—大别山一线以北地区,煤炭储量占全国的90.3%,其中太行山—贺兰山之间地区占北方地区的65%。从省份来看,内蒙古、山西、陕西、新疆的煤炭储量占全国的80%以上。下面将按照品种分别梳理我国煤炭的分布。

1. 无烟煤

我国无烟煤主要分布在山西和贵州(见图4-3),占比分别为39.6%、28.9%,其次是河南、四川,占比分别为6.2%、4.8%。在所有无烟煤中,山西的无烟煤灰分和硫分一般较低,因而品质较好;贵州和四川的无烟煤属于高硫煤,因而品质较差。

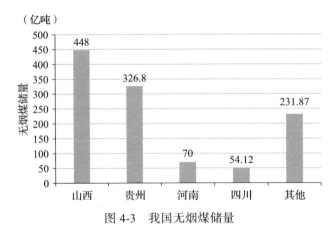

图4-3 我国无烟煤储量

资料来源:博思数据研究中心。

山西的无烟煤不仅储量占比较高且品质比较好,因此成为我国出产无烟煤的主要矿区。山西的无烟煤分布在沁水煤田上，主要由阳泉、晋城无烟煤、潞安几个煤企开采。

2. 焦煤

2015年我国焦煤已探明储量2803.6亿吨，占我国煤炭总储量的26.6%，主要分布在山西（见图4-4）。我国山西焦煤资源丰富，占全国总储量的55.40%，其次是安徽、山东，分别占比7.10%、6.70%。

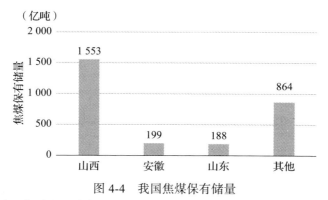

图4-4 我国焦煤保有储量

资料来源：博思数据研究中心。

由于国内焦煤的资源禀赋很一般，比不上国外比如澳大利亚的资源禀赋。国内有不少钢企使用的都是澳大利亚焦煤资源。国内焦煤的资源不丰富，储量最丰厚、质量最好的焦煤位于山西的西山煤田，这个煤田资源主要由焦煤集团开采。

3. 动力煤

我国动力煤资源比较丰富，2015年我国动力煤已探明储量11 277亿吨，占我国煤炭总储量的72%，主要集中在华北和西北地区（见图4-5）。华北地区的动力煤储量占全国动力煤储量的46.09%，西北地区也高达39.98%，即"两北"地区的动力煤储量占全国的80%以上，而工业发达的华东地区仅占全国动力煤储量的1.77%。

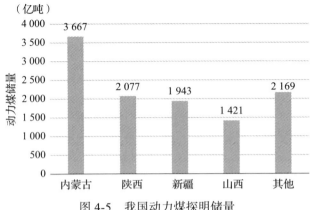

图 4-5 我国动力煤探明储量

资料来源：博思数据研究中心。

从地区来看，内蒙古储量最多，占全国动力煤储量的 32.52%，其次是陕西、新疆、山西，分别占 18.42%、17.23% 和 12.61%。内蒙古动力煤资源禀赋较好，地质条件简单，且部分属露天煤矿，整体开采难度较小，吨煤成本较低。内蒙古的动力煤主要是发债企业国家能源投资集团和伊泰在开采，由于内蒙古的煤炭资源比较丰富，近年来很多煤企也纷纷在内蒙古开设矿山。陕西的动力煤主要分布在陕北榆林一带，与内蒙古的煤矿是同一条矿脉，由发债企业国家能源投资集团和陕西煤业化工集团在开采。

三、各个煤企的江湖地位

上文主要介绍我国煤炭品种及资源分布等基础知识。了解煤炭行业基础知识的目的是做信用债研究，因此下面将主要聚焦发债煤企的分析。

（一）产能定江湖地位

在 2016 年开始的煤企供给侧结构性改革中，为了稳定煤炭价格，国家严格控制煤炭的新增产能。在严格控制新产能的背景下，煤炭行业的行业格局已经确定。

如果按照产能划分梯队，则中国煤炭行业的第一梯队是有 1 亿吨以上产能的煤企，如表 4-2 所示，它们是国家能源投资集团、中国中煤集团、山东能源集团（兖矿集团并入）、晋能集团、陕西煤业化工集团、焦煤集团共六家大型煤企。

表 4-2 2019 年煤炭产量 50 强名单

排名	企业简称	煤炭产量（万吨）	备注
1	国家能源投资集团	52 413	第一梯队：1 亿吨以上企业（共 7 家）
2	中国中煤集团	19 222	
3	兖矿集团	16 148	
4	陕西煤业化工集团	16 023	
5	山东能源集团	14 537	
6	大同煤矿集团	13 722	
7	焦煤集团	10 011	
8	晋能集团	8 448	第二梯队：5 000 万～1 亿吨企业（共 10 家）
9	冀中能源集团	8 100	
10	阳泉煤业集团	8 013	
11	潞安矿业集团	7 985	
12	河南能源化工集团	7 366	
13	华能集团	7 086	
14	淮南矿业	6 935	
15	晋城无烟煤集团	6 723	
16	伊泰	6 064	
17	华电煤业	5 078	
18	内蒙古霍林河露天煤业股份有限公司	4 713	第三梯队：1 000 万～5 000 万吨企业（共 22 家）
19	内蒙古汇能煤电集团有限公司	4 326	
20	黑龙江龙煤矿业控股集团有限责任公司	4 041	
21	山西煤炭进出口集团	3 529	
22	中国平煤神马能源化工集团有限责任公司	3 453	
23	淮北矿业	2 850	
24	开滦集团	2 791	

注：此表仅列举了产量最大的 24 家煤企。
资料来源：国家煤炭工业网。

第二梯队是冀中能源集团、河南能源化工集团、淮南矿业集团、伊泰集团、华能集团、华电煤业六家产能超过 5000 万吨但不足 1 亿吨的煤企。第三梯队为 1000 万～5000 万吨的煤企，企业家数较多，在此不再一一列举。

（二）煤企的故事

下面我们将讲述每个煤企的经历和特色。由于出身不同，有必要将它们按照地域分为三类进行讲述。第一类是央企煤企，如国家能源投资集团、中国中煤集团、华能集团、华电煤业等。第二类是地区资源整合成的煤企，如山西将所有动力煤资源整合成晋能集团，陕西将煤炭资源整合在陕西煤业化工集团，河北将资源整合在冀中能源集团等，这些煤企是现在市场上探讨得最多的一类企业，省政府层面整合的动作也很大，下文将重点讲述它们的故事。第三类是一些属于市级政府及民企的煤企，如济宁矿业、伊泰集团等。下文将分别按照这三类来讲述煤企的故事。

1. "拥有先入优势"的央企煤企

央企煤企包括国家能源投资集团、中国中煤集团、华能集团、华电煤业等，这类企业含着金钥匙出生，资源挑选和融资成本上都具有先入优势。这些央企煤企信用利差都很低，信用利差低说明市场认为大型央企煤企信用风险很低。下面仅简单介绍下这些企业的基本情况。

（1）国家能源投资集团

我国大煤企神华集团，在 2017 年 8 月，与中国国电合并重组为国家能源投资集团，合并后的国家能源投资集团是一家以煤、电、铁路运输、煤化工为一体的大型能源企业。国家能源投资集团煤炭事业起步于神东煤田，神东煤田位于在我国的山西、陕西和内蒙古的交界处，煤田的总面积达到了 3.12 万平方公里，面积比我国台湾地区都还要大，并且煤炭储量达到了 2236 亿吨。随后，国家能源投资集团逐步参与了宁东煤田、陕北煤田和蒙东煤田的建设。国家能源投资集团的前身神华集团成立于1995年，由于成立时间早，神华集团几乎拥有我国最好的动力煤资源，其神东煤田几乎都是露天矿，开采条件十分便利。

（2）中国中煤集团

中煤集团前身是1982年7月成立的中国煤炭进出口总公司，主要从事煤炭生产贸易、煤化工等业务。中煤集团拥有我国最大的露天煤矿——山西平朔安太堡煤矿及安家岭煤矿。这片矿区原来由美国公司经营，开采设备较为先进，收回后由中煤集团经营。中煤集团在平朔矿区资源逐渐走向枯竭后，近年来也逐渐将眼光转向有储量丰富的可采煤炭资源的内蒙古。

2."七个葫芦娃"变身后的山西煤企

在上文煤炭资源分布的介绍中，可以了解到山西煤炭在全国煤炭生产中具有重要地位，山西煤炭的优势主要表现在：① 煤质较好，焦煤和无烟煤的储量均为全国第一，是焦煤和无烟煤的主要产区。② 在地理位置上优于内蒙古和新疆，更靠近最终消费煤炭的沿海经济圈，具有运输成本优势。③ 煤炭为山西最重要的经济来源，是山西的支柱产业。正由于煤炭是山西经济命脉，山西政府对于煤企的生产和债务安全都比较重视，基本是举全省之力保证煤企的正常运营。山西煤炭的劣势在于：① 历史负担较重，大部分煤企债务负担较重。② 整个省的经济过分依赖煤炭开采，经济结构没有弹性。③ 煤化工等其他非煤业务拖累煤炭主业，再次整合之后的山西煤企还需要面临非煤业务的挑战。

2020年10月，山西煤企进行重大重组，从市场熟悉的"七个葫芦娃"变成"四大天王"。

首先，"七个葫芦娃"是指焦煤集团、晋能集团、山西煤炭进出口集团（以下简称山煤）、大同煤矿集团（以下简称同煤）、阳泉煤业集团（以下简称阳煤）、潞安矿业集团（以下简称潞安）、晋城无烟煤集团（以下简称晋煤）。

先来简单描述下"七个葫芦娃"的特点，方便读者区分。① 焦煤集团：手握我国最优质的焦炭资源，"七个葫芦娃"中最优质的企业，融资成本最低，金融市场认可度也最高。② 晋能集团：兄弟中最年轻的煤企，主要煤炭资源来自 2016 年供给侧结构性改革后民企煤老板破产留下来的煤矿，矿井散落在各地，规模都不大。③ 山煤：做煤炭贸易起家，兄弟中煤炭资源最少的小弟弟，2016 年也收了点小煤矿，之前做贸易留了部分坏账。以上这三个煤企，总部都在山西省会太原，而以下这四家煤企，割据一方，名字也包含所在的城市。④ 同煤：在大同市，兄弟中产量最高的大哥，但主要做动力煤，债务负担较重。⑤ 阳煤、潞安、晋煤：特色都是无烟煤，是开采沁水煤田的三个企业。

整合之后，山西七家煤企将变成四家：① 第一家：负责动力煤业务的晋能集团。晋能集团的组建意图是将山西所有动力煤资源合并进一个主体，从而最大限度地实现资源互补，避免山西省内煤企之间的无效竞争。同煤、晋能集团、晋煤的全部业务和资产均划入新成立的晋能集团，成为晋能集团的三家二级子公司：同煤改名为晋能控股煤业集团，主营煤炭业务；晋能集团改名晋能控股电力集团，主营电力业务；晋煤改名晋能控股装备制造集团，主攻装备制造业务。晋能集团成立之后，原煤产量将超过 3 亿吨，并取代中国中煤集团，成为我国第二大煤炭开采企业。② 第二家：负责焦煤业务的焦煤集团。原来的焦煤集团把山煤合并成为新的焦煤集团，整合后，山西省的焦煤资源大部分掌握在焦煤集团手里。③ 第三家：负责化工业务的潞安。原来山西七大煤企的化工业务都划给潞安。潞安原来就有上市公司潞安环能，煤化工基础较好，因此这次整合成了山西煤化工产业的牵头人。④ 第四家：负责新材料业务的华阳新材料。由原来的阳煤牵头，将原来七大煤企的新材料业务划入华阳新材料。

山西新的四家煤企中整合之后实力最强是晋能集团，晋能集团将整合了原来三家煤企的煤炭资源，煤炭业务（在现在的煤炭价格下）是比较赚钱的业务，但合并后晋能集团的债务压力也不轻。焦煤集团受此次整合的影响最小。焦煤集团由于品种优质，盈利能力一直比较强，加之财务上一直比较稳健，市场认可度较高。潞安整合前的化工业务是盈利的，但如果将山西其他煤企的化工业务整合进来需要实现整体盈利还是有一定难度的。华阳新材料比起前面三家，业务比较新，盈利模式和市场竞争力尚不明晰，后续发展路径比较难判断。

3. 永煤违约后步履维艰的河南煤企

河南煤企主要有两家，均是发债企业。一家是已经违约的河南能源化工集团（以下简称豫能化）及其核心子公司永城煤电控股集团（以下简称永煤），一家是上市公司平顶山天安煤业股份有限公司（以下简称平煤）。已经违约的煤企谈优势和劣势意义已经不大，下面从事后的角度分析永煤违约给债券市场带来的经验和教训。

永煤事件是信用债市场上值得纪念的事件，永煤的违约首先是让整个债券市场的低等级信用债遭到抛售，而后债券基金遭到赎回引发流动性紧张。债券基金为应对赎回，卖出利率债和高等级信用债，导致利率债和信用债收益率上行。央行为维持金融稳定开始向市场提供充足的流动性，市场情绪才终于慢慢缓和。永煤事件不仅影响了河南的发债企业，也影响了很多资质较差的过剩类债券。永煤不是第一个违约的煤企，也不是第一个违约的国企，但对债券市场的震动却是绝无仅有的，究其原因，可以总结为以下几点。

1）地方管理部门偿债意愿前后反差较大，超市场预期。永煤违约前的几个月，省国资委发文支持豫能化的改革并计划为其提供资源，发行人也向北上广的机构投资者传递河南煤炭改革的利好信息。但随后投资者等来的不是利好政策的落地，而是永煤债券的违约。债券市场对地方管理部门处理问题的能力及前后反差较大的偿债意愿产生了怀疑，因而引发了全市场的信用收缩。全市场的信用收缩进而使债券市场对于省政府、省级大型企业的债务处理能力产生怀疑。

2）永煤违约打乱了信用债市场的信用排序。国内发债的煤企债务压力普遍比较重。但永煤从资源禀赋、经营情况到财务压力都不是最大的，且其违约前一个月还在债券市场成功发行债券，在债券市场并未失去再融资能力。债券市场认为其他已经在债市已经失去再融资能力且经营情况更差的煤企，在信用排序上应比永煤更差，应该先于永煤违约。永煤的母公司豫能化本身没有任何核心业务和资产，常年大量占用永煤资金，债券市场认为即使河南的煤企违约，也应该是资质更差的那个先出问题。永煤违约打乱了信用债市场的信用排序。

豫能化已经违约，河南的另外一家上市公司平煤遭受牵连，在永煤违约之后债券也遭到抛售。虽然平煤的领导在和债券投资人的沟通中，极力澄清平煤和豫能化没有业务和资金关系，但如图4-6所示，平煤债券收益率还在不断地攀升，平煤不到一年期的债券信用利差已经由永煤违约之前的6%攀升到21%。

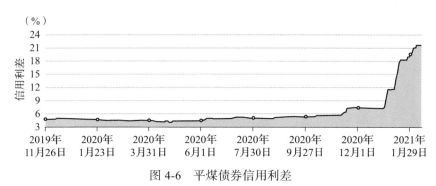

图4-6　平煤债券信用利差

资料来源：Wind，本书作者整理。

4. "债市硬汉"——河北煤企

河北大型发债煤企主要有两家：冀中能源集团及开滦集团。河北煤企是有一定优势的：① 冀中能源集团和开滦集团的本地矿区以市场价格较高的焦煤（气煤）和无烟煤为主；② 河北从地理上靠近华东、华中等煤炭消费区，地理位置好、运输成本较低。劣势在于：① 开采条件劣于内蒙古、陕北等地区，开采成本相对高；② 资源呈现一定的枯竭特征，可采储量较小；③ 债务压力较大，经营能力一般，盈利能力较差。

由于冀中能源集团各大板块的盈利能力一般，在债券市场的受关注度一直比较高。2020年下半年，冀中能源集团仅在债券市场上发行了几期短期融资券，且一级发行价格和二级交易价格有比较大的偏差，一级市场发行收益率低于二级市场买盘收益率。如图4-7所示，永煤事件后冀中能源集团的债券收益率不断走高，同样是省级煤企的冀中能源集团在永煤事件后债券信用利差由7%左右上行至15%。

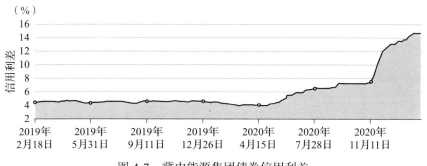

图 4-7 冀中能源集团债券信用利差

资料来源：Wind，本书作者整理。

在2020年10月最后一期短期融资券发行结束后，冀中能源集团就没有在债券市场发行债券，之后冀中能源集团已经偿还了100多亿元到期的债券。省政府领导也为冀中能源集团债务的正常偿还努力奔走，不仅积极和银行沟通信贷资金，还要求省内其他大型国企给冀中能源集团担保以给其提供偿债资金。省政府在冀中能源集团事件上表现出的担当和问题处理能力，赢得了债券市场的很多赞许。

5. 其他煤企

2020年7月，山东省政府公布了兖矿集团与山东能源集团的重组方案，两家企业合并后的新山东能源集团原煤产量将超过2亿吨，成为继国家能源投资集团、晋能集团后的第三大能源集团。

陕西煤业化工集团（以下简称陕煤化）为陕西省国资委下唯一的煤企，陕西省政府能掌握的煤炭资源都放在陕煤化下经营。陕煤化主要矿区是陕北的神府矿区，资源丰富、可采储量较大，品种以动力煤为主。

安徽省国资委下属煤企有两家，淮南矿业和淮北矿业。淮南矿业主要以生产动力煤为主且战略上煤电一体化靠拢，淮北矿业以生产焦煤为主。总体而言，淮南矿业实力强于淮北矿业。安徽煤企的劣势在于由于地质条件限制，开采难度较大，开采成本较高（吨煤成本超过400元）。安徽煤企的优势在于安徽经济已经融入华东经济圈，淮南矿业、淮北矿业两家煤企生产的煤炭主要供安徽本省使用，省内消耗煤炭产能达到80%以上，其中动力煤主要供本地电厂发电，焦煤主要供马鞍山钢铁股份等本省钢企使用。

四、债市对煤企的认可度

在永煤事件之后，很多债券投资机构对省级煤企采取了一刀切出库的做法，省级煤企面临着债券市场的用脚投票和信用收缩。从主要煤企债券融资成本可以看出市场对其的认可度（见图4-8）。

（一）认可度最高

认可度最高的煤企为国家能源投资集团、中国中煤集团两家央企，这两家央企融资渠道十分通畅，资源禀赋得天独厚。即使在债券市场对煤企认可度比较低，甚至一刀切出库煤企的大环境下，这两家企业的融资和二级市场交易价格仍十分坚挺，凸显市场对央企煤企的认可。

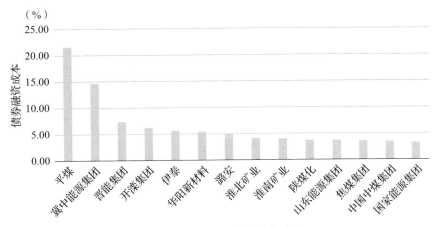

图 4-8 主要煤企债券融资成本

资料来源：Wind，本书作者整理。

（二）认可度较高

认可度较高的煤企为焦煤集团、山东能源集团、陕煤化三家，除此之外，安徽的淮南矿业、淮北矿业认可度也较高。

永煤事件后，山西煤企中债务压力比较大的晋能集团债券发行压力较大。由于山西省政府领导比较有大局观，债券市场对山西煤企的判断是"一荣俱荣、一损俱损"，山西的潞安、华阳新材料等煤企的债券也遭到一定程度的抛售。但在这样的情况下，运作山西焦煤板块的焦煤集团的认可度依然较高，二级市场成交价格基本在估值附近，焦煤集团凭借多年来稳健的财务状况、较强的盈利能力在危机中获得了市场的力挺。

兖矿集团获利能力和管理水平一直深受市场认可，作为首个出海购买海外矿山的大型煤企，其澳大利亚矿区的经营可圈可点，且在并入山东能源集团后其实际经营不受影响，发行的债券市场认可度较高。

陕西北部矿区资源禀赋较好，吨煤成本很低。央企煤企已经拥有陕北一部分煤炭资源，陕西国资委将剩下的资源都整合在陕煤化里。陕煤化盈利能力较好，是除了国家能源投资集团外净利润最高的煤企，2019年在化工行业不景气的情况下化工板块依然实现15亿元的净利润。虽然永煤事件波及所有省级煤企，但陕煤化以其优异的盈利能力获得了市场的认可，二级市场短期债券基本在估值附近成交。

淮南矿业和淮北矿业的市场认可度相对高，主要原因是安徽经济已经比较好地融入了华东经济圈，省内经济足以支撑这两个煤企的生存。随着安徽经济的发展，省内的金融资源也更为丰富，使得这两家煤企的融资渠道比较丰富。

（三）认可度一般

认可度一般的煤企包括伊泰、华阳新材料、潞安。华阳新材料、潞安受到市场对山西煤企整体比较谨慎影响，永煤事件后二级市场抛盘较多，市场化的实际融资成本高于估值收益率。2016年山西煤企的债券也曾受到债券市场质疑和抛售，后省领导积极为煤企发声，且供给侧结构性改革后煤炭价格回升，债券市场对于山西煤企的担忧逐渐消退，山西煤企信用利差快速走低。2020年底在永煤事件后，山西省领导再次为煤企发声，但这一次发声效果不如2016年明显，债券市场对于山西煤企的观望情绪浓厚。

伊泰是发债煤企中仅存的民企。伊泰的矿区在内蒙古东胜煤田，东胜煤田以煤质优异著称，主要生产动力煤。伊泰的吨煤成本不到100元，是所有煤企中吨煤成本最低的煤企之一。从2017年民企开始违约潮之后，债券市场对民企认可度大大降低，还能在债券市场融资的民企屈指可数，伊泰以其优异的资源禀赋、良好的运营能力成为煤炭行业中唯一幸存的民企发债主体。

第二节　单个煤企的债券投资方法

本节将帮助读者全面评估单个煤企的信用资质。下文将从基本情况、经营情况、偿债能力三个方面描述煤企债券信用分析框架（见表4-3）。

表4-3　煤企债券信用分析框架

基本情况	股东背景	
	企业规模	
	资源禀赋	煤矿储量
		品种及品质
经营情况	吨煤成本	开采条件
		矿井规模
		历史负担
		人均工效
	煤炭售价	品种
		运输条件
		下游客户
	非煤业务	
	盈利能力	毛利率和利润总额
偿债能力	债务结构	债券期限
		融资来源
	资产质量	
	或有债务	对外担保
		债务纠纷
	偿债能力指标	

一、煤企基本情况

（一）股东背景

煤企股东既决定了其出身，也在很大程度上决定了其融资成本。煤企股东分为三类。第一类是央企煤企，如国家能源集团、中国中煤集团、华能集团、华电煤业等。第二类是省国资委下属的煤企，煤炭资源比较丰富的省都有股东为省级国资委的煤炭集团。第三类煤企的股东更弱一点，如市级政府或者民企。除了央企股东市场认可度依然较高外，债券市场对于省级煤企股东的意见分歧较大。表4-4是主要发债煤企的股东及股东性质。

表4-4 主要煤炭发债企业的股东

企业简称	股东	股东性质
国家能源投资集团	国务院国资委	央企
中国中煤集团	国务院国资委	央企
焦煤集团	山西省国资委	省级国企
山东能源集团	山东省国资委	省级国企
陕煤化	陕西省国资委	省级国企
淮南矿业	安徽省国资委	省级国企
淮北矿业	安徽省国资委	省级国企
潞安	山西省国资委	省级国企
华阳新材料	山西省国资委	省级国企
伊泰	张双旺等	民企
开滦集团	河北省国资委	省级国企
晋能集团	山西省国资委	省级国企
冀中能源集团	河北省国资委	省级国企
平煤	河南省国资委	省级国企

永煤事件后市场上关于股东的偿付意愿讨论很多，债券市场投资者不得不在被违约中学习如何不踩雷，不断更新研究方法和视角。现在债券市场对实际控制人偿债意愿的关注度正在提高。

在偿债能力上，应考虑煤企所在省份的整体经济情况，如安徽和山东整体经济实力更强，如果煤企遭受到流动性问题，省内金融资源更丰富，省内可以施以援手的大型国企也更多，这些都有利于问题的解决。在偿债意愿上，应主要参考历史上该省处理省级企业违约的态度和能力，比如某省处理省级国企违约的态度和能力都比较一般，那么债券投资人对该省偿债意愿的评估就会打折扣。为了衡量省政府的协调意愿，债券市场研究员甚至需要通过了解该省省长、分管金融的副省长等领导的平生经历、过去发表的文章，来判断该省对于债务处理的态度。这种一个债券违约就开始考虑整个省所有债券信誉问题的做法，可以理解为永煤事件后债券市场的避险情绪。虽然无法预料这种避险情绪何时会消退，但至少现在，对于省级企业偿债意愿进行研判是有市场共识的。

（二）企业规模

原煤产量、资产规模可以用来衡量煤企的规模。为了防止煤炭产能过剩，国家给各家煤企分配了核定产能。各家煤企只能在核定产能范围内进行原煤生产，煤企想要新增产能有三种方法：第一，向国家发改委申请新产能。这个途径的审批在国家发改委层面，国家发改委要根据国家政策大方向决定是否审批。通过这个途径新增产能历时长且难度大。第二，向别的企业购买产能。如贵州、四川等地的煤炭产能开采难度较大、经济效益较低，这些落后企业关停后产能可以释放出来给其他煤企，经济效益较好的煤企可以通过购买产能指标的方式获得煤炭产能指标，实现煤炭产能指标的优化。第三，煤企自身的产能置换。很多煤企淘汰了年代久远、吨煤成本较高的落后产能，将产能指标转换到有现代机械开采的大型矿井中去。2019年国家要求关停30万吨以下的小煤矿，这些小煤矿产能的关停也可以腾出指标给效率更高的大型煤矿增加产能。

经过行业出清和竞争，我国现有发债煤企的原煤产量如表4-5所示，如果没有大型煤企之间的兼并重组，则行业竞争格局基本已经锁定。一般来说，企业规模越大则行业地位越高，获得的政策支持越多，融资渠道也更通畅。

表 4-5　我国现有发债煤企的原煤产量

企业简称	原煤产量（万吨）
国家能源投资集团	52 413
晋能集团	30 000
山东能源集团	25 000
中国中煤集团	21 000
陕煤化	16 023
焦煤集团	10 000
阳泉煤业集团	8 200
潞安	8 580
冀中能源集团	8 100
豫能化	7 366
淮南矿业	6 935
伊泰	6 064
华电煤业	5 078
平煤	3 453
开滦集团	2 791
淮北矿业	2 850

注：按照 2020 年底煤企整合方案，根据 2019 年数据推算得出。

（三）资源禀赋

不同的煤企由于矿区自身的特点，拥有的资源禀赋相差较大。下面将简单介绍煤企拥有的煤炭资源禀赋。

1）华北区，特别是内蒙古、陕西、江西交界的地方煤炭动力煤资源比较丰富，且开采条件较好，这部分区域煤炭煤层较浅，很多是露天矿，开采这片区域的煤企主要是国家能源投资集团、陕煤化、伊泰、中国中煤集团。

2）华南区贵州有一定的煤炭储量，但煤炭开采难度较大，煤炭品质一般（含硫等杂质较多），因此不是市场上的主流煤炭供应地。

3）华南区和华北区靠近沿海一带的安徽、河南、河北几个省煤炭运输便利，主要以价格较高的焦炭为主，但开采难度较大，且都是小规模矿井生产，因而吨煤成本高。

4）西北地区如新疆煤炭资源比较丰富，以动力煤为主，开采条件也较好但交通运输比较不方便。

主要煤企的资源禀赋情况汇总如表 4-6 所示，一般储量越丰富的煤企会被认为未来的发展空间越大，业务持续性越好；品种越好、品质越高则煤炭售价越高，企业盈利能力越好。至少从各家煤企公布的可采储量来看，按照现在每年的原煤产量计算，储量足够煤企开采 20 年以上，因此，各家煤企都不用担心没有煤炭可采。

表 4-6　主要煤企的资源禀赋

企业简称	资源储量（亿吨）	可采储量（亿吨）	主要品种
国家能源投资集团	234	150	动力煤
晋能集团	307	165	动力煤
中国中煤集团			动力煤
陕煤化	164	102	动力煤
兖矿集团	407	61.5	焦煤（本部）
焦煤集团	209	112	焦煤
阳泉煤业集团	85	41	无烟煤
冀中能源集团	112	42	焦煤
晋能集团	118	67	无烟煤
晋城无烟煤集团	110	40	无烟煤
豫能化	318	44	无烟煤
淮南矿业		50	焦煤（本部）
伊泰	27	15	动力煤
淮北矿业		37	焦煤（本部）

注：有些煤企虽然进行了合并，但还未以集团名义发债，因此从数据可得性上考虑仅汇总合并前的数据。

二、煤企经营情况

（一）吨煤成本

上文分析的资源禀赋等很多因素最终都会体现在煤企的吨煤成本上，吨煤成本是衡量煤企竞争力的重要指标。如表 4-7 所示，打开一张煤企的成本构成表，可以看到吨煤成本由材料（电力）成本、人工成本、折旧费和提取费等构成。这些费用的构成一般取决于开采条件、矿井规模、历史负担、人均工效等因素。

表 4-7　某煤企成本构成表　　　　（单位：元/吨）

项目	2017 年	2018 年	2019 年	2020 年 1～9 月
材料成本	17.09	20.05	15.96	15.10
人工成本	50.30	50.69	50.70	53.95
电力成本	8.53	8.46	8.46	8.58
折旧费	9.97	10.99	12.00	12.97
提取费	21.43	23.35	24.60	24.99
其他	38.69	32.43	37.50	33.68
吨煤成本	146.01	145.97	149.22	149.27

注：上述吨煤成本为原煤开采成本，不含洗耗、加工成本。
资料来源：Wind。

开采条件方面，煤矿区分为露天矿和井工矿。内蒙古和山西平朔的矿区为露天矿，开采成本很低，直接装车运走就行。河北、安徽、山东的矿区基本都是井工矿，井工矿需要先挖矿井到地下，再进行采掘。这个过程就可能出现矿井塌陷、瓦斯等很多安全问题，从而需要较多的安全支出，因此井工矿需要提取更多的安全生产费用。

矿井规模方面，由于发债的煤企都是大型煤企，所以一般认为产能小于 100 万吨/年的矿井为小矿井。小矿井机械化程度一般比较低，需要的工人也比较多，因此需要更高的人工成本和材料成本。大矿井是指大于 1000 万吨/年产能的矿井，这样的矿井能使用综采设备，机械化程度较高，需要的工人较少，因此人工成本和材料成本的支出也相对少。

很多矿区由于成立时间比较早，年代比较久远，承担了大量的社会职责，包括发放工人退休金、提供医疗和教育服务等，这些支出统称为"三供一业"支出。这类支出虽然国家要求逐渐划归地方政府，但实际上煤企作为部分地区政府的绝对收入来源，实际负担很难减轻，这部分支出压力较大的煤企每年的吨煤成本也将增加。

由于煤企大多数都是国企,不能完全从企业效益出发优化员工数量。因此,保证当地员工的就业成为煤企的重要责任。因此,人均工效被用于衡量煤企的人员负担,人均产煤越多说明煤企的人员负担越轻。

(二) 煤炭售价

煤炭售价主要决定因素是品种、运输条件和下游客户情况。

如果煤企主要品种是焦煤和无烟煤,则平均售价较高;如果是动力煤,则平均售价较低。

运输条件方面,如果煤企本身离最终消费区比较近或者有便利的运输条件,都可以大大节约运输成本,提高煤炭售价。安徽、山东等地煤企离消费区比较近,运输成本比较低;内蒙古、山西、陕西等则充分利用铁路资源,用煤炭铁路专线将煤炭运往港口,然后再通过海运将煤炭送往最终消费区。内蒙古、山西的煤炭通过大秦线和朔黄线运到港口,再从港口用更为便宜的海运运往国内各地。

运输成本方面,水运成本最低,然后是铁路运输,汽运成本最高。为降低运输成本,我国建设多条专门用于运煤的铁路专线。铁路专线要么将煤炭直接运往最终消费区,要么运往附件的港口,然后通过更为便宜的水运将煤炭运往全国各地。

下游客户方面,大型煤炭集团基本都与大型电力企业有长期协议价格方面的合作。煤企通过长期协议价格可以锁定利润和保证较高的产销率,很多煤企有长期协议价格的产能占到所有产能的50%以上。因此,煤企煤炭售价并不总是由市场价格决定,长期协议价格决定了部分煤炭售价。

每个大型煤企几乎都同时经营煤炭的下游产业,这些下游产业包括煤化工、电力行业等,这意味着很多煤企自己内部会消化掉一部分煤炭产能,煤炭的企业内部转移价格也不是完全市场化的价格。

(三) 非煤业务

煤炭行业属于资源性的行业，资源型行业基本是旱涝保收的，煤挖出来卖掉就有30%～50%的毛利率，估计世界上很难找到比这更省心和简单的行业了。可是为什么会有煤企违约？

违约原因主要有两个。第一，煤炭价格太低，击穿生产成本。如四川省煤炭集团（以下简称川煤）违约是因为供给侧结构性改革之前煤炭价格长期比较低，而川煤的生产成本比较高、入不敷出导致无法偿还债务。第二，非煤业务拖累。永煤违约正是由于其煤化工业务亏损拖累了煤炭业务，煤炭业务每年赚的几十亿元都给煤化工业务给亏完了，导致债务压力不断增大，最终资金链断裂。在某种程度上分析煤炭业务甚至都是没有必要的，因为只要煤炭价格维持在一定水平煤炭业务肯定是赚钱的，拖垮煤企的往往是非煤业务。

对于非煤业务的分析，主要有两点：一是盈利，二是新增投资。

盈利方面，只要非煤业务能不亏钱，或不需要用太多煤炭业务的盈利填补窟窿就算及格。如果非煤业务每年有比较大的亏损，且亏损额相对于煤炭业务的盈利额占比较大，则应对这家煤企持谨慎态度。

新增投资方面，仔细了解非煤业务的投资金额、投资节奏、资金来源及回款计划。如果非煤业务有巨额投资的计划且回款周期较长，盈利不确定性较强，或者投资金额与融资期限严重错配，则应该谨慎考虑煤企的新增投资是否可能巨大亏损。如果确定煤企无法承担新增投资的全额亏损，则投资者应当以更为谨慎的态度对待这样的企业。

(四) 盈利能力

将煤企的各项业务都单独拆分出来进行考核，非煤业务只要毛利率低于10%，基本上是亏钱或者微利的业务。由图4-8可以看出，煤炭业务的毛利率均处在比较高的水平（30%～50%），部分煤企的整体毛利率水平比较低，主要是由于非煤业务的拖累。图 4-8 中煤炭毛利率和企业整体毛利率相差越大，说明非煤业务对煤企整体利润的拖累越大。

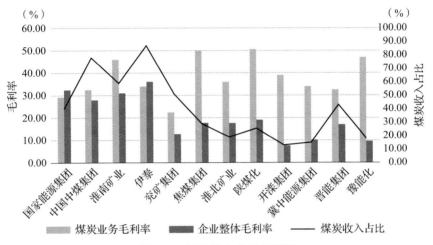

图 4-8　主要煤企毛利率情况

资料来源：Wind，本书作者整理。

煤企的非煤业务大多围绕着煤炭下游做延伸，如电力和煤化工业务。这类业务的实质是通过下游延伸达到增加利润的效果，比如一吨煤炭加工成煤化工产品单位产值更高，发电上网也能创造更高的产值。煤企能不能通过下游延伸实现更高的利润是评估其多元业务是否成功的关键指标，因此，归属于母公司净利润成了评估盈利能力的关键指标。如图 4-9 所示，豫能化是归属于母公司净利润亏损最严重的煤企，最先违约似乎也是有迹可循的。

三、煤企偿债能力

（一）债务结构

债务结构包括债券期限和融资来源。债券期限方面，短期融资占比越低则企业短期的偿债压力越小，企业的融资结构越好。融资来源方面，非标融资占比越小说明企业融资途径越多，融资结构越好；债券结构融资占比越小则企业遇到债市信用整体收缩时腾挪空间越大，融资结构更好。

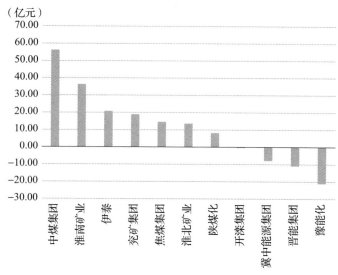

图4-9 主要煤企归属于母公司净利润

注：国家能源投资集团归母净利润将近300亿元，与其他煤企不再一个等级上，不方便比较，因此去除国家能源投资集团数据。

资料来源：Wind，本书作者整理。

与其他类型的企业一样，常用"短期债务占比""非标占比"和"债券融资占比"三个指标来评估煤企债务结构的好坏。

（二）资产质量

评估企业的资产质量本质上还是想了解企业的偿债能力。对于煤企而言，主要的资产是采矿权、未卖出的煤炭、矿区的厂房和机械设备、在建的项目等。债券投资人会根据这些资产是否方便变卖用于偿债，以及变卖价值来评估其资产质量。例如采矿权，由于国家有核定产能的限制，即使企业账面上有100亿吨的采矿权，没有国家的审批也不能开采；即使可以开采，每年只有1000万吨的核定产能，变现速度也比较慢，对于金融机构而言有一定处置难度。

矿区的仓房和机械设备在煤企资产中占比也比较大，机器设备很多都是专用配套设备，搬迁成本很高，拆出来卖只能卖个废铜烂铁的价格，此类专用机器设备变现价值很低；矿区的厂房一般在山沟里，山高路远且生活配套差，对于金融机构来说变卖价值也比较差。相对而言，存货里的煤炭及其他产成品算是价值比较高且相对好变现的资产。

除此之外，资产质量比较好的企业应有占总资产比例比较大的货币资金、同业存单、理财等可以即时变现用于偿还债务的优质资产。资产质量较差的企业则会被其他企业大量占用资金，有比较大额的其他应收款。

在评估煤企资产的时候，需要关注资产的受限比例。信用债投资人在企业破产清算偿付债务时清偿顺序比较靠后：有抵押权的债权人清偿顺序比较靠前，然后才轮到无抵押的信用债投资人。资产受限比例比较高将大大降低信用债投资人的偿付比例。

（三）或有债务

债券投资人关注或有债务需要关注对外担保和债务纠纷两方面。可以通过"对外担保金额占净资产的比例"这个指标来衡量煤企对外担保，比例越大，则企业潜在的代偿责任越重，债务压力越重。债务纠纷方面，可以查看企业最近的法律纠纷案件，如果企业有大额的未决诉讼，则需要向企业询问诉讼形成的原因，以此判断企业大额未决诉讼是否会对企业造成重大损失。

（四）偿债能力指标

偿债能力指标分为长期偿债能力和短期偿债能力。

对于长期偿债能力，可以用资产负债率、净负债率、EBITDA/带息债务等指标去评估。从图4-10可以看出，按照净负债率排序，净负债率最高的三家煤企分别为冀中能源集团、豫能化和淮南矿业。

对于短期偿债能力，可以用货币资产/短期债务、经营现金流净额/

短期债务等指标去评估。图 4-11 按照经营现金流净额/短期债务指标排序，可以看出伊泰作为唯一的民企，短期偿债能力表现优异。冀中能源集团、晋能集团、豫能化短期偿债能力指标较低，市场认可度较低，债券市场融资成本较高。

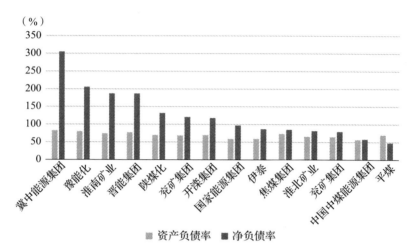

图 4-10　主要煤企净债务率

资料来源：Wind，本书作者整理。

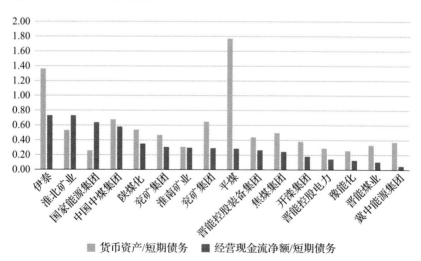

图 4-11　主要煤企短期偿债能力

资料来源：Wind，本书作者整理。

用指标去量化对比方便对煤企进行排序，但在实际投资中，对于单个煤企，还是应该仔细去查看其每一项资产和负债项目，找出其短期、长期比较好变现的核心资产，将这些数据分别和短期、长期有息债务进行对比。企业的核心资产都藏在什么地方，下一节马上为大家讲述。

第三节　探秘煤企报表的独特之处

煤企的会计科目记录了煤炭生产过程中留下的轨迹。从利润表中可以了解煤企各板块的盈利情况，哪些是赚钱的板块，哪些是会长期亏损的板块。从资产负债表中可以了解煤企的资产主要有什么共性，好的和差的煤企的资产质量有何不同。怎么从资产负债表中找到煤企的有息债务？带着这些疑问，来探究煤企会计科目吧。

一、利润表

大多数煤企都有多个业务板块，每个板块的盈利能力迥异，因此，利润表的信息量比较小。这里只提示注意一点，债券发行主体一般都是母公司，因此，最终还款也是母公司还款。在看利润表时，如果发现净利润和归属于母公司净利润相差过大，则说明母公司对并表子公司的持股比例较低，可能母公司存在对并表子公司的控制能力弱、资金归集能力弱等弊端。

利润表需要更多地关注营业收入明细表。如表4-8所示，通过收入和成本的对比可以看出，这家煤企虽然板块很多，但能赚钱的只有煤炭板块，其他板块都是微利。

表 4-8　某煤企 2019 年营业收入明细表

(单位：元)

项目	本期发生额		上期发生额	
	收入	成本	收入	成本
1. 主营业务小计	177 500 179 565.76	146 223 242 596.31	168 903 241 176.71	138 494 197 743.81
炼焦煤生产、加工及销售	95 067 674 347.58	68 241 663 893.65	82 779 834 946.87	57 315 360 038.35
焦化	20 697 703 391.45	19 048 794 968.58	23 074 845 399.53	19 611 481 344.37
电力生产	7 146 346 316.82	7 036 949 632.50	5 785 550 992.96	5 843 303 346.32
民爆化工	376 179 480.31	207 866 094.10	385 021 792.09	257 343 391.93
现代物流业	47 528 629 131.31	46 614 976 757.45	52 888 134 804.91	52 214 148 503.22
建筑、机电等其他行业	6 683 646 898.29	5 072 991 250.03	3 989 853 240.35	3 252 561 119.62
2. 其他业务小计	2 972 453 970.98	2 249 426 919.97	7 252 068 220.44	6 785 058 723.25
材料转让售、固定资产出租等	2 972 453 970.98	2 249 426 919.97	7 252 068 220.44	6 785 058 723.25
合计	180 472 633 536.74	148 472 669 516.28	176 155 309 397.15	145 279 256 467.06

资料来源：Wind。

进一步将营业收入明细表制作成表 4-9，可以更清楚地看到 2019 年某煤企煤炭板块毛利率 261.31 亿元，毛利率将近 50%；电力板块毛利率只有 1.53%，在扣除各项费用后，电力板块肯定是亏损的。焦炭化工板块毛利率 7.97%，在扣除各项费用后基本上能维持盈亏平衡。通过看利润表可以得出结论，这是一家用煤炭板块赚的钱去贴补非煤板块的企业，其中电力板块和贸易服务板块盈利能力较弱，需要评估这些板块的业务是否将长期亏损，煤炭业务盈利是否够弥补非煤业务的亏损。

表 4-9 某煤企毛利润和毛利率

项目	2020年1~6月 金额（亿元）	占比（%）	2019年 金额（亿元）	占比（%）	2018年 金额（亿元）	占比（%）	2017年 金额（亿元）	占比（%）
煤炭板块	111.66	83.52	261.31	83.55	250.86	82.49	234.60	87.89
毛利率		51.54		49.96		44.44		46.03
电力板块	2.69	2.01	1.09	0.35	-0.58	-0.19	-0.98	-0.37
毛利率		7.32		1.53		-1.00		-2.17
焦炭化工	5.20	3.89	16.49	5.27	34.63	11.39	16.91	6.34
毛利率		5.97		7.97		15.01		8.24
贸易服务	6.37	4.77	16.09	5.14	10.53	3.46	7.20	2.70
毛利率		1.37		1.78		1.33		1.09
建筑建材	0.35	0.26	1.39	0.44	3.77	1.24	2.93	1.10
毛利率		4.33		5.72		17.14		14.53
其他板块	7.43	5.56	16.40	5.24	4.9	1.61	6.26	2.35
毛利率		32.37		35.41		22.53		32.84
营业毛利率		15.96		17.62		18.00		18.31
合计	133.69	100.00	312.77	100.00	304.11	100.00	266.93	100.00

资料来源：Wind。

二、资产负债表中的资产项目

与城投公司、房企拥有很多可以变卖的土地和房子不同，煤企的资产主要是采矿权、未卖出的煤炭、厂房和机械设备等，其中煤炭流动性较好，采矿权及厂房和机械设备变现难度较大。围绕着这些资产，看看它们一般在资产负债表的哪些会计科目。

（一）货币资金

货币资金是煤企最重要的流动资产，我国几家主要煤企关键时点留存的货币资金都比较多，货币资金占资产总额的平均比例超过10%。虽然关键时点的货币资金占比比较高，但我们仍然需要评估煤企实际能动用的货币资金数额及日均货币资金余额。

（二）应收账款

应收账款为经营产生的应收款，煤企应收款源于卖出煤炭后未收到下游款项，对手方一般为煤炭贸易企业、电力企业或者钢企。在分析中应该尽可能查看应收账款的对手方，判断对手方的偿付能力，煤企提取的坏账准备可能低于预期。永煤事件后，应当重点关注陷入债务风险的煤企及其上下游。如果煤企同时也进行煤炭贸易业务，应了解清楚煤企对于贸易对手的风险管理体系和敞口情况等，避免出现应收账款坏账。

（三）其他应收款

其他应收款一般源于：① 其他关联公司与煤企的往来款，实际造成对煤企资金的占用；② 煤企履行了某些社会职责（三供一业）并垫付款项，应收地方政府的款项；③ 收购公司、购买探矿权提前预支的款项。如果其他应收款金额较大，我们需要评估煤企对关联公司借款的回收合同、回收计划及回收款项中存在的不确定性。

（四）存货

存货是煤企资产负债表中金额比较大的项目。如表4-10所示，煤企存货包括煤炭生产过程中需要的原材料及生产出的半成品和在产品。存货属于煤企资产中比较好变现的优质资产。

表 4-10 煤企存货

项目	账面余额（万元）	跌价准备（万元）	账面价值（万元）	占比（%）
原材料	450 938.76	3 508.08	447 430.68	23.53
自制半成品及在产品	693 030.19	2 686.63	690 343.56	36.31
其中：已完工未结算工程	98 225.86	—	98 225.86	5.17
在建房地产开发产品	498 061.15	—	498 061.15	26.20
库存商品（产成品）	744 006.06	2 850.17	741 155.89	38.98
周转材料（包装物、低值易耗品等）	12 599.11	715.64	11 883.47	0.63
消耗性生物资产	36.03	—	36.03	0.00
其他	16 500.49	6 017.20	10 483.29	0.55
合计	1 917 110.64	15 777.71	1 901 332.93	100.00

资料来源：Wind。

（五）固定资产和在建工程

如表 4-11 所示，煤企的固定资产主要包括：① 房屋及建筑物，这些房屋及建筑物大部分位于矿区，位置比较偏远，实际可变现价值较低。② 机器设备，煤企很多机械设备都是配套专用的，如大型综采设备、传输皮带、监控装置等，这些设备拆卸后卖出价值较低，因此，实际可变现价值较低。

表 4-11 煤企的固定资产

项目	账面原值（万元）	累计折旧（万元）	账面净值（万元）	减值准备（万元）	账面价值（万元）	占比（%）
土地资产	31 718.90	—	31 718.90	—	31 718.90	0.35
房屋及建筑物	8 819 393.72	3 090 064.06	5 729 329.67	35 218.71	5 694 110.96	62.20
机器设备	8 076 402.51	5 022 671.38	3 053 731.13	11 918.31	3 041 812.82	33.23
运输工具	297 438.24	220 043.06	77 395.18	744.14	76 651.04	0.84
电子设备	206 002.50	128 414.80	77 587.70	3 353.63	74 234.07	0.81
办公设备	53 375.85	39 114.64	14 261.21	—	14 261.21	0.16
酒店业家具	525.58	—	525.58	—	525.58	0.01
其他	445 443.76	224 012.15	221 431.61	212.99	221 218.62	2.42
合计	17 930 301.06	8 724 320.09	9 205 980.98	51 447.78	9 154 533.20	100.00

在建工程主要是一些正在建设的项目,包括旧矿区的升级改造、新矿区的建设、周边基础设施的完善等。国内很多煤企还有在建的煤化工项目、煤炭运输专用铁路项目等。评估建设工程项目应当重点了解每个工程未来投资计划、盈利情况等,然后综合汇总煤企未来的投资支出、资金平衡情况,估算新增投资是否会影响煤企的偿付能力。

(六) 无形资产

煤企的无形资产主要是采矿权,也有部分煤企的无形资产是土地使用权。值得注意的是,如果煤企无形资产增幅较大,除了购买新的采矿权之外,很有可能是重新评估了采矿权的价值。这几年有不少煤企重新评估采矿权,这样可以增加资产规模,降低煤企债务率,达到美化报表的目的。但是债券投资人应当清醒地认识到,采矿权是一项比较难变现的资产,是否能开采和核定产能均有比较大的不确定性。

有些煤企的采矿权虽然计入无形资产,但实际要开采需要等国家的规划和审批。煤炭开采的规划和审批难度均较大,规划和建设周期至少需要3~5年,诸如此类的无形资产实际价值比较低。

(七) 其他流动资产及其他非流动资产

这两个科目会有一些对其他公司的借款、理财等金融投资等比较值得探究的事项,如果金额较大,也应当探究清楚形成的原因并做一定的科目还原。

三、资产负债表中的负债与权益项目

(一) 应付账款

应付账款是煤企应付上游的材料款和工程款等。与其他企业一样,煤企可以通过延长对上游的付款期限,关键时点拖欠上下游款项等方式减少有息债务的绝对金额，对资产负债表进行调节。

（二）其他应付款和长期应付款

煤企的其他应付款和长期应付款一般包括：① 应当支付的购买采矿权的款项；② 应当支付的收购公司的款项；③ 通过融资租赁等非标途径获得的融资款。

（三）有息债务

煤企的有息债务包括短期借款、一年内到期的流动负债（短期应付债券）、长期借款、应付债券，把这些科目相加就可以得到煤企的表内有息债务规模。有些煤企也会将一年内到期的债券记为其他流动资产，将非标途径获得的融资款记为长期应付款，计算煤企的有息债务应当仔细查看每一个负债项目。

（四）所有者权益

不少煤企为降低债务率发行了永续债，可以在所有者权益表中看到永续债的金额。在实际研究中，应当在将永续债还原为有息债务中的债券融资后，再进行偿债能力指标的计算。

四、现金流量表

现金流量表是通过资产负债表和利润表计算出来的。经营活动现金流、投资活动现金流和筹资活动现金流遵循着"三个现金流净额相加等于现金的增加额"的现金流等式。因此，这三个现金流是正数或者负数所描述的企业故事是不同的。

如表4-12所示，从某煤企的现金流量表中可以得出以下信息。

1）从经营活动产生的现金流净额可以看到：企业经营活动产生的现金流净额为正数且金额逐年增加。数字变动背后的原因是，随着供给侧结构性改革的进行,煤炭价格逐渐企稳,企业产能也不断增加,量价提升使企业经营现金流净额逐年增加。

表4-12 现金流量表 （单位：万元）

项目	2020年1~3月	2019年	2018年	2017年
一、经营活动产生的现金流量				
经营活动现金流入小计	3 226 210.53	16 910 935.21	16 390 285.48	12 913 445.67
经营活动现金流出小计	3 066 582.64	15 196 434.38	14 759 996.90	11 926 839.83
经营活动产生的现金流量净额	159 627.90	1 714 500.83	1 630 288.58	986 605.84
二、投资活动产生的现金流量				
投资活动现金流入小计	158 686.42	1 125 825.32	751 815.25	335 289.08
投资活动现金流出小计	275 643.89	2 356 925.36	1 629 318.00	1 442 254.05
投资活动产生的现金流量净额	-116 957.46	-1 231 100.05	-877 502.74	-1 106 964.97
三、筹资活动产生的现金流量				
筹资活动现金流入小计	2 743 361.18	7 599 463.07	8 713 844.55	9 019 406.26
筹资活动现金流出小计	1 948 978.90	9 348 449.49	8 756 459.13	8 634 913.08
筹资活动产生的现金流量净额	794 382.28	-1 748 986.42	-42 614.58	384 493.18
四、汇率变动对现金及现金等价物的影响	44.92	366.82	985.98	-797.83
五、现金及现金等价物净增加额	837 097.63	-1 265 218.82	711 157.23	263 336.22
加：期初现金及现金等价物余额	1 400 829.41	2 666 048.24	1 954 891.00	1 691 554.78
六、期末现金及现金等价物余额	2 237 927.05	1 400 829.41	2 666 048.24	1 954 891.00

资料来源：Wind。

2) 从投资活动产生的现金流净额可以看到：企业投资活动产生的现金流净额为负数且金额较大。数字变动背后的原因是,企业每年都在进行大规模的投资,主要是购买了大量的房屋、建筑物及采矿权。

3）从筹资活动产生的现金流净额可以看到：2017年筹资活动现金流净额为正数，说明企业对外融资金额增加38亿元；2018年、2019年企业筹资活动现金流净额为负数，说明企业在这两年减少了对外融资，在用其他现金流偿还欠款。

4）从三个现金流的增加关系我们可以看到：2019年企业使用当年经营赚取的现金以及账上现金，除了用来购买了固定资产、无形资产，还偿还了大量对外欠款。2017年企业使用当年经营赚取的现金以及对外借的钱，买了固定资产和无形资产，还增加了企业账上的现金。每年现金流等式的变化实际是企业在跟市场说着不一样的故事。

第四节　用量化工具一眼看懂煤炭类债券

定性分析需要更多的经验，定量工具方便让人一眼就看出区别。定性分析的缺点在于会带有很多主观的意见、投资人个人的喜好甚至是偏见，但是定量工具更多依据的是数据的排序，客观的数据给出的结果往往让人无可辩驳。即便如此，依然建议量化工具只做决策参考，实际的情况往往比数据更复杂，需要定量和定性分析相结合。

如表4-13所示，量化工具分为三个部分：第一部分基本情况指标，打分指标包括煤企的股东背景、股东偿债意愿、总资产、原煤产量、品种。第二部分经营情况指标，包括煤企的吨煤成本、人均产煤、非煤业务毛利率、毛利率、归属于母公司利润总额。第三部分偿债能力指标，主要包括优质资产占比、融资结构比例、长短期偿债能力指标。

一、"基本情况"指标打分原则

基本情况指标主要包括煤企的股东情况（股东背景、股东偿债意愿）、规模（总资产、原煤产量）和资源禀赋（品种）。

表 4-13　煤企量化工具

指标大类	大类分值	打分指标	总分值	得分比率	得分（总分值 × 得分比率）
基本情况	20	股东背景	2		
		股东偿债意愿	6		
		总资产	2		
		原煤产量	5		
		品种	5		
经营情况	30	吨煤成本	10		
		人均产煤	3		
		非煤业务毛利率	7		
		毛利率	5		
		归属于母公司净利润	5		
偿债能力	50	优质资产占比	15		
		债券占比	5		
		短期债务占比	6		
		资产负债率	4		
		净负债率	6		
		EBITDA/带息债务	4		
		货币资产/短期债务	4		
		经营现金流净额/短期债务	6		

（一）股东情况

1. 股东背景

如果实际控制人为央企则得分比率为 100%，为省级国资委则得分比率为 50%。如果实际控制人为省级以下国企则得分比率为 25%，实际控制人为民企则得分比率为 0%。

2. 股东偿债意愿

参考省级国资委控股的企业是否有债券违约历史。如果有违约历史且债务处理结果较差，则得分比率为 0%；如果有违约历史但处理较好，债券没有实质性违约，则得分比率为 50%；如果历史上没有违约且对债务管理比较重视，则得分比率为 100%。

（二）规模

规模主要考虑总资产和原煤产量，可以通过表4-14进行取值。

表4-14 煤企规模指标得分比率

总资产（亿元）	原煤产量（亿吨）	得分比率（%）
≥ 5 000	≥ 2	100
（2 000，5 000）	（1，2）	50
≤ 2 000	≤ 1	0

比如陕煤化2019年总资产为5486亿元，原煤产量为1.6亿吨，则陕煤化总资产、原煤产量的得分比率分别为100%、50%。

（三）资源禀赋

由于每家煤企披露的可采储量都比较大，都够煤企开采10年以上，对于债券投资人而言，债券期限最长也就3～5年，因此不需要考虑10年后煤企的可采煤炭资源枯竭的问题。

开采条件、煤炭品质等资源禀赋也比较难量化。由于品种已经在很大程度上决定煤炭的身价，因此，在这里仅用品种这个指标来衡量煤企的资源禀赋。如果煤炭业务收入有超过80%都来自焦煤或者喷吹煤，则得分比率为100%；如果源于焦煤或者喷吹煤的收入贡献超过50%但小于80%，则得分比率为50%；如果源于焦煤或者喷吹煤的收入贡献小于50%，则得分比率为0%。

二、经营情况指标打分原则

经营情况主要考虑吨煤成本、人均产煤及毛利率等指标。

（一）吨煤成本

煤企会在募集说明书中公布吨煤成本的金额，但煤企公布的吨煤成本口径有一定差异，并不一定具有对比性。市场对于吨煤成本更多依赖的是定性因素，比如是露天矿还是井工矿、矿井深度、开采地离消费地的距离、运输方式、是否有专门的运煤铁路等。除此之外，对于井工矿而言，如果煤矿瓦斯较多，则安全成本支出也会更多。

为了方便量化，本书还是采用各家煤企披露的吨煤成本金额进行打分。如图 4-12 所示，如果吨煤成本低于 200 元，则得分比率为 100%；如果吨煤成本在 200 元和 300 元之间，则得分比率为 50%；如果吨煤成本大于 300 元，则得分比率为 0%。

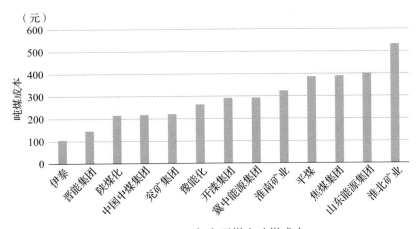

图 4-12　2018 年主要煤企吨煤成本

资料来源：Wind，本书作者整理。

（二）人均产煤

可用人均产煤来衡量煤企的历史负担，企业的人员负担不仅仅是当期的成本，还反映了在未来比较长的时间内企业的持续支出。如图 4-13 所示，如果煤企的人均产煤在 1500 吨以上，则得分比率为 100%；如果吨煤成本在 1000 元和 1500 元之间，则得分比率为 50%；如果吨煤成本低于 1000 元，则得分比率为 0%。

（三）非煤业务毛利率

本章第二节中详细分析了非煤业务拖累煤企的弊端，本书将使用煤炭业务毛利率和整体毛利率的差值来衡量非煤业务对煤企的拖累程度。如图4-14所示，如果这个差值大于20%，则得分比率为0%；如果差值在5%～20%之间，则得分比率为50%；如果差值小于5%，则得分比率为100%。

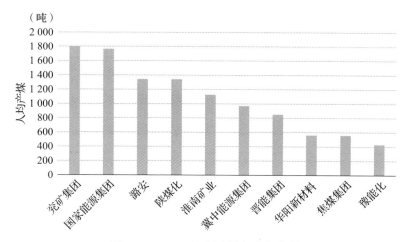

图4-13　2019年主要煤企人均产煤

注：由于伊泰将采掘外包，因此伊泰的人均产煤接近9 000吨，与其他煤企不具可比性。为了使图片数据更具有比较性，因此将伊泰的数据删除。

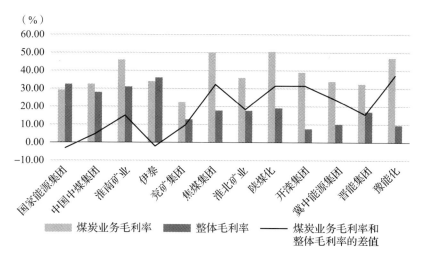

图4-14　非煤业务对煤企的拖累程度

资料来源：Wind，本书作者整理。

(四)毛利率

本书将使用毛利率作为衡量企业盈利能力的指标之一,毛利率指标的得分比率可以按照表 4-15 取数。如陕煤化 2019 年的毛利率为 19%,则毛利率指标得分比率为 25%。

表 4-15 毛利率指标得分比率

毛利率	得分比率(%)
≥ 30%	100
[20%, 30%)	75
[10%, 20%)	25
[0, 10%)	0

(五)归属于母公司净利润

归属于母公司净利润是实际归属债券发行人的利润,是衡量债券发行人盈利能力的最优指标。如图 4-15 所示,如果煤企的归属于母公司净

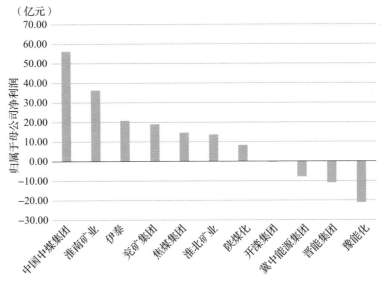

图 4-15 煤企归属于母公司净利润

注:国家能源投资集团归属于母公司净利润将近 300 亿元,与其他煤企不在一个等级上,不方便比较,因此去除国家能源投资集团数据。

利润为负值,则得分比率为0%;其他归属于母公司净利润为正的煤企的得分比率为归属于母公司净利润/50。例如,兖矿集团归属于母公司净利润为19亿元,则得分比率为38%(=19/50)。

三、偿债能力指标打分原则

(一)优质资产占比

按照本章第三节的方法评估企业优质资产占比,优质资产是指煤企流动性较好、变现价值较高的资产,如货币资金、银行理财、非受限的上市股权等。得分比率即为优质资产/总资产。例如,某家煤企优质资产为200亿元,总资产规模为500亿元,则得分比率为40%(=200/500)。

(二)融资结构比例

1. 债券占比

债券占比是指债券融资余额占所有有息债务的比例。如果企业融资过分依赖债券市场,一旦债券市场出现信用收缩,则企业可能瞬间在债券市场失去再融资功能,从而发生流动性风险。因此,债券占比越高则得分比率越小。债券占比指标的得分比率为(1-债券占比)。图4-16为煤企债券融资占比,可以通过计算得到指标得分比率。例如,国家能源投资集团的债券占比为10%,则债券占比指标的得分比率为90%(=1-10%)。

2. 短期债务占比

短期债务占比是指企业的短期债务占所有有息债务的比例,这个指标越高则企业的债务结构越不稳定。短期债务到期量大,企业如果不能即时进行债务续期,则可能发生流动性风险。短期债务占比指标的得分比率为(1-短期债务占比)。图4-17为煤企短期债务占比,可以通过计算得到得分比率。例如，中国中煤集团的短期债务占比为29%，则短期债务占比的得分比率为71%（= 1 – 29%）。

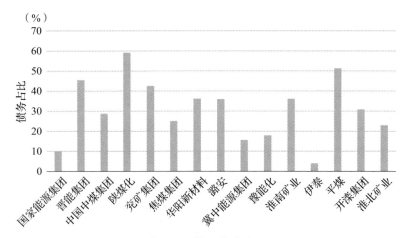

图4-16　煤企债券占比

资料来源：Wind，本书作者整理。

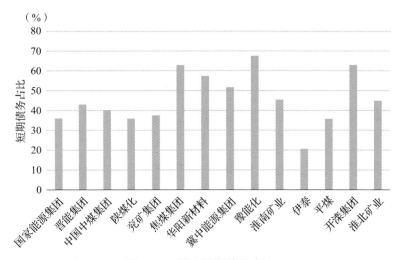

图4-17　煤企短期债务占比

资料来源：Wind，本书作者整理。

（三）长期偿债能力指标

对于长期偿债能力，可以用常规的长期偿债能力指标——资产负债率、净负债率、EBITDA/带息债务等衡量。计算出指标之后，可以按照表4-16进行取值。例如，焦煤集团资产负债率、净负债率、EBITDA/带息债务分别为74%、85%、18%，则这三个指标的得分比率分别为30%、60%、30%。

表4-16　煤企长期债务指标得分比率

资产负债率	净负债率	EBITDA/带息债务	得分比率（%）
< 60%	< 80%	> 25%	100
[60%，70%)	[80%，100%)	(20%，25%]	60
[70%，80%)	[100%，200%)	(10%，20%]	30
≥ 80%	≥ 200%	≤ 10%	0

（四）短期偿债指标

对于短期偿债能力，可以用常规的短期偿债能力指标——货币资产/短期债务、经营现金流净额/短期债务等衡量。

货币资产/短期债务得分比率取数规则为：如果货币资产/短期债务大于等于1，如伊泰和平煤，则得分比率为100%；如果小于1，得分比率即为货币资产/短期债务指标的计算结果。图4-18大致展示了主要煤企的货币资产/短期债务计算结果。例如，淮南矿业货币资产/短期债务指标的计算结果为0.31，得分比率为31%。

经营现金流净额/短期债务得分比率即为该指标的计算结果。图4-18中大致展示了主要煤企的经营现金流净额/短期债务计算结果。例如，淮南矿业经营现金流净额/短期债务指标的计算结果为0.3，得分比率为30%。

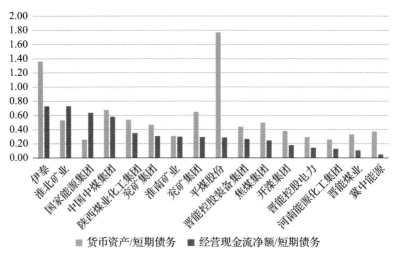

图 4-18 煤企短期偿债指标

资料来源：Wind，本书作者整理。

| 第五章 |

钢铁债投资
廉颇老矣，尚能饭否

第一节　钢企的江湖

一、钢铁行业十年起伏

中国大国崛起，钢铁功不可没。1949 年，我国钢产量只有 15.8 万吨。而从 1996 年开始，我国已经连续 23 年稳居全球钢铁生产和消费的第一位，2020 我国钢产量已经超过 10 亿吨。从缺钢少铁，到全球第一，我国钢企建立起了全世界规模最大的现代化钢铁生产体系。即使已经成为全球钢铁生产和消费的老大哥，我国钢铁行业也经历了不少波折（见图 5-1）。

第一阶段（2009～2011 年），次贷危机下，我国开启"四万亿"经济刺激计划，提升需求，带动钢铁价格和钢厂盈利，同时钢铁行业的投资大幅增加，为后面几年的产能过剩埋下伏笔。

第二阶段（2012～2015 年），经济刺激过后，钢铁行业明显产能过剩，钢厂开工率不断走低，价格呈现单边下跌趋势，部分钢厂长期处于盈亏平衡边缘。

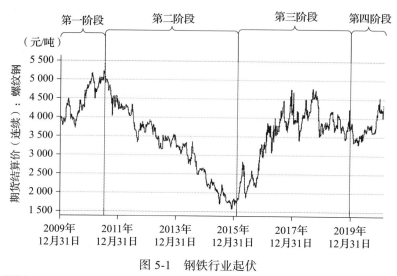

图 5-1　钢铁行业起伏

资料来源：Wind。

第三阶段（2016～2019年），面对钢铁行业产能过剩的困境，2016年国家开始陆续出台供给侧结构性改革的政策，钢铁行业不符合环保和质量标准的产能逐渐得到去化，特别是对地条钢的清理，大大改善了钢铁行业的供给过剩问题，钢铁价格迎来上涨。2019年虽然铁矿石价格大涨，但钢铁价格基本稳定在钢企可以获利的范围内。

第四阶段（2020年之后），新冠疫情短期给包括钢铁价格在内的大宗商品造成一定打击后，由于全球央行的放水，钢铁价格不断冲高。疫情之后的全球经济格局将有一定改变，我国以优异的抗疫能力率先恢复生产，与此同时欧美国家还深陷疫情漩涡。作为全球最大的钢铁生产国和消费国，我国的钢企预计未来将在全球钢铁行业的中拥有更强的话语权。

工信部在2021年初发布的《关于推动钢铁工业高质量发展的指导意见》中提出，钢铁行业力争到2025年前五位企业产业集中度达到40%，前十位的钢企产业集中度达到60%。在集中度和碳达峰的双重压力下，钢企的进一步兼并重组势在必行。

二、钢铁产业链竞争格局

钢铁行业作为制造业，生存空间受上下游的影响较大。如图5-2所示，钢铁行业的上游为铁矿石、煤炭、电力等原材料采掘相关行业。下游行业中，螺纹钢主要供给房地产、基建等行业，热卷和冷轧等对应汽车、家电、机械等行业。下文将从钢铁行业上游的铁矿石供应和下游的需求情况，描述钢铁产业链竞争格局。

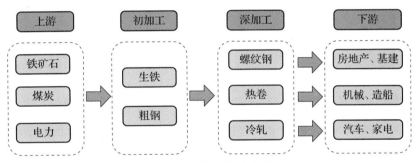

图 5-2　钢铁行业上下游

资料来源：前瞻产业研究院。

（一）我国钢铁行业的铁矿石困境

我国煤炭资源比较丰富，钢铁行业所需煤炭和电力都可以实现较好的国内供给，但铁矿石却是另外一个故事。我国钢企对进口铁矿石的依赖度高达90%，国内铁矿石供给仅为10%左右。海外铁矿石供给主要由少数几家铁矿石公司提供，集中度很高。如图5-3所示，巴西和澳大利亚的四大矿山垄断了全球67.4%的铁矿石产量，也掌握了铁矿石全球定价权。由于四大矿山垄断了全球铁矿石的定价权，我国钢企在产业链上处于比较不利的位置。由于国内钢企议价权比较弱，铁矿石公司如果涨价则国内钢企只能缩窄利润空间。近年来，各大钢企纷纷出海收购铁矿石公司股份或者铁矿石矿山，目的就是希望通过对上游铁矿石的控制对冲铁矿石涨价的风险，摆脱上游受人牵制、任人宰割的局面。

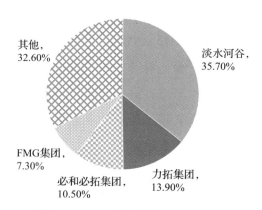

图 5-3　2019 年全球铁矿石产量分布

资料来源：兴业研究。

相比四大矿山铁矿石的储量大和高品质，我国铁矿石储量不小但品位较低。如图 5-4 所示，2016 年辽宁、河北、四川铁矿石储量分别为 56.25、26.59、27.02 亿吨，占比分别为 28%、13%、14%。相对于我国 2020 年粗钢产量超过 10 亿吨的数量级，单靠我国的铁矿石储量很难支撑我国钢企庞大的需求。

国内铁矿石资源主要由鞍钢和河钢所有，其中辽宁铁矿石储量主要分布于鞍山－本溪地区，这部分资源掌握在鞍钢和本钢手里；河北铁矿石主要分布于唐山、张家口、承德和邯郸，这部分资源主要掌握在河钢手里。四川铁矿石主要分布于攀枝花地区，资源主要掌握在攀钢手里，攀钢早在 2010 年已经重组为鞍钢的子公司，攀钢的铁矿石资源实际属于鞍钢。

（二）钢铁行业下游需求

如图 5-5 所示，钢铁行业的下游主要是房地产和基建行业，其中占到钢材需求量的 50% 以上。房地产和基建行业跟宏观经济的景气度有很大关联，其中房地产行业与国家房地产调控政策、货币政策、地产需求有比较大的关系；基建行业与国家逆周期调控政策、财政支出、专项债发行额度等紧密相连。

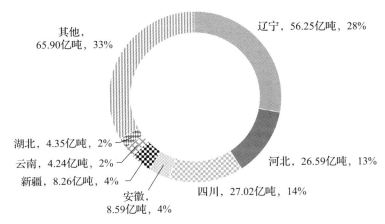

图 5-4　我国铁矿石产量分布

资料来源：中国产业信息网，国泰君安证券研究。

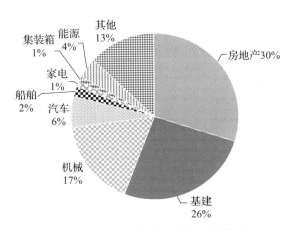

图 5-5　钢铁行业下游需求占比情况

资料来源：兴业研究。

（三）钢铁产品种类

钢铁产品种类众多，可以简单分为长材和板材。长材包括螺纹钢、线材等，下游主要是房地产和基建行业。板材包括各种型号的厚板、中厚板、薄板、热轧板和冷轧板等，下游主要是机械、汽车、造船等。

三、钢铁行业内部竞争格局

表 5-1 是我国主要钢企的粗钢产量，从中可以看到钢企的行业地位。宝钢在 2016 年兼并武钢集团后改名宝武钢铁集团（以下简称宝武），2019 年兼并马鞍山钢铁集团，2020 年兼并重庆钢铁集团、太原钢铁集团，预计将于 2021 年兼并山东钢铁集团（以下简称山钢）。完成山钢的兼并后，宝武将成为产能 1.45 亿吨的巨无霸。在钢企的江湖中，宝武就是那个一统江湖的盟主，不断拉拢业内小弟，扩大势力范围，坐稳钢铁行业第一把交椅。

表 5-1　主要钢企 2019 年的粗钢产量

企业简称	粗钢产量（万吨）
宝武	9 547
河钢	4 656
沙钢	4 110
鞍钢	3 920
首钢	2 934
山钢	2 758
华菱钢铁	2 431
本钢	1 716
方大钢铁	1 566
包钢	1 546
柳钢	1 440

注：如建龙集团、西北联钢、德隆系等钢企由于没有发行债券，不在本书的讨论范围内。

在绝对王者宝武之下，钢铁行业第一梯队为产能为 4000 万吨左右的河钢、沙钢和鞍钢。第二梯队为产能为 2000 万～3000 万吨的首钢、山钢（已被宝武合并）、华菱钢铁。产能 2000 万吨以下的钢企本钢、方大钢铁、包钢和柳钢等为第三梯队。

（一）王者宝武

宝武的出身即决定了其皇族气质。1978年才在上海建立的宝钢（宝武前身），是由国家领导钦点引进日本技术建立、举全国之力投资建设的钢企。由于宝钢建厂使用的是日本的先进设备和管理经验，直到现在这套设备的优良率依然在行业内领先。宝武靠着优异的出身和良好的经营在钢企竞争中不断拔得头筹，才出现了本节开头所描述的不断收购国内钢企，实现强者通吃的局面。

宝武主要产品为板材，特别是高附加值的汽车板材在国内市场上具有绝对优势。宝武上海本部厂区位于上海宝山。上海作为华东经济的核心经济区拥有上汽等大型钢铁下游需求企业，毗邻下游消费区域是宝武拥有的北方钢企无法比拟的优势。虽然已经是国内钢铁行业的王者，宝武收购的步伐还在继续。钢铁行业之前的格局是几乎每个省都有一个省属钢企，但现在很多省的钢企陆续投入宝钢怀抱。即使如此，钢企如果经营不善，希望引进收购者，第一个想到的仍是实力强大、不差钱的宝武。由于宝武主要以做板材为主，刚开始收购的钢企也以主要做板材的为主，估计今后随着收购版图的扩大，收购的钢企类型也会日趋于丰富。

（二）身处"世界钢都"的河钢

钢铁行业一直盛传一个段子：世界钢产量第一是中国，第二是中国河北，第三是中国河北唐山。河钢虽然产能有4656吨且在行业中排名比较靠前，但河钢的产能占整个河北钢铁产能也就20%左右。河北除了河钢，还有大量的民营钢企，很多国企钢企也在河北设立工厂。河北丰富的铁矿石资源和良好的港口条件让其创造了唐山和邯郸两个世界钢都。

河钢是由之前的唐钢、宣钢、邯钢等国企钢铁合并而来的。河钢在合并之初，没有将省内中小民营钢企拥有的产能同时并入，错失成为更大规模的钢企的机会。作为老牌钢企，河钢历史负担较重，运营效率相对低下，在环保压力下也有迁仓的压力，这些都是需要面对的问题。在2021年华夏幸福暴雷，冀中能源集团债券风险暴露的情况下，如何运营和保护好省内最重要的大型支柱产业，是河北需要面对的问题。

（三）曾经的"共和国长子"鞍钢

我国最早的钢企都在北方，比如新中国成立之前就存在的鞍钢、河钢、本钢。这些老牌钢企历经战争，在新中国成立后复工复产，重新焕发光芒成为新中国的工业支柱。新中国刚成立时，大部分钢铁产能都在鞍钢和本钢，当时全国钢铁产量甚至有一半都来自鞍钢，其"共和国长子"之称实至名归。当然，辽宁能成为我国钢铁的发源地是由于铁矿石储量比较丰富。作为我国铁矿石储量最大的辽宁，铁矿储量主要分布于鞍山－本溪地区，这些资源大部分掌握在鞍钢和本钢手里。辽宁、河北两地凭借着铁矿石储量，使得我国钢铁行业长期处于"北强南弱"的格局。

鞍钢是国内各大钢铁集团中矿石资源最为丰富、铁矿石自给率比例（2019年鞍钢铁矿石自给率73%）最高的钢企，其中鞍山地区铁矿石可采储量22.58亿吨，攀枝花地区铁矿石可采储量6亿吨，铁矿石平均品位25%～30%，大部分铁矿石为露天开采。

鞍钢和本钢虽然有比较好的铁矿石资源，但由于东北经济发展近二十年显著落后于东南沿海城市，腹地经济不足以支撑鞍钢集团的发展，且辽宁与东南沿海城市有一定运输半径，辽宁钢企在竞争中逐渐失去先机。2016年，东北特钢的债券违约和重整再次给辽宁钢企当头一棒，辽宁钢企的债务问题和经营管理效率值得深思。

（四）民企之光沙钢

随着宝武和沙钢的崛起，我国钢铁行业"北强南弱"的格局逐渐改变，南方钢企逐步在钢铁行业竞争中掌握话语权。宝武和沙钢的崛起也凸显了现代化工业生产体系的优势，其通过便捷的海上运输，将全球品位最好的铁矿石直接运输到位于长江沿岸的工厂里进行生产，生产的产品直接在华东地区消费或者沿着长江水域进行运输。沙钢和宝武的主要厂区都直接建设在长江沿岸，具有很强的交通运输优势，大大节约了运输成本。

沙钢作为民企，以其优异的运营能力，成为华东市场上螺纹钢的主要供应商。在 2016 年底开始的民企信用大收缩中，沙钢不仅毫发无损，还用真金白银在 2017 年收购了已经陷入债务危机的省级国企东北特钢，实乃民企之光。在沙钢的帮助下东北特钢 2019 年已经扭亏为盈，从负债累累的钢企变成一家能持续盈利的钢企。

2018 年，沙钢花费 200 多亿元投资英国大数据巨头 Global Switch 引起市场热议。我认为沙钢这笔投资主要有几个原因：① 钢铁主业利润丰厚，但在国家对钢企产能控制的大前提下很难新增太多产能，只能通过对外投资其他产业赚取收益，大数据行业属于现金流比较稳定的行业，这项投资甚至可以理解成购买了一笔现金流更为丰厚的大额存单。② 沙钢作为上市企业，资本市场给钢铁行业的估值一直比较低，投资其他行业有利于提升资本市场估值。

四、债券市场对钢企的认可度

去除掉被合并的钢企，债券市场上现存的发债钢企已经不多。我们截取这些钢企 2～2.5 年的债券融资成本，得到图 5-6。

（一）最受认可：宝武、首钢

就 2021 年 2 月的数据来看，宝武和首钢 2 年左右的融资成本都低于 4%。宝钢债券融资成本不仅是钢铁行业最低的，也是全市场最低的一档，是信用债中最靠近利率债收益率的发行人。

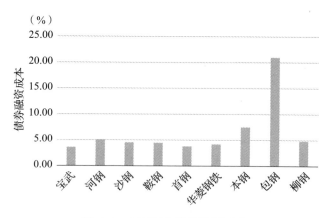

图 5-6 主要钢企债券融资成本

资料来源：Wind，本书作者整理。

首钢债券融资成本较低一方面得益于股东为北京国资委，北京国资委拥有强大的资源调动能力。另一方面首钢从地理位置上有优势，首钢地处北京——京津冀经济圈的核心地带，有稳定的下游需求及较低的运输成本。

（二）比较受认可：沙钢、鞍钢、华菱钢铁

沙钢优秀的财务报表、良好的运营能力都是经过时间验证的，在民企大浪淘沙之后还能在债券市场上发债并且维持较低融资成本的，都是真正有实力的民企。

鞍钢实际控制人为国务院国资委，妥妥的央企，比较受债券市场的认可。鞍钢认可度低于宝武和首钢主要是由于鞍钢地处辽宁，由于东北特钢和华晨集团债券发生了违约受到波及，加之辽宁所处的经济腹地繁荣度低于东南沿海地区，从而压低了债券市场对于鞍钢的认可度。

华菱钢铁实际控制人为湖南省国资委，除了股东的支持外，华菱钢铁比较受债券市场认可主要是由于其财务表现比较好：净利润总额较高，总体债务压力小。2019 年，华菱钢铁的净利润总额高达 69 亿元，是发债钢企中除了宝武之外净利润总额最高的。

(三)认可度一般：河钢、柳钢

永煤事件发生前河钢还比较受债券市场认可，在 2020 年 11 月永煤事件发生后，身处河北的煤企冀中能源集团的债券遭到部分投资者抛售，信用利差随即大幅走高。河钢和冀中能源集团同属河北省国资委旗下企业，河钢属于冀中能源集团的下游企业。债券市场担心河钢过度支持冀中能源集团，从而影响自身的流动性，从而降低了对河钢信用债的认可度。如图 5-7 所示，在这种担心下河钢信用利差有一定程度的走高。债券市场避险特征明显，在永煤和华夏幸福违约之后风险偏好极度压缩，只要省级国资委旗下有一个企业出现问题，整个省的债券都会遭受影响。冀中能源集团债务问题波及的不仅是河钢，还包括河北国资委旗下的其他企业，因此，河钢债券的信用利差在 2020 年 11 月永煤事件后逐步走高。

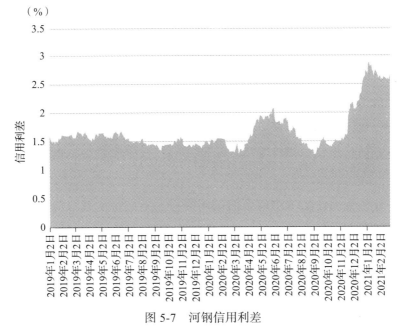

图 5-7 河钢信用利差

资料来源：Wind，本书作者整理。

柳钢是广西国资委全资控股公司，总体来说，柳钢的债务负担不重、利润总额较高，是广西钢铁的主要供应商。认可度一般主要还是因为柳钢地处广西柳州，整个广西的经济繁荣度较低，运输成本也比较高。2015 年，广西国资委全资子公司广西有色的债券违约，给广西国企类产业债券带来比较大的负面影响。柳钢也认识到自身交通方面的劣势，这几年已经陆续将工厂搬迁到北部湾港口，借助港口的优势上游降低铁矿石运输成本，下游降低钢材运输成本，此举将大大提升柳钢未来的竞争力。

第二节　单个钢企的债券投资方法

上一节主要介绍钢铁行业的发展历史及行业上下游的情况，本节主要介绍在信用债投资中如何评估和选择单个钢企。在分析债券之前，投资者应该对整个钢铁行业所在的周期及景气度有个大致的判断，因为这决定了投资者会不会去投资钢铁行业的债券。如果整个钢铁行业的景气度是向上的，利润和资产负债表是在改善的，则整个钢铁行业的债务偿付能力是增强的。投资者总会倾向于选择行业不断向好、偿付能力不断增强的行业。相反，如果对这个行业不认可，某些机构投资者甚至在永煤事件之后将钢铁、煤炭等行业全部排除在投资库之外，也就没有必要去看单个的投资标的了。

本节将全面评估单个钢企的信用资质。下文将从基本情况、经营情况、偿债能力三个方面描述钢企债券的信用分析框架（见表 5-2）。

表 5-2　钢企债券信用分析框架

基本情况	股东背景	
	企业规模	净资产、净利润
	腹地经济与管理效率	
	区域供需平衡	

（续）

经营情况	产品品质	产品溢价、市场认可度
	原材料供给	铁矿石自给率，国外矿山所有权
	历史负担	人均钢产量
	运输条件	
	环保压力	厂区搬迁、环保开支、吨钢耗能
	非钢业务	
	盈利能力	毛利率、归属于母公司净利润
偿债能力	债务结构	债券期限
		债券市场融资依赖度
	资产质量	
	或有债务	对外担保、债务纠纷
	偿债能力指标	

一、钢企基本情况

（一）股东背景

由于债券市场对民企的认可度较低，所以在债券市场上发债的民企比较少且融资成本相对较高。市场普遍认为国企背景的企业能够获得政府的各项支持，国企能获得的外部支持是民企所没有的。如表5-3所示，债券存量比较大的发债企业都是国企，国企对于民企而言，利好的不仅仅是融资成本，还有融资规模。

表5-3 主要发债钢企企业性质及债券余额

企业简称	企业性质	债券余额（亿元）
宝武	央企	968
河钢	省级国企	815
沙钢	民企	159
鞍钢	央企	421
首钢	省级国企	1 035
华菱钢铁	省级国企	115
本钢	省级国企	50
包钢	省级国企	135
柳钢	省级国企	33

注：由于宝武已经宣布兼并太钢和山钢，因此将归入宝武旗下的钢企发债余额都计入宝武。

在经历永煤事件后，市场对省级国企所在省级政府的债务处理能力和意愿极其看重，这一点在讲述煤炭股东背景的重要性时已经阐述，这里不再赘述。在这里就钢企违约的案例说明股东在钢企违约后的作用：① 2016年东北特钢违约后，东北特钢及所在省处理问题的态度给市场造成较为负面的影响，导致整个辽宁国企的债券信用利差走高。② 由于2012～2015年钢铁行业整体不景气，央企中钢在2015年10月发生了债券违约，之后使用国家调配的"国企结构调整基金"全额偿还了违约的债券。③ 2018年，央企新兴际华控股的金特钢铁发生债券违约，新兴际华持有金特钢铁股权比例为48%，虽然它是大股东，但并不是全资持有。从2016年新兴际华拟出售金特钢铁的全部股权来看，金特钢铁并不是新兴际华的核心子公司。因此，金特钢铁违约后，新兴际华并没有对其施以援手，最终金特钢铁的债券打六折进行了偿付。

从钢铁行业违约案例可以看出，国企股东在钢企出现困难的时候是否会调动资源帮忙解决问题，一方面要看钢企对于股东的重要性，边缘国企和央企得到救助的可能性较小。另一方面需要看救助能力，央企股东能协调资源救助中钢，但经济发展一般的地方政府可能没有足够的资源去救助省级国企。

（二）企业规模

粗钢产能、净资产规模等指标可以被用来衡量钢企的规模。

为避免产能过剩，我国严控钢铁产能的新增，新增钢铁产能需要经过国家层面的审批。在国家严格控制新建高炉的情况下，钢企除了通过淘汰落后产能置换新产能外，还可以购买其他钢企的产能指标。

通常我们认为规模大的企业行业地位更高，能获得更多的金融资源。钢企的主要规模指标如表5-4所示，从下表的对比数据可以看出：如鞍钢、首钢等老牌钢企，虽然总资产、净资产规模比较大，但最终的净利润却远低于沙钢、华菱钢铁等钢企。说明老牌钢厂虽然规模大但盈利能力却不强，一方面可能受区域位置影响，另一方面有很多资产可能运用效率不高。现在，债券市场上信用评级机构对规模给予太高的权重，导致很多大而不强的钢企获得过高的评级，这样的信用分析框架是存在一定问题的。债券投资人应该把更多精力放在分析钢企的偿债能力上，减少对规模的信仰和评级权重。

表 5-4 钢企主要规模指标 （单位：亿元）

企业简称	粗钢产量	总资产	净资产	主营业务收入	净利润
宝武	9 312	8 622	4 181	5 522	296
河钢	4 466	4 621	1 301	3 547	19
沙钢	4 110	2 067	8 31	1 442	52
鞍钢	3 920	3 328	1 117	2 174	3
首钢	2 934	4 983	1 382	2 022	8
华菱钢铁	2 431	1 060	390	1 331	69
本钢	1 716	1 534	419	613	2
包钢	1 546	1 471	610	634	9
柳钢	1 440	865	316	1 014	45

资料来源：Wind，本书作者整理。

（三）腹地经济与管理效率

从过去几年钢企的发展过程来看，东南沿海城市及一些效率更高的民营钢企发展得更好，东北和西部边陲的老牌钢企有老且垂弱的特征，这里面腹地经济繁荣度是一个重要的因素。所谓腹地经济，是指钢企工厂所在地附近的经济发展情况。经济发展好的地方对于钢铁的需求更高，运输半径更小的本地钢企获益更大。

东南沿海城市竞争氛围更为激烈，管理人员市场化程度更高，这些都是腹地经济下蕴含的管理效率的问题。民企天生有"生死一线"的紧迫感和拼搏精神。前有沙钢收购东北特钢并使其快速盈利，后有德隆系收购破产的渤海钢铁并使其经营大幅好转。从如建龙系、德隆系、青山系等民营钢企收购破产的钢企并快速扭转其经营看出，民企的经营效率确实值得国企学习。

（四）区域供需平衡

钢材的供需平衡具有一定的区域性，区域一般以省为单位。需求大于供给的省份叫作钢材净流入省份，供给大于需求的省份叫作钢材净流出省份。一般而言，钢材净流入的省份钢材价格相对高，钢材净流出的省份钢材价格相对低。比如东南沿海发达城市是传统的钢材净流入城市，东北三省是传统的钢材净流出省份。如果钢企所在的省份是需求较高的钢材净流入省份，则钢企下游的销售比较有保证，钢企的利润空间也高于钢材净流入的省份。

二、公司经营情况

（一）产品品质

一般而言，钢铁产品的同质性比较高，但依然有钢企的产品可以获得产品溢价。比如质量较高的螺纹钢，大部分螺纹钢只能用于基建和房地产项目，但有些钢企生产的螺纹钢可以卖出更高的价格，因为其产品品质更好，可以供建设要求更高的桥梁使用。

板材品质的差异更大，各种各样用途的板材使得板材市场的需求比较多样，如果能制造满足一定特殊用途的板材可以大大提升产品的溢价，比如市场上普遍比较认可宝钢生产的汽车板材，太钢制造的不锈钢板材市场占有率也很高。

（二）原材料供给

钢企的原材料主要包括铁矿石、煤炭。我国煤炭资源比较丰富，钢企原材料来源丰富且稳定，大多数钢企都和煤企签订长期供给协议，此举既能以相对稳定的价格获得原材料，也能获得较为稳定的供给量。由于煤炭在国内处于供大于求的状态，煤炭供给不足的情况很少发生，钢企基本不用担心煤炭供给问题。

我国由于铁矿石资源品位不高，大量依赖于外购铁矿石，所以国内能拥有相对较高品位的铁矿石资源的钢企是有先天优势的。如图5-8所示，大部分老牌钢企鞍钢、酒钢、河钢等都有矿产资源，我国最早的钢企都依矿山而建。

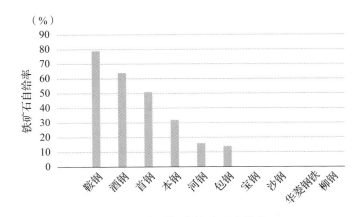

图5-8　主要钢企铁矿石自给率

资料来源：华泰证券研究所、Wind。

国内钢企意识到对于上游铁矿石资源的控制力弱将增加业务的不稳定性，纷纷出海购买铁矿石资源或开展和大型矿企的长期合作。比如华菱钢铁花费100多亿元投资全球第四大矿石供应商FMG，以17%的持股比例成为该公司的第二大股东。河钢2012年获得加拿大阿尔德隆矿业19.9%股权和佳美铁矿25%股权；2013年收购南非矿企PMC公司部分股权，2014年4月15日完成了对南非PMC矿业公司100%股权的全面要约收购。沙钢2004年与其他钢企在澳大利亚设立威拉拉合营企业，投资西澳大利亚皮尔巴拉地区津布巴铁矿，每年可获得矿石资源和相应利润回报，合营年限25年；2008年，并购澳大利亚格兰奇资源有限公司。作为全球最大的钢铁消费国，相信未来随着钢铁行业的发展壮大，我国钢企还将继续寻求获取优质铁矿石资源的渠道。

（三）历史负担

很多钢企由于成立时间比较早，承担了大量当地社会职责，如当地的基础设施建设、员工子女的教育、员工医疗等。例如，先有鞍钢这个企业才有的鞍钢这个城市，这种模式发展出来的企业肯定是当地的产业支柱，也承担当地城投公司的职责，这就是"一钢一城"的经济模式。"一钢一城"模式下钢企人员流动性较小，当地几乎不可能有相似的工作岗位，有的家庭甚至几代人都在一个钢企工作，拥有强烈的企业黏性，钢企基本需要负担这些员工"从出生到坟墓"的各项社会费用。庞大的社会性支出给企业带来沉重的债务负担和人员负担，这些都体现在企业的资产负债表里。

这里用人均钢产量来粗略地估计钢企的人员负担，人均吨钢越低，则人员负担越重。如图5-9所示，酒钢、本钢、首钢人员负担比较重，沙钢、南钢、中天钢铁三个民营钢企人员负担较轻。

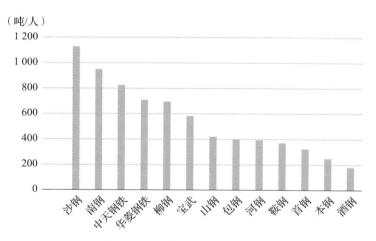

图5-9 主要钢企人均钢产量

资料来源：华泰证券研究所、Wind。

（四）运输条件

所有运输方式中最便宜的运输方式是水运，临海或者临江而建的钢企拥有更好的运输条件：上游将铁矿石运进来，下游将钢铁产品运出去。钢企产品的同质化比较严重，良好的运输条件能降低成本、提高销售半径，所以对于钢企在行业竞争中取得优势至关重要。近年来，各大钢企为获得更好的运输条件，纷纷将钢厂搬迁至靠海的港口：身处鞍山的鞍钢将部分产能搬迁到渤海湾的鲅鱼圈，身处柳州的柳钢将部分产能搬到北部湾的防城港，为的都是获得更好的运输条件。

在发债企业中宝钢、沙钢等钢企拥有较好的运输条件，它们不仅仅临海或者临江而建，且厂区位置靠近最终消费地。华菱钢铁虽然身处内陆，但离消费地很近，湖南是钢铁净流入省份，钢铁也不需要大规模地往外运输。包钢、酒钢等身处西北的钢企运输条件就比较差且离消费地较远。

（五）环保压力

近年来，国家对钢企的环保要求愈加严格。重点钢厂都配备必要的环保设施及监测仪表，实时监控钢厂的排放指标。监管部门可以实时监测钢企的排放量。

在环保压力下，很多环保不达标的产能面临整改；有些钢厂离城市居民生活区太近容易造成污染，因此面临搬迁。无论是环保整改还是钢厂搬迁，都需要钢企大量的资金投入。比如，原山钢旗下的济南钢铁因为距离山东省会济南太近，需要搬迁到沿海城市日照；原宝钢梅山钢铁位于上海市宝山区，毗邻上海市中心，需要搬迁到沿海城市盐城。

评估钢企的环保压力时，可以从环保设备投入和钢厂搬迁两个维度衡量钢企未来的投资金额，这些投资无疑都将增加钢企的债务压力。一般来说，老牌钢企由于历史悠久、设备老旧，需要更多的环保维护和改造支出。

根据工信部根据 2016 年工信部印发的《钢铁工业调整升级规划（2016～2020 年）》，在能耗指标规划方面，截至 2020 年，行业吨钢综合能耗 ≤ 560 千克标煤，吨钢耗新水量 ≤ 3.2 立方米，吨钢二氧化硫排放量 ≤ 0.68 千克。以上三个指标中，吨钢耗能是最重要的指标，因为吨钢耗能不仅仅是环保指标，也是与钢企成本强相关的成本指标。吨钢能耗指标代表钢企能耗成本越低，越有市场竞争力。在环保要求日益重要的今天，绝大部分大型钢企已经完成了环保设备的改造和替换，在环保方面不敢越雷池半步（见表 5-5）。

表 5-5 主要钢企环保指标情况

企业简称	吨钢综合耗能（千克标煤）	吨钢耗新水量（立方米）	吨钢二氧化硫排放量（千克）
宝武	583	3.23	0.35
沙钢	546	2.58	0.29
鞍钢	590	3.42	0.75
首钢	537	2.74	0.46
华菱钢铁	485	2.64	1.05
本钢	576	3.56	0.49
包钢	648	3.10	0.87
柳钢	540	1.80	0.31
2020 年国标	560	3.20	0.68

资料来源：Wind，本书作者整理。

（六）非钢业务

钢企的非钢业务因地制宜、各有千秋，贸易、金融、建筑是钢企的主要非钢业务。钢铁行业属于重资产行业，在非钢业务选择上钢企大多也都选择了轻资产业务，适度对冲主业的重资产形态。从图 5-10 可以看出，绝大多数钢企坚守主业，非钢业务毛利润占比不高。

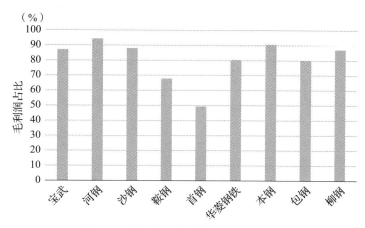

图 5-10 主要钢企钢铁板块毛利润占比
资料来源：Wind，本书作者整理。

作为制造业，钢企的毛利率取决于下游钢铁价格和上游原材料成本的剪刀差，行业毛利率波动较大。如贸易、金融等钢企的非钢业务每年盈利较为稳定，可以作为钢企平缓利润的有效工具。贸易、金融专业性较强，钢企需要面临较大的业务风险，债券投资人在对此类业务进行评估时应重点关注资金占用情况和潜在的风险敞口。

（七）盈利能力

毛利率和归属于母公司净利润是衡量钢企盈利能力的常用指标。

钢企的毛利率随着国际大宗商品价格的波动而波动，基本取决于钢材价格与铁矿石、煤炭价格的剪刀差。图 5-11 是国内主要发债钢企 2019 年的毛利率。由于 2019 年铁矿石价格大幅提升，国内钢材需求不变，所有钢企的毛利率都较 2018 年有较大降幅。相对而言，拥有铁矿石资源且铁矿石自给率比较高的鞍钢、首钢等毛利率降幅较小。

对于债券投资人而言，由于债券大多是由母公司发行和偿还的，因此，归属于母公司净利润总额比净利润总额更能衡量钢企的偿债能力。如图 5-12 所示，鞍钢和河钢的归属于母公司净利润总额均为负值，说明一方面说明其整体盈利能力较弱,另一方面,公司对于能获利的子公司的持股比例较小。归属于母公司净利润总额最高的是柳钢,从柳钢净利润总额和归属于母公司净利润总额相差不大可以看出,柳钢对子公司及其相关资源的持股比例较高,对旗下资源享有很高的掌控力。

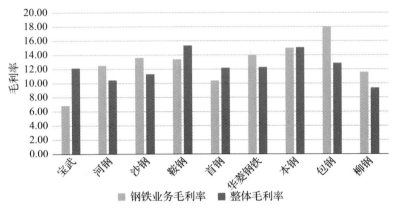

图 5-11　主要钢企毛利率

资料来源:Wind,本书作者整理。

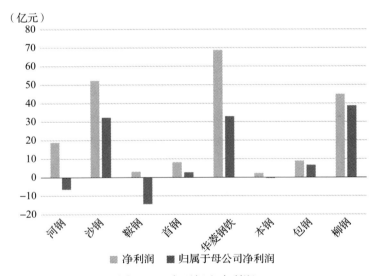

图 5-12　主要钢企净利润

注:宝武净利润高达 200 多亿元,与其他钢企不具有可比性。为了更好地展示其他钢企利润区别,此处将宝武的数据去除。

三、偿债能力

(一) 债务结构

债务结构主要观察债务期限和债券市场融资依赖度。

债务期限方面,一年之上的长期债务占比越高越好,用长期债务占比来衡量债务期限。

最近,只要一个省有一个省属企业出现债务风险,其他省属企业在债券市场融资就会承压。在这种情况下,对债券市场融资依赖度比较低的企业受到的冲击更小。用债券融资占所有有息债务的比例来衡量债券市场融资依赖度。债券融资比例大小是企业和债券市场双向选择的结果:钢企如果能在债券市场获得比较便宜的资金,则倾向于选择提升债券融资比例;钢企如果在债券市场认可度比较低,则即使想在债券市场融资也融不了太大规模。

图 5-13 为主要钢企的债务结构情况,就债务期限而言,长期债务占比最高的是河钢、沙钢,最低的是本钢。债券市场融资依赖度最高的是首钢,最低的是本钢。

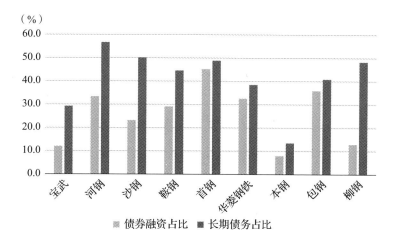

图 5-13 主要钢企债务结构

资料来源:Wind,本书作者整理。

（二）资产质量

与煤企一样，评估企业的资产质量本质上还是想了解企业的偿债能力。钢企的主要资产一般是生产钢铁需要的厂房和机器设备，生产出来的成品或者半成品，相关原材料，对下游企业的应收账款等。如果该钢企有铁矿石资源，则在无形资产中还会有采矿权。研究资产质量的目的是寻找这些资产中变现价值较高、流动性较高的资产。

对于钢企来说，高炉和传输管道能评估出不少价值并记录在资产科目里，但对于包括债券投资人在内的金融机构，这些高炉和传输管道如果不能用于生产，则只是变现价值很低的砖头和废铁。钢厂的房屋和土地一般位置也比较偏僻，远离人群居住区，变现价值也比较低。

对于金融机构而言，变现价值较高、流动性较高的资产包括货币资金、理财产品、上市公司股权、采矿权、位于市区的土地和房屋等。投资人可以通过查看资产负债表附注找到这些优质资产。

与煤企一样，在评估资产时候，需要关注资产的受限比例。信用债投资人在企业破产清算偿付债务时清偿顺序比较靠后：有抵押权的债权人清偿顺序比较靠前，然后才轮到无抵押的信用债投资人。资产受限比例比较高将大大降低信用债投资人的偿付比例。

（三）或有债务

债券投资人关注企业的或有债务，或有债务包括对外担保和债务纠纷两方面。可以通过对外担保金额占净资产的比例这个指标来衡量钢企对外担保负担。对外担保比例越高，企业潜在的代偿责任越重，则债务压力越重。债务纠纷方面，可以查看企业最近的法律纠纷案件。如果企业有大额的未决诉讼，则需要向企业询问诉讼形成的原因，以此判断大额未决诉讼是否会对企业造成大额实际亏损。

（四）偿债能力指标

偿债能力指标分为长期偿债能力和短期偿债能力。

钢企的长期偿债能力可以用资产负债率、净负债率、EBITDA/带息债务、利息覆盖倍数等指标去评估。从图5-14可以看出，无论是从资产负债率的角度，还是从净负债率的角度，河钢、首钢、本钢均为长期偿债压力最大的三家钢企。

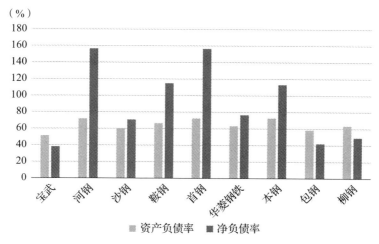

图5-14　主要钢企长期偿债能力

资料来源：Wind，本书作者整理。

钢企的短期偿债能力可以用货币资产/短期债务、经营现金流净额/短期债务等指标去评估。图5-15按照经营现金流净额/短期债务指标排序，可以看到包钢和首钢的短期偿债能力较弱，华菱钢铁和沙钢短期偿债能力较强。

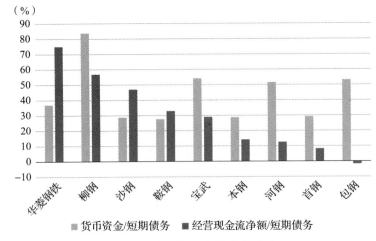

图 5-15 主要钢企短期偿债能力

资料来源：Wind，本书作者整理。

第三节 探秘钢企报表的独特之处

钢企的会计科目和其他大多数制造业企业一样，记录了钢铁制造过程中留下的轨迹。在查看钢企报表之前，应当带着疑问和目的去查看，否则财务报表在大多数人眼中有些无聊。这些疑问和目的包括：通过利润表，需要了解钢企当年的盈利情况，钢企的利润如何随着大宗商品的价格波动从资产负债表中如何了解钢企的资产主要有什么共性，好的和差的钢企的资产质量有何不同以及怎么从资产负债表中找到钢企的有息债务。带着这些疑问和目的，下面一起探究钢企会计科目。

一、利润表

从钢企的利润表中，主要查看的内容包括经营性损益和非经营性损益两个部分。所谓经营性损益是由钢企正常经营所产生的各种收入、支出项目。非经营性损益是指由于对外投资、资产处置、补贴等形成的各项收益或者损失。

钢企的经营性损益中应主要关注钢企的毛利率。钢企利润受大宗商品价格影响较大：成本由煤炭、铁矿石的大宗商品价格决定，产品价格由钢铁的大宗商品价格的决定。大宗商品是全球定价的产品，大多数钢企只能被迫接受大宗商品定价，在上下游的价格差中获取利润。由于煤炭、铁矿石、钢铁等大宗商品的价格波动比较大，钢企的毛利率波动也比较大，这是包括钢铁行业在内的"夹心型"制造业利润表的特点。如表5-6所示，某钢企钢铁业务的毛利率波动较大，2018年毛利率为22.24%，2019年铁矿石价格大幅飙升后毛利率下降到13.62%。

表5-6 某钢企毛利率

业务板块	2017年（%）	2018年（%）	2019年（%）	2020年1~3月（%）
钢铁业务	20.45	22.24	13.62	12.56
贸易	2.88	1.47	2.31	1.84
其他	28.97	30.76	58.79	45.21
合计	**15.98**	**17.90**	**11.12**	**10.24**

资料来源：Wind。

钢企的非经营性损益中我们主要关注利润表中的投资收益、资产减值损失、经营外（收入）支出等非经常性项目。对于钢企而言，投资收益主要源于长期股权投资中其他企业的投资分红，这些其他企业一般是钢企的上下游企业，如上游煤企、国外铁矿石公司。在评估这个项目时，首先应当弄清楚损益源于哪些企业，然后分析这些企业的分红行为是否可以持续，即投资收益的稳定性如何。

对于钢企来说，资产减值损失大部分源于由于大宗商品价格变化引起的存货中原材料、产成品的价值改变。除了大宗商品引起的减值损失，投资人还可以从资产减值损失中了解钢企是否淘汰了什么落后产能，或者新建项目中到底搞砸了什么项目。由于监管要求淘汰450立方米以下的高炉和40吨以下的转炉等落后产能，部分老牌钢企淘汰落后产能需要进行的减值将持续比较长的时间。投资人可以查看钢企淘汰落后产能的计划和进度，判断未来资产减值对利润表的影响。钢企的资产减值损失还源于新建项目，如果新建项目发生减值，投资人有理由怀疑这个项目整体的可行性和未来的盈利能力。若钢企对此类项目还有较大的投资计划，则投资人应该评估这些投资都发生减值的可能性。

经营外（收入）支出的评估也是一样，关键是要评估项目产生盈利或者损失的持续性，然后对类似的项目进行线性外推，评估其是否能对利润表产生持续的影响。

二、资产项目

钢企的资产主要是钢铁需要生产厂房和机器设备，生产出来的成品或者半成品、相关原材料、对下游企业应收账款等，其中钢铁产成品、投资的理财产品等流动性较好，机械设备、厂房等变现难度较大。下面我们看看资产在钢企资产负债表的哪些会计科目。

（一）货币资金

货币资金是钢企最重要的流动资产，投资人一方面需要关注货币资金的受限情况，即实际能动用的货币资金数额，另一方面由于资产负债表是过去某个时点企业的情况，不代表企业现在的情况，在评估如货币资金等流动性非常强的资产时，应重点了解企业日均货币资金余额、企业货币资金留存习惯、母子公司之间货币资金归集规定等方面的内容。特别是母子公司之间货币资金归集规定，这将在很大程度上决定企业日常可用的现金余额。

（二）应收账款

应收账款为经营产生的应收款，钢企应收账款源于卖出钢铁后未收到下游款项，对手方一般为钢铁贸易企业、汽车制造企业和建筑施工企业。投资人应该评估交易对手方的风险情况，评估每一笔长期且大额的应收账款，判断其潜在的损失。投资人还需要了解钢企对于下游的风险管理体系，如是款到发货还是货到付款，如果是货到付款则钢企对下游企业是有风险敞口的，钢企对风险敞口的管理应当有比较完善的风险管理流程。

（三）其他应收款

其他应收款一般形成于：① 与其他关联公司的往来款，实际造成对钢企资金的占用；② 基础设施相关的垫款。如果其他应收款金额较大，投资人需要评估钢企对关联公司借款的回收合同、回收计划。很多关联公司的借款可能很难收回，因此也需要了解关联公司的还款能力。除此之外，还要关注钢企对于往来款或者垫资的决策审批流程，如果流程达到的层级较低或者决策流程较为随意，投资人有理由怀疑钢企进行债券融资的真实目的。也就是说，债券投资人投给企业的钱，企业通过其他应收款转借给了其他公司，企业债券融资的真实目的仅仅是为了赚取融资利率差，企业在其中只作为转借通道。

（四）存货

如表 5-7 所示，钢企的存货金额一般比较大，主要源于钢铁生产过程中的需要的原材料、在产品等。钢企的原材料和在产品价格都是由大宗商品价格决定的，大宗商品价格及时性强、变动大，因此存货跌价准备的变动也比较大。很多钢企为了避免大宗商品价格变化给经营带来的不利影响，都会对大宗商品价格做对冲管理，这种管理既可以是交易过程的安排也可以是金融衍生品方面的安排。投资人可以了解并评估企业管理措施的有效性，对于能有效管理的企业在信用评估中应当加分。

表 5-7　钢企存货明细情况

2019 年 12 月 31 日　　　　　　　　　　　　　　（单位：元）

	账面余额	跌价准备	账面价值
原材料	10 909 856 142.09	30 192 334.36	10 879 663 807.73
在产品	11 725 382 335.81	442 162 158.11	11 283 220 177.70
库存商品	14 108 464 096.37	512 408 832.18	13 596 055 264.19
备品备件及其他	5 030 605 591.09	489 799 362.56	4 540 806 228.53

资料来源：Wind。

（五）固定资产与在建工程

作为重资产行业，钢企的固定资产是资产项目中占比最大的会计科目，主要包括：① 房屋及建筑物，这些房屋及建筑物大都在远离城市的偏僻地段，位置比较偏远，实际可变现价值较低。② 机器设备，钢企的机械设备都是配套专用的，如高炉、传输管道、监控装置等，这些设备拆卸后卖出价值较低，因此，实际可变现价值较低。

在建工程主要涉及钢厂设备的技术改造和升级项目，以及钢厂周边的基础设施建设等。如果钢企由于环保的原因有搬迁厂区的计划，则在建工程的金额会比较大。

（六）无形资产

钢企的无形资产主要是土地使用权，部分拥有铁矿石资源的钢企的无形资产中也有采矿权。钢企的土地使用权需要查看位置及属性才能判断其实际价值。有些老牌钢企拥有在靠近市区的厂房，这些厂房在钢企搬迁后如果可以转成住宅用地，则有比较大的增值空间。相对，如果钢企拥有的土地在比较偏僻的地方，则实际价值偏低。

（七）其他流动资产及其他非流动资产

这两个会计科目往往隐藏着企业正常经营之外做的事情，比如对其他公司的借款、理财等金融投资、正在关停中的落后产能等。例如，某些钢企的银行理财投资放在这些会计科目里，银行理财资产由于比较好变现是比较优质的资产。有些钢企这些会计科目里放的是正在关停的落后产能，这个会计科目还有余额说明未来还需要计提一定数额的资产减值。

三、负债与权益项目

钢企负债项目主要分为有息债务和应付项目。有息债务包括：短期借款、短期借款、一年内到期的流动负债（短期应付债券）、长期借款、应付债券等。应付项目包括应付账款、预收款项、其他应付款等。下面我们来分别说明这些项目的内涵。

（一）钢企的有息债务

钢企的有息债务包括短期借款、一年内到期的流动负债（短期应付债券）、长期借款、应付债券等，把这些相加就可以得到房企的表内有息债务规模。有些煤企也会将一年内到期的债券放入其他流动资产，将非标途径获得的融资款放在长期应付款中，计算钢企的有息债务应当仔细查看每一个负债项目。

（二）应付账款和预收款项

钢企的应付账款和预收款项都是企业在业务开展过程中对上下游的经营占款。一方面，钢企可以通过延长对工程款、原材料企业的付款期限来增加应付账款的金额。另一方面，钢企可以预收下游建筑公司、汽车制造企业的款项来实现预收款项的增加。应付账款和预收款项都相当于无息贷款，可以减少钢企的有息债务规模，减少利息支付压力。

（三）其他应付款和长期应付款

部分钢企其他应付款源于其他企业的借款，投资人需要了解清楚钢企占用关联公司或者其他省属国企资金的原因。有可能是由于钢企本身融资渠道受限，只能通过其他国企给予临时借款。

部分钢企长期应付款源于融资租赁等非标融资，这部分融资应当还原到有息债务中。

（四）所有者权益

部分钢企为降低债务率发行了永续债，可以在所有者权益表中看到其金额。在实际研究中，应当将永续债还原为有息债务中的债券融资后，再进行偿债能力指标的计算。

通过查看钢企的实收资本可以了解股东是否有给企业增加资本金。国资股东长期不给企业增加资本金可能是由于企业自身盈利能力比较强，但也有可能是股东支持力度不够。

四、现金流量表

通过查看经营活动现金流、投资活动现金流和筹资活动现金流之间的增减关系，可以了解企业正在以怎样的方式经营。

某钢企的现金流量表如表 5-8 所示，根据三个现金流净额相加等于现金的增加额的现金流等式，可以得出以下信息。

表 5-8　钢企现金流量表　　　　　　　（单位：万元）

项目	2019 年	2018 年	2017 年
经营活动现金净流量	2 950 414.18	4 556 778.18	3 307 727.36
其中：现金流入量	34 305 663.66	35 373 490.51	32 295 877.85
现金流出量	31 355 249.48	30 816 712.33	28 988 150.49
投资活动现金净流量	−2 222 897.95	−412 557.96	−1 172 350.02
其中：现金流入量	2 665 002.30	8 219 584.43	10 972 539.88
现金流出量	4 887 900.25	8 632 142.40	12 144 889.91
筹资活动现金净流量	−1 148 493.65	−4 519 747.87	−1 438 168.08
其中：现金流入量	15 937 913.14	11 284 644.26	10 788 248.07
现金流出量	17 086 406.79	15 804 392.13	12 226 416.15
现金净增加额	−425 198.15	−385 955.91	689 073.52

1）从经营活动现金流可以看到：企业经营活动现金流净流量为正数，说明企业主营业务是赚钱的。同时，企业2019年经营活动现金流净流量金额较2017年和2018年都有所减少，原因是2019年铁矿石价格大幅涨价，导致企业原材料成本的支出增加。

2）从投资活动现金流可以看到：企业投资活动现金流净流量为负数，说明企业每年都在进行新的投资。企业2017年和2019年的投资额更大，2018年的投资额相对较小。

3）从筹资活动现金流可以看到：企业筹资活动现金流净流量为负数，说明企业每年都在偿还贷款，降低债务压力。特别是2018年，在投资规模不是很大的年份，企业用452亿元资金主要偿还了借款，大大降低了企业的债务水平。

4）从三个现金流的关系可以看到：2019年企业使用当年经营赚取的现金及账上现金，用于购买了中石油管道公司的股权，偿还了大量对外欠款。2017年企业经营赚取了331亿元现金，除了用117亿元进行投资，还用144亿元偿还了借款外，剩下69亿元放在账上增加了现金资产（由于四舍五入，总数不为331亿元）。所以，每年现金流等式的变化其实是企业在跟投资人说着不一样的故事。

第四节 用量化工具一眼看懂钢铁类债券

虽然不提倡将量化工具作为评估企业信用风险的唯一工具，但量化工具确实是最直观和客观的工具。为了使得量化结果尽量全面，本书将股东偿债意愿、运输条件等相对定性的考虑加入量化工具。

如表5-9所示，量化工具分为三个部分：第一部分基本情况指标，打分指标包括股东情况、规模。第二部分经营情况指标，包括资源禀赋、企业负担、环保达标情况和利润指标。第三部分偿债能力指标，主要包括优质资产占比、融资结构比例、长短期偿债能力指标。

表 5-9 钢企量化工具

指标大类	大类分值	打分指标	总分值	得分比率	得分（总分值×得分比率）
基本情况	20	股东情况	13		
		规模	7		
经营情况	30	资源禀赋	14		
		企业负担	5		
		环保达标情况	3		
		利润指标	8		
偿债能力	50	优质资产/有息债务	10		
		债券占比	5		
		短期债务占比	10		
		资产负债率	5		
		净负债率	5		
		EBITDA/带息债务	5		
		货币资产/短期债务	5		
		经营现金流净额/短期债务	5		

一、基本情况指标打分原则

基本情况指标主要包括钢企的股东情况、规模。

（一）股东情况

1. 股东背景

如果实际控制人为央企则得分比率为100%，为省级国资委则得分比率为50%，为民企则得分比率为0%。

2. 股东偿债意愿

参考省级国资委控股的企业是否有债券违约历史。如果有违约且债务处理结果较差，则得分比率为 0%；如果有违约但得到了较好的处理，没有造成债券实质性违约，则得分比率为 50%；如果历史上没有违约且对债务管理比较重视，则得分比率为 100%。

（二）规模

规模我们主要考虑总资产和粗钢产量。可以通过表 5-10 进行取值。

表 5-10　钢企规模得分比率

总资产（亿元）	粗钢产量（万吨）	得分比率（%）
≥ 4 000	≥ 0.4	100
(2 000, 4 000)	(0.2, 0.4)	50
≤ 2 000	≤ 0.2	0

比如首钢 2019 年总资产 4983 亿元、粗钢产量 2934 亿吨，则首钢集团总资产、粗钢产量的得分比率分别为 100%、50%。

二、经营情况指标打分原则

经营情况指标包括钢企的资源禀赋（铁矿石自给率）、企业负担（人均吨钢）、地理位置、环保达标情况和利润指标。

（一）铁矿石自给率

拥有铁矿石资源的钢企在铁矿石涨价时经营更有优势，能有效控制上游成本。如表 5-11 所示，鞍钢和酒钢等老牌钢企的铁矿石自给率较高。铁矿石自给率的得分比率为指标本身的数值。例如，鞍钢集团的铁矿石自给率为 79%，则铁矿石自给率的得分比率为 79%。

表 5-11　钢企人均吨钢及铁矿石自给率

企业简称	人均吨钢（吨/人）	铁矿石自给率（%）
鞍钢	372	79
酒钢	180	64
首钢	324	53

（续）

企业简称	人均吨钢（吨/人）	铁矿石自给率（%）
本钢	250	32
河钢	394	16
包钢	398	14
宝武	582	0
沙钢	1 127	0
华菱钢铁	709	0
柳钢	696	0

资料来源：华泰证券研究所、Wind。

（二）人均吨钢

用人均吨钢来衡量钢企的历史负担，企业的人员负担不仅仅是当期的成本，还反映了在未来比较长的时间内企业的持续支出。如表5-11所示，如果钢企的人均吨钢在1000吨/人以上，则得分比率为100%；如果钢企的人均吨钢在1000吨/人以下，得分比率为人均吨钢/1000。例如，华菱钢铁人均吨钢为709吨/人，则人均吨钢得分比率为70.9%（=709/1000）。

（三）环保达标情况

本书以吨钢综合能耗、吨钢耗新水量、吨钢二氧化硫排放量为环保达标测量指标。如果三个环保指标都达标了，则得分比率为100%，如果有一个没有达标则得分比率为50%，两个以上都没有达标则得分比率为0%。对于没有公布环保指标的企业，得分比率为0%。

（四）毛利率

本书将使用钢铁业务的毛利率作为衡量企业盈利能力的指标，由于钢企会从事毛利率较低的贸易业务，这意味着贸易业务做得越多，越会拉低企业整体毛利率水平。在样本取数时，应当尽可能取纯钢铁业务的毛利率，但由于数据的可得性问题，取到的数据依然会有口径不一致的问题。

钢铁业务毛利率指标的得分比率可以按照下表 5-12 取数。例如，2019 年沙钢钢铁业务毛利率为 13.62%，则这个指标的得分比率为 50%。

表 5-12　钢企钢铁业务毛利率得分比率

毛利率	得分比率（%）
＞15%	100
（10%，15%］	50
［0，10%］	0

（五）归属于母公司净利润

归属于母公司净利润是实际归属债券发行人的利润，是衡量债券发行人盈利能力的最优指标。图 5-16 是主要发债钢企 2019 年的归属于母公司净利润。如果钢企的归属于母公司净利润为负值，则得分比率为 0%；其如果为正值，则得分比率为归属于母公司净利润/40。例如，沙钢归属于母公司净利润为 32 亿元，则得分比率为 80%（＝32/40）。

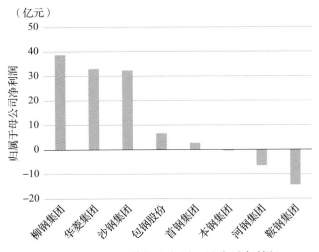

图 5-16　主要发债钢企归属于母公司净利润

资料来源：Wind。

三、偿债能力指标打分原则

(一) 优质资产占比

按照本章第三节的方法评估企业优质资产占比,优质资产是指钢企报表中流动性较好、变现价值较高的资产,如货币资金、银行理财、非受限的上市股权等。得分比率即为优质资产/总资产。例如,某家钢企优质资产为 600 亿元,总资产为 1000 亿元,则得分比率为 60%(=600/1000)。

(二) 融资结构比例

1. 债券占比

债券占比是指债券融资余额占所有有息债务的比例。国内债券市场还不够成熟,投资风险偏好过分集中,如果企业融资过分依赖债券市场,遇上债券市场对某个行业或者公司的信用收缩,则企业可能瞬间将在债券市场失去再融资能力。当然,不可否认的是,能在债券市场上大量融资也是企业受到市场认可的表现,但一旦市场偏好发生变化,对企业市场认可度降低,则在债券市场上大量的融资存在到期不能续借的风险。因此,从信用风险的角度上考虑债券融资占比越低则风险越小。表 5-13 展示了国内主要发债钢企的债券融资占比情况,可以看到宝武和柳钢债券融资占比最低,对债券市场的依赖度最低。债券融资占比的得分比率为(1-债券融资占比),如首钢的债券融资占比为 45%,则债券融资占比的得分比率为 55%(=1-45%)。

表 5-13 主要发债钢企债券融资占比

企业简称	债券融资占比(%)	短期债务占比(%)
宝武	12	71
河钢	33	43
沙钢	23	50

（续）

企业简称	债券融资占比（%）	短期债务占比（%）
鞍钢	29	55
首钢	45	51
华菱钢铁	33	62
本钢	8	87
包钢	36	59
柳钢	13	52

资料来源：Wind，本书作者整理。

2. 短期债务占比

短期债务占比是指企业的短期债务占所有有息债务的比例，这个指标越高则企业在短期内需要偿还的债务越多，短期债务到期量大如果不能及时进行债务续期，则可能发生流动性风险。表 5-13 中展示了国内主要发债钢企的短期债务占比情况，其中河钢和柳钢的短期债务占比更低，债务结构更好。短期债务占比的得分比率为（1 – 短期债务占比）。例如，鞍钢的短期债务占比为 55.4%，则得分比率为 44.6%（= 1 – 55.4%）。

（三）长期偿债能力指标

对于长期偿债能力，可以用常规的长期偿债能力指标——资产负债率、净负债率、EBITDA/ 带息债务等财务指标去衡量。计算出财务指标之后，可以按照表 5-14 进行取值。例如，华菱钢铁资产负债率、净负债率、EBITDA/ 带息债务分别为 63%、72%、18%，则这三个指标的得分比率分别为 50%、50%、100%。

表 5-14　钢企长期偿债能力指标得分比率

资产负债率	净负债率	EBITDA/ 带息债务	得分比率（%）
< 60%	< 50%	> 20%	100
［60%，70%］	［50%，100%］	［10%，20%］	50
> 70%	> 100%	< 10%	0

(四)短期偿债能力指标

对于短期偿债能力,可以用常规的短期偿债能力指标——货币资产/短期债务、经营现金流净额/短期债务等财务指标去衡量。表 5-15 显示了 2019 年钢企短期偿债能力指标的计算结果。从计算结果来看,柳钢和华菱钢铁的短期偿债能力更好。

表 5-15 钢企短期偿债能力指标得分比率

企业简称	货币资产/短期债务	经营现金流净额/短期债务
华菱钢铁	37	75
柳钢	84	57
沙钢	29	47
鞍钢	28	33
宝武	54	29
本钢	29	14
河钢	52	13
首钢	29	8
包钢	53	−2

货币资产/短期债务得分比率为货币资产/短期债务指标的计算结果。例如,沙钢货币资产/短期债务指标的计算结果为 29%,则沙钢集团货币资产/短期债务的得分比率为 29%。

经营现金流净额/短期债务得分比率也是该指标的计算结果,如果计算结果为负值,则得分比率为 0%。例如,柳钢经营现金流净额/短期债务指标的计算结果为 57%,则柳钢经营现金流净额/短期债务的得分比率为 57%。

| 第六章 |

漫谈和随笔

第一节　信用研究：定性还是定量更重要

刚开始学习信用研究的时候，我每个行业都老老实实做了量化分析。现在回过头来看这些量化工具，做量化工具的结果好像不那么重要，我反而在建立量化工具的过程中学习到了不少东西。

为什么这么说？做量化工具的时候，会大量阅读关于这个行业信用评价的资料，反复比较行业企业的财务情况等各种数据，思考企业之间产生差异的原因是什么。这个过程是很有收获的。

如果你的量化工具打分结果和市场上的普遍认知不一样，你会去更加细致地审视到底什么地方出了问题，又或者是市场的认知有偏差。比如，有些企业做贸易使得营业收入大幅增加，但与此同时毛利润降低，你需要去做一些拆解。但拆解也行不通的，你会发现拆解后期间费用变得很大，贸易产生的期间费用没法分解。

所以，到后来，当我记住了行业的关键数据后，量化工具的运用反而没有那么频繁了。如果你真的对这个行业有一定研究的话，看一遍企业财务数据，应该就能知道这个企业在行业内什么水平。资深研究员基本上能做到这样。

定性分析为什么重要？因为财务数据可以粉饰，甚至可以造假，但一些基本的逻辑不会变。拿煤炭行业来说，大同煤炭对比已经违约的川煤有以下这些优势。

1. 大同煤炭资源禀赋比较好，储量有300亿吨，且随便开出来都是1000万吨的大矿，开采条件也好，然后开采完还有专用铁路直接运到港口。

2. 川煤只有7亿吨储量，大都是100万吨以下的小矿，且开采条件差，资源禀赋也差（瓦斯含量高，煤层薄），这种小矿综采几乎无可能，运输条件更是不能和大同煤炭比，注定成本高。

逻辑在这，如果你告诉我大同煤炭的吨煤成本比川煤高，那我是肯定不信的。上面这个例子，说明有时候某条逻辑对于企业中某个信用评估项目具有决定性作用。

结论就是，傻乎乎地看一个量化工具的打分结果其实是很苍白的，定性分析的作用变得越来越重要。

第二节　如何通过调研提高信用评估分析能力

很多朋友问我如何提高信用评估分析能力。

调研（提上行李走南闯北）无疑是最好的方法之一，但是我说的调研并不是毫无准备地跟着去，浑浑噩噩地听一听，被发行人领着转一圈，然后拎包回家。如果真的是这样，还不如不去调研，去了也只是被忽悠得更彻底而已。

发行人的慷慨陈词、描绘的伟大梦想会让你沉浸其中，忽视很多客观的因素，更多地被人格魅力感动，被表面的语言或者早就为你准备好的繁荣景象所蒙蔽。在大企业有一定级别的领导，用人格魅力感染初来乍到的年轻人易如反掌。搞不好你听完人家的演讲，都想辞职去人家那儿打工。这是真事，有次我去调研碰到企业融资部的工作人员，据说原来就是干投行的，被发行人的人格魅力深深感动，然后辞职去给人家打工了。用这个例子只是想说明，在企业家面前，信用研究员的人生阅历简直微不足道，没准备好就去调研真的只是更难以做出客观判断而已。

调研不应该是这样的。我对信用评估这个行业是充满敬畏的，所以从来不敢说自己很了解，只能说给现在有志学习信用评估的新手分享一点点我的经验和教训，毕竟最宝贵的经验往往是从教训中得来的。

想要提高调研效率，我的经验是要做到四个步骤。

1. 去调研之前做到事前了解

应了解这个行业的上下游，在产业链中处于主动还是被动的状态，盈利空间和话语权如何。这方面的信息可以借助行业研究员及研究报告获取。

接下来，了解行业的竞争格局，哪些是领头羊，哪些是霸主，哪些是跟随者，行业的整体前景和局限是什么。调研的时候可以留意下企业是怎么对待和解决这些问题的，信息来源可以是募集说明书、评级报告，也可以是卖方研究报告。

还有最重要的是，把企业的募集说明书、近几年的审计报告及财务附注、评级报告都看一下，我一般都会将阅读这些文件时产生的疑问整理后随着相关的数据一起打印出来，随身带着去调研方便提问和记录。有时间我会网上再查查这个企业的信息，甚至是关于这家企业的小道消息、路边八卦，这些在去的路上用手机就能看，就当娱乐吧。漫长的候机和旅途奔波总需要做点事情消遣时间。

2. 跟企业沟通多听、多问

如果能做到事前了解，你自然会形成一个关于企业的产业链、行业格局的构架，在听企业相关人员阐述介绍的过程中，就会发现有些逻辑上解释不清或者文件中没有说清的问题，比如某项关键投资的盈利模式、进展情况，管理层和实际控制人之间的关系和后者的支持力度，企业未来的规划，甚至是某个财务附注或者工程回款。

在听完企业介绍以后，如果觉得什么地方可能言过其实，有些关注的问题被工作人员故意搪塞过去，就可以进一步询问。有些问题企业确实不愿意当众回答，休息吃饭的时候可以再跟企业人员侧面了解下，或者问问在企业中层级比较低的人。

我有个习惯，一般能发债的企业在当地都是比较有名气的，我喜欢坐出租车往返机场的时候问问出租车司机，这个企业在当地的名声、员工的待遇等，往往可以获得不错的信息。除此之外，老祖宗说"三个臭皮匠赛过一个诸葛亮"，可以多跟一起去调研的同业聊聊大家的看法，很多时候信息凑在一块，企业的脉络也就清晰了。

3. 事后整理、回溯

很多时候我也会被具有人格魅力和梦想的创始人感动得一塌糊涂，听完眼里满含泪水。但是说实话，对于一个自己不大了解的行业，即使事先做过功课，面对在这个行业摸爬滚打十几年甚至几十年的老企业家，我仍显得太过稚嫩，了解的层面也太过肤浅。

因此，在调研回来之后，我还会根据企业的介绍、同行其他投资人的提问去考虑我之前的疑惑。例如，这家企业的经营是不是稳定？它的实力是否能支撑新规划、新项目？最终当然还要落到，它在一定期限内的偿债能力如何？

这时候你再去重新看一遍募集说明书、审计报告、评级报告，绝对会收获很多，且对问题有新的理解。这时候可以再找研究员聊聊自己对这个行业的一些体会和看法，与研究员交流信息。如果有时间，还可以找撰写企业评级报告的分析师聊聊。

作为投资经理，我不喜欢直接问研究员或者信用评估分析师"行"或者"不行"。我对这个问题的理解是，你是投资人，你需要对你的投资负责。投资经理需要考虑定价和其他资产风险收益对比的问题，其他人都不能帮你考虑。

4.行业的再调研和印证

想要完整地了解一个行业，调研一个企业是不够的，应该带着前面三个步骤了解下来的信息，再去行业内一两个龙头企业，侧面验证一个各方说的内容是否对得上，如此，我认为便可以比较完整地了解一个行业的情况了。

第三节　为什么发债企业都爱做贸易

好多发债企业都喜欢做点贸易，国企喜欢，民企也喜欢，特别是港口城市的一些国企发债企业，十家大概有八家企业都有贸易业务。

对于大部分企业来说，做贸易是增大营收、美化报表的利器。无论是投资人还是国企领导，都喜欢营收、利润平稳增长，各个报表数据没有大的波动。所以大家都爱贸易，贸易调节起报表来几乎无所不能。当年主营业务收入少，多做点贸易；当年主营业务收入不错，少做点贸易，每年营收增长稳如泰山。通过贸易调节资产负债表和现金流量表也不在话下，资产负债率高了，报表日前贸易业务踩踩刹车，收收欠款，资产负债率就下去了，营业现金流少了，报表日那几天压压上下游的应收应付款，现金流入就多了。

有些企业做贸易业务显得有些被逼无奈，城投公司要想在交易所发债，源于政府的收入不能超过50%，做什么收入来得最快呢？当然是贸易业务！只要几亿元的资金，流转快的话一年可以制造出几十亿元的营收，又不需要像制造业一样有大量的固定资产投入，也不需要太多的人力成本和专业人才，原有的财务人员和融资人员就可以做。简直完美！

正是因为贸易业务"香"，做贸易的企业很多。

一、贸易业务的高端玩家和低端玩家

贸易业务的低端玩家就是上面说的这些做营收、调节报表的企业。还有一些企业仗着融资成本低，做融资性贸易。融资性贸易说白了就是抢银行饭碗的买卖，给人放贷，赚中间利差。

贸易业务的高端玩家，习惯把贸易业务叫作供应链业务。贸易的高端玩法是：贸易＋物流＋金融，三位一体。

单做贸易本身是没有任何竞争力的，随着网络时代的到来，信息不对称带来的贸易机会越来越少。发债企业的贸易多是大宗商品的贸易，大宗商品价格相对透明，如果不是因为贸易企业有一些服务和优势，何必让它们赚差价呢？

贸易＋物流的玩法：有些贸易企业拥有铁路等物流运输资源，再加上港口、物流园区、物流仓库等完备的物流运输管网，可以给下游企业省去运输、报关等麻烦。

贸易＋金融的玩法：大宗商品价格波动太大，贸易企业可通过金融市场对冲的方式帮下游锁定成本。进一步的服务还包括，帮下游企业寻找买家，同时锁定下游企业产成品的价格。让下游企业可以安心做制造业生产，锁定收益，不用考虑原材料和产成品的价格波动，这种贸易又被叫作供应链业务。

如何区分高端玩家和低端玩家？方法就是不要看企业说什么，要看企业有什么东西。做物流的企业，应该有大面积的自有仓库和运输网络。有金融配套业务的企业，应该有金融板块业务和部门，甚至是自己的期货公司。

当然，我上面所说贸易业务的高低端玩家，是指专门做贸易业务的，不包括那些本身做制造业，买卖自己上下游产品的公司。比如煤企去卖煤炭，钢企去卖钢铁。

二、怎么看企业的贸易业务稳不稳

要评估企业贸易业务，着力点应该在信用风险和市场风险的把控上。

（一）所谓信用风险说白了就是上下游交易对手都可能有坏账

企业给上游货款，上游可能不给发货；或者货给下游，下游可能不给打款。所以贸易业务的核心竞争力在于对上下游交易对手的风险把控上。

有些企业会说为了把控信用风险，上游做到"货到付款"，下游做到"款到发货"。我不是特别相信这个说法，世界上的好事都让一个企业占了，其他企业都让你占款。恐怕很少企业能对上下游都这么强势。

还有些企业上游对外进口，使用信用证支付，这种风险是比较小的。下游最好是能"款到发货"，实际大多数贸易企业会给下游一定账期或者一定额度的授信，要了解清楚授信具体金额及是否有增信措施。

从结果导向上看，投资人也可以去年报应收账款里看看企业是否有被骗的历史，究竟被骗过多少钱，大金额的坏账都是什么原因，现在企业在风险管理上有没有弥补这些漏洞。

还需要关心的一个点是贸易占款，贸易营收看似金额很大，因为贸易资金每年可以流转很多次，但实际上可能占款金额并不大。日均占款金额其实是贸易业务的信用敞口，一般来说，如果上一次贸易流转的回款出问题了，企业就不会有钱开始下一次贸易流转。

（二）市场风险就是贸易标的物市场价格的变化

大宗商品的期货价格瞬息万变，在手里一个星期涨了 10% 自然开心。但是盈亏同源，要是大宗商品在手里一个星期亏了 10%，做贸易业务的微薄利润可是不够填补的。

并不是所有的贸易企业都有能力在金融市场做对冲，还有些有能力的企业也不是将所有货物都进行了对冲。所以完全没有对冲或者没有对冲完全的企业通过什么模式避免市场波动风险，是评估其贸易业务稳定性的重要方面。一般应该了解企业没有完全对冲的风险敞口有多少，并评估可能的风险。

投资人还可以看看利润表的资产减值损失等损益科目，或者营业外支出这些犄角旮旯的地方，看看以前年度企业有没有大额的减值或者支出，这些都是企业过去由于市场风险没有管理到位导致的亏损。

也有贸易企业通过以销定购等贸易模式来降低贸易风险，所以在评估企业信用风险和市场风险之前，可以先了解下企业和上下游的贸易模式。作为信用债投资人，我们当然真心希望（非贸易专营）企业的贸易业务都只是过资金的"假贸易"，且上下游都是企业熟悉的大国企，这样上下游款项都不会有问题。毕竟2012年钢贸业务的大洗牌还历历在目，前几年虚假仓单质押也出过不少问题，从定价上看债券投资人也确实不大喜欢专门做贸易的企业。

后　　记

由于工作繁忙，本书从开始写到完成花费了将近一年的时间。有些数据写着写着就旧了，有些政策写着写着就变了，有些网红债券写着写着就暴雷了。世界变化太快，债券投资人不仅需要快速地吸收和学习新的知识，还要每天盯市和交易，而这需要消耗巨大的精力，能挤出时间完成这本书的写作实属不易。

我在这里要感谢我的父母和丈夫，在我写作和外出调研期间，尽职尽责地帮助我照顾三岁的女儿。同时，我自己也因为没有足够的时间陪伴女儿而感觉很愧疚，希望女儿能够原谅我的"自私"。

在本书的创作期间，我咨询了大量同业及行业研究员，他们都给了我宝贵的意见。这里要特别感谢陈鸿亮、王嵩、王介超和张津铭四位研究员，他们对本书相关章节进行了逐字逐句的修改。我希望本书尽量专业和客观，帮助到更多对信用债投资感兴趣的朋友。

最后，希望本书是与读者交流的开始，而不是结束。在快速变化的信用债投资市场，我希望未来将更多的经验拿出来与读者交流。

投资与估值丛书

书号	书名	定价
978-7-111-62862-0	估值：难点、解决方案及相关案例	149.00
978-7-111-57859-8	巴菲特的估值逻辑：20个投资案例深入复盘	59.00
978-7-111-51026-0	估值的艺术：110个解读案例	59.00
978-7-111-62724-1	并购估值：构建和衡量非上市公司价值（原书第3版）	89.00
978-7-111-55204-8	华尔街证券分析：股票分析与公司估值（原书第2版）	79.00
978-7-111-56838-4	无形资产估值：如何发现企业价值洼地	75.00
978-7-111-57253-4	财务报表分析与股票估值	69.00
978-7-111-59270-9	股权估值	99.00
978-7-111-47928-4	估值技术	99.00

资本的游戏

书号	书名	定价	作者
978-7-111-62403-5	货币变局：洞悉国际强势货币交替	69.00	（美）巴里.艾肯格林
978-7-111-39155-5	这次不一样：八百年金融危机史（珍藏版）	59.90	（美）卡门M.莱茵哈特 肯尼斯S.罗格夫
978-7-111-62630-5	布雷顿森林货币战：美元如何统治世界（典藏版）	69.00	（美）本·斯泰尔
978-7-111-51779-5	金融危机简史：2000年来的投机、狂热与崩溃	49.00	（英）鲍勃·斯瓦卢普
978-7-111-53472-3	货币政治：汇率政策的政治经济学	49.00	（美）杰弗里 A. 弗里登
978-7-111-52984-2	货币放水的尽头：还有什么能拯救停滞的经济	39.00	（英）简世勋
978-7-111-57923-6	欧元危机:共同货币阴影下的欧洲	59.00	（美）约瑟夫 E.斯蒂格利茨
978-7-111-47393-0	巴塞尔之塔:揭秘国际清算银行主导的世界	69.00	（美）亚当·拉伯
978-7-111-53101-2	货币围城	59.00	（美）约翰·莫尔丁 乔纳森·泰珀
978-7-111-49837-7	日美金融战的真相	45.00	（日）久保田勇夫